高等院校旅游专业系列教材

旅游心理学

修订版

甘朝有 编 著

南开大学出版社
天 津

图书在版编目(CIP)数据

旅游心理学 / 甘朝有编著. —2 版(修订本). —天津:南开大学出版社,2001.3(2011.7 重印)

高等院校旅游专业系列教材

ISBN 978-7-310-00827-8

Ⅰ.旅… Ⅱ.甘… Ⅲ.旅游心理学—高等学校—教材 Ⅳ.F590

中国版本图书馆 CIP 数据核字(2000)第 73063 号

南开大学出版社出版发行

出版人:肖占鹏

地址:天津市南开区卫津路 94 号 邮政编码:300071

营销部电话:(022)23508339 23500755

营销部传真:(022)23508542 邮购部电话:(022)23502200

*

天津泰宇印务有限公司印刷

全国各地新华书店经销

*

2001 年 3 月第 2 版 **2011 年 7 月第 25 次印刷**

880×1230 毫米 32 开本 10 印张 2 插页 285 千字

定价:19.00 元

如遇图书印装质量问题,请与本社营销部联系调换,电话:(022)23507125

出版说明

随着我国改革开放和社会主义市场经济的发展，旅游业以不断增长的势头迅速发展，已经被正式列入国民经济序列。与此同时，高等院校的旅游教育与研究也在长足发展，并且为旅游业的各个部门输送了大量的专业人才。目前设置旅游专业的高等院校已达160多所。

旅游形势的发展要求旅游教育从理论上跟踪、总结旅游业的成就得失，并及时反映到教学理论中来，目前极需要有一批适应形势发展、反映旅游学最新思想与动态的教材，服务于旅游学科建设，这是我们组织编写高等院校旅游专业系列教材的宗旨。

我社的旅游教材起步早，品种多，并且以理论基础扎实、实用性强，早已得到国内广大高校师生的认同。应许多高校旅游专业师生的要求，我社重新策划出版这套系列教材。我们以教育部指定的旅游管理专业的主干课程作为依据确定选题，以各高校旅游专业中有影响、有研究的教师、学者作为作者主体，以反映旅游学科的新观点、新材料、新成果作为教材编写内容的指导原则。新编旅游专业系列教材有如下特点：理论性较强，起点较高，既注重同国际旅游学术接轨，又反映我国旅游发展与研究的实际；注重实务性，可以直接服务于旅游业的不同部门；使用新鲜资料和例证，能反映旅游业的最新动态。

这次出版的新版教材，与我们原有的30余种教材，基本上涵盖了高等院校旅游专业教学的课程设置，而且我们将根据旅游业、旅游教育形势的需要，不断地修订原有教材，增加新选题，使之日臻完善，更好地为广大高等院校旅游专业的师生服务。

新版旅游专业系列教材与作者分别为：

旅游学概论(修订版)	李天元编著(南开大学)
旅游市场学(修订版)	林南枝主编(南开大学)
旅游经济学(修订版)	林南枝　陶汉军主编(南开大学)
旅游心理学	刘　纯编著(上海大学)
旅游心理学(修订版)	甘朝有(南开大学)
旅游企业人力资源管理	赵西萍编著(西安交通大学)
饭店经营管理原理	丁　力编著(浙江大学)
餐饮经营管理	吴克祥编著(暨南大学)
饭店前厅与客房管理	余炳炎　朱成强编著(上海旅游专科学校)
饭店财务管理(修订版)	徐　虹编著(南开大学)
旅游资源与开发	甘枝茂　马耀峰主编(陕西师范大学)
旅行社经营与管理(修订版)	杜　江编著(北京第二外国语学院)
旅游法原理与实务(修订版)	王　健编著(南开大学)
旅游美学(修订版)	乔修业主编(南开大学)
旅游管理信息系统	邸德海主编(西安交通大学)

这套教材除了适用于高等院校的旅游专业外,还可作为高职教育、自学考试的专业教材,以及旅游业高级人员的培训教材。

欢迎使用这套教材的师生与专业人员,提出宝贵意见,帮助我们改正其中的疏漏与不当之处。

南开大学出版社

2000 年 6 月

前　言

随着世界经济的发展和人民生活的普遍提高，旅游已成为现代人类社会的一项重要活动和生活方式。据世界旅游组织预测，到2020年，国际旅游人数将增至15.61亿人次，旅游收入将增加到2万亿美元。在新的世纪里，旅游业的发展必然呈强劲的发展势头。

伴随旅游事业的发展，如何提高旅游业的管理水平、服务质量和对旅游者心理及行为的预测，将是旅游教育诸学科，特别是旅游心理学研究的重要课题。

为适应旅游事业的发展和旅游教学的需要，作者在总结前几部编写的《旅游心理学》的基础上，结合二十年之旅游教学经验和科研之实践，兼收国内外旅游研究之精华重新修订此书，以回报社会。

本书在修订中十分注意旅游心理理论的探索与旅游实际的结合，十分注意运用综合知识分析和解释旅游活动中的消费者、服务员和旅游业管理人员的心理和行为，十分注意语言的简洁、问题的清晰及表述的条理性。

为了满足旅游教学和旅游业从业人员工作的需要，本书尝试按照旅游心理学的广义概念来构筑其体系结构，将全书分为四编：

第一编是总论，该编共两章（1～2章）。第一章试图明确旅游心理学的研究对象、任务、方法。第二章试图明确旅游心理学的理论来源和旅游消费行为的研究模式。其宗旨是让学生或自学者对旅游心理学首先有一个总体的认识。

第二编旅游消费心理，该编共七章(3～9 章)。第三至第七章着重论述旅游消费动因、旅游消费知觉、旅游消费学习、旅游消费态度、旅游消费者人格等心理因素是怎样影响人的旅游消费决策的。第八章是从社会因素——社会群体，阐述其对旅游消费行为的影响的。该编也可以说是狭义的旅游心理学体系。

第三编旅游消费服务心理，该编共三章(10～12 章)。该编在旅游者消费心理的基础上，以优质服务为前提，以旅游消费服务人员的心理素质和职业意识为根基，以旅游消费者的满意为标准，对旅游服务质量的全部内容和方面提供服务策略。在一定意义上，该编也可以说是旅游心理学的对策理论部分，或狭义的旅游消费服务心理学体系。

第四编旅游企业管理心理，该编共四章(13～16 章)。第十三章探讨旅游企业活动中人力资源的发挥，第十四章探讨旅游企业活动中的群体行为和群体动力，第十五章探讨旅游企业活动中的领导者的心理风貌与风范，第十六章揭示组织中的心理与行为的规律性。安排第四编的目的是从管理、领导和组织的角度为旅游消费者的消费和服务创造一个良好的消费环境，保证旅游消费活动能够顺利的进行。

特别要说明的是在修订本的第十一章第四节的第二个问题中，仍采用了齐善鸿博士编写的“人际交流”的内容，在此表示感谢。

本书在修订过程中，南开大学出版社给予了大力的支持和帮助，特别是孙淑兰同志提供了大量的有益的反馈信息，在此表示谢意。

由于编者水平有限，书中错误和不妥之处在所难免。敬请专家、学者、同行、朋友批评指正。

编著者

2000 年 10 月于南开大学

目　录

第一编　总论

第二编　旅游消费心理

第三编 旅游消费服务心理

第四编 旅游企业管理心理

第一编

总　论

第一章 旅游心理学概述

学习目的

旅游心理学是一门新兴学科。通过本章的学习,学生应当了解心理学的学科性质,研究对象、任务和方法。理解研究旅游心理学的研究目的和重要意义。

基本内容

- 旅游心理学的基本问题
  - 旅游心理学的研究对象
  - 旅游心理学的研究范围
  - 旅游心理学的研究目的
  - 旅游心理学的研究方法
- 研究旅游心理学的意义
  - 有助于旅游事业的发展和服务质量的提高
  - 为旅游企业经营管理提供心理依据
  - 为科学合理地安排旅游设施和开发旅游资源提供心理依据
  - 有利于建设高质量的旅游企业职工队伍

第一节 旅游心理学的基本问题

一、旅游心理学的研究对象

旅游心理学既研究人的心理活动规律，又研究人的行为规律，是把这两者作为一个统一体来研究的。因为心理支配行为，行为反映心理，两者是密不可分的。具体说来，旅游心理学的研究对象主要是三个方面：

1. 旅游者、旅游业从业人员在旅游活动中以某种形式表现出来的心理现象和行为表现

在旅游活动中，旅游者作为消费者总是按照自己的兴趣、意图和偏好购买和选择自己所需要的旅游产品和服务，而旅游业从业人员则要按照企业及自身的原则、利益行事。于是双方在旅游产品和服务的提供与接受之间，在其形式、内容和要求上会表现出一致、矛盾或冲突，旅游者和旅游业从业人员则会表现出程度不同的兴奋、惊奇、愉悦、满足、平淡、紧张、愤怒等各种复杂的心理活动和行为表现。而所有这些正是旅游心理学所要研究的基本内容。

2. 旅游者、旅游业从业人员在旅游活动中所反映出的一般心理和行为规律

旅游者和旅游业从业人员在旅游活动中所反映出的种种心理现象，必然要受其个性心理的影响表现出明显的个性性。因而，作为消费者的旅游者或作为为旅游者服务的旅游业从业人员，不论其每次具体的消费行为或服务行为是如何形成的，他们总是把自己以独特形式保持的那些稳定的、本质的心理特点即个性反映出来，并构成其旅游消费行为或服务行为的基础。所以，在对旅游者或对旅游业从业人员的心理活动过程分析中，可以发现并应研究旅游者或旅游业从业人员心理现象中的一致性；在对旅游者或旅游业从业人员的个性心理活动的分析

中，可以发现并应研究旅游者和旅游业从业人员心理现象中的差异性；而对旅游者或旅游业从业人员心理现象的综合研究，则可以找出旅游消费过程中旅游者和旅游业从业人员的一般心理规律。

3. 旅游者心理发展、变化的一般趋势和旅游业从业人员的心理适应

随着社会的发展，生活水平的提高，人们对旅游的消费越来越迫切。由于科学技术的发展，人们的信息更为灵通，故而人们更有权利意识、更精明、更成熟、更有教养。这反映在旅游消费活动中，便是人们的消费更趋精神产品，要求上也更趋个人化。而快速、友好、高效的服务将是旅游消费者对旅游服务标准的最起码的要求。所有这些变化趋势，都将构成旅游心理学研究对象的重要组成部分。

二、旅游心理学的研究范围

旅游活动是旅游者和旅游业从业人员的共同协同活动。在旅游活动中，旅游者是活动的主体，是活动的首要条件，没有旅游者就没有旅游活动。旅游业从业人员是为旅游者服务的，没有旅游业从业人员的服务，旅游者的活动是不可能存在的。因此，旅游心理学研究范围是包括旅游者、潜在旅游者和旅游业所有从业人员，诸如旅行社、饭店、交通运输部门和景区组织在内的服务人员、管理人员、领导人员等人，在旅游活动的整个过程，在旅游服务的每一个环节，在整个旅游活动的方方面面所表现出来的心理活动及其行为规律。

三、旅游心理学的研究目的

旅游心理学研究旅游活动中人的心理和行为规律，不是为研究规律而研究规律，而是通过掌握规律性来提高对旅游行为的预测和引导能力，特别是在对人的旅游行为准确预测基础上，采取相应的措施和办法，来引导人们的行为朝着有利于旅游业所希望的方向发展。

四、旅游心理学的研究方法

旅游心理学是采用系统分析的方法，并以综合运用心理学、社会

学、社会心理学、经济学、管理学等学科的知识为手段，把旅游者作为旅游消费的决策者来研究的。旅游者作为旅游消费行为的决策者，要真正实现旅游并非易事，而要经过一个包括心理因素在内和社会因素影响的复杂决策过程。因此，只有综合运用上述各学科的知识，才能对旅游活动中人的心理和行为作全面科学的解释。旅游心理学的理论基础是普通心理学，因此，在具体的研究方法上旅游心理学主要借用普通心理学的一些方法。通常采用的方法主要有以下几种：

1. 观察法

观察法是指在旅游活动中通过感官或仪器，有目的、有计划地观察和记录旅游活动中人的行为、动作、表情、言论等方面的表现，分析其内在原因、了解其内心活动的基本规律的方法。

在旅游活动中，旅游消费者在旅游这个特定的环境中活动，一般是无拘无束的，因此，观察到的情况除直观外，所获得的材料比较真实、切合实际。但观察到的往往只是表面现象，很难揭示现象背后的本质或因果规律，因此，观察法最好与其他方法结合使用。

2. 访谈调查法

访谈调查法简称访谈法。它是通过调查人员面对面地与调查对象进行交谈、收集口头资料的一种调查方法。此种方法具有直接性、灵活性、适应性、回答率高、效度高等特点。当然访谈人员的访谈技巧、人品气质、性格特征会直接影响调查的结果。

在实际应用中，访谈人员可携带事先设计好的访问调查表或访谈提纲，依据调查对象的特点，采取集体式、个别式、横断式、纵向式，选择不同的地点进行访谈。访谈法也有其局限性，主要是标准化程度低、规模小、费时多。如果访谈法和问卷法相结合则可避免访谈法标准化程度低和问卷法回收率有限的弊端，并可以对一些问卷法所不能深入了解的问题进行调查。

3. 问卷调查法

问卷调查法简称问卷法。它是指根据研究内容的要求，由调查者设计调查表，由被调查者填写，然后汇总调查表，进行整理、分类、分析研究的方法。问卷法可将调查的目的和内容通过调查表清楚地反映出来，并能在较短的时间内大面积地了解消费者的需求倾向、兴趣、态度、购买动机和价值观念等因素。通过问卷调查，不仅可以了解消费者现期的心理和行为，而且也可以了解消费者预期的消费心理和行为。

在实际的应用中，问卷法可分为开放型问卷和封闭型问卷两种。

所谓开放型问卷，即让被调查者对每一个问题可根据自己的情况自由作答。此类问卷一般多用于探索性研究。例如：您对某某饭店（或景点、旅行社、交通运输部门等）服务有何评价？由于对被调查者作答不作任何限制，因此回答者发表的意见和看法不一定都与所问的主题有关，可能导致收集一些无价值和不相干的材料，使调查结果难以统计分析。由于开放性问卷的回答费时和费力，也容易引起较高的拒答率。

所谓封闭型问卷，是调查者对所要调查的问题事先给出两个或两个以上的答案，被调查者只能按调查表的要求选择一个或几个答案。具体可分为两项选择式，即问题的答案只有肯定或否定两个，要求被调查者回答"是"或"否"；多项选择式，即拟定出多个答案，由被调查者从中选择一个或几个。封闭型问卷回答标准，材料有利于统计分析，信度较高，但封闭型问卷因对答案有所限定，不利于研究者发现新的问题。

4. 测验法

测验法是通过被调查者回答试题或完成某些"作业"，来揭示被调查者的有关心理品质或行为的方法。测验法所选用的材料是经过选择、加以组织足以反映人的一定心理特点的刺激。被调查者对测验材料作出的反映，还要与经过大量取样而获得的常模加以比较，来确定被调查者完成某种活动的准备性水平。此种方法是研究旅游者和旅游业从业人员的心理活动和行为方面的心理学家们采用的方法。

心理学的研究方法还有很多，诸如活动分析法、个案研究法、投射法、实验法、资料分析法等。各种方法都各有特点，也各有局限性。由于人的心理现象和行为十分复杂，因此，在进行研究时不能单纯地使用某一种方法，应根据对象与任务的不同，在使用某一种方法时要辅之以其他方法，使之相互补充，以使其更准确、更客观地反映人的行为和心理活动的规律和特点。

无论采用何种方法进行研究，其步骤都应依次进行：选择和确定研究的问题和对象(被调查者);制定研究计划;收集和整理研究材料;分析材料,从中得出科学的结论。

第二节 研究旅游心理学的意义

旅游是人类社会的一项活动。它可以陶冶人的身心,丰富见闻,增添乐趣。因此,令人向往和追求。

随着世界经济的发展和人民生活水平的提高,旅游已成为现代人类社会重要的生活方式。我国改革开放以来,旅游事业取得了令人瞩目的辉煌成就。在面临世界旅游业大发展的时代,旅游心理学研究旅游活动中人的心理和行为规律就具有重要的实际意义。

首先,它有助于旅游事业的发展和服务质量的提高。一个旅游企业赢得旅游者的多少是衡量该企业是否兴旺发达的重要标志。"得人先得心",旅游心理学研究旅游活动中人的心理和行为规律,就会为发展旅游事业、为旅游企业招徕更多的旅游者提供重要的心理依据。旅游业是服务性行业,服务质量的优劣关键取决于旅游业服务人员的服务态度和服务技术高低。众所周知,良好的服务态度是提高服务质量的基础,高超的服务技术水平是实现高质量服务的技术保证,所有这些都与人的素质有关。旅游心理学对旅游服务人员的心理和行为规律的研究,对提高和优化服务人员的心理素质和外在素质具有重要作用。因此,从一定意义上说,旅游心理学的研究为提高旅游服务质量奠定了基础。

其次,旅游心理学的研究为旅游企业经营管理提供心理依据。在市场经济社会中,旅游企业要想生存、发展、立于不败之地,必须对市场进行科学的预测,及时地调整经营方针,改善经营措施,制定经营策略,才能吸引更多的旅游者,以保持充足的客源。旅游心理学研究旅游者的心理和行为规律,可以帮助旅游企业运用旅游心理学的原理去分析旅游者的心理和行为趋向,针对旅游者的心理和行为特点开展有效的宣传,制定受欢迎的经营措施,提高经营效果。

再次，旅游心理学的研究为科学合理地安排旅游设施和开发旅游资源提供心理依据。旅游设施的安排和旅游资源的开发都必须以满足旅游者的需要为前提，以能否满足旅游者的需要为制定方案的依据。而旅游者的需要则是旅游心理学研究的重要课题。

最后，旅游心理学的研究有利于建设高质量的旅游企业职工队伍。旅游事业的发展和服务质量的提高必须有一支高质量的旅游企业职工队伍。旅游心理学作为一门学科，研究的是旅游专业的心理方面的基本理论和知识，这是旅游企业职工不可缺少的基本理论和知识。因此，旅游企业职工掌握这门学科的基本理论和知识就能够正确认识自己的服务对象，把握工作对象的心理特点和差异，提高自身的素质和服务水准。

思考题

1. 旅游心理学是研究什么的？
2. 为什么要研究旅游心理学？
3. 研究旅游心理学常采用哪些方法？
4. 研究旅游心理学对发展我国旅游事业有什么重要意义？

第二章 旅游心理学的理论基础

学习目的

通过本章的学习，使学生了解旅游心理学的主要理论支柱，并能够全面运用心理学和行为科学的理论，去揭示旅游活动中人的心理和行为规律。

基本内容

- **心理学的基本原理**

  旅游消费者的心理过程

  旅游消费者的个性心理

  旅游消费者的心理实质

- **旅游消费者的行为模式**

  行为的一般概念

  行为的决策

  影响行为的因素

第一节　心理学的基本原理

一、旅游消费者的心理过程

1．认识过程

旅游消费活动的认识过程，是旅游消费者获得“游戏世界”的各种知识和经验所表现出来的心理活动过程。它是旅游消费者购买行为形成的前提，也是旅游消费者其他消费心理活动的基础。旅游消费者对旅游产品和服务的认识过程是通过感觉、知觉、记忆、想象、思维等心理机能的活动完成的。

(1)感觉

人的认识过程首先是从感觉开始的。感觉是人脑对直接作用于感觉器官的客观事物个别属性的反应。例如，人们看到颜色，听到声音，嗅到气味，尝到苦甜酸辣，触摸到软硬、光滑等，这是视觉、听觉、嗅觉、味觉、触觉对有关事物个别属性的反应。感觉虽然不是反映客观事物的全貌，但它在人的心理活动中起着极其重要的作用，一切较高级的心理现象都是在感觉的基础上产生的。可以说，感觉是人们关于世界一切知识的最初源泉，对旅游消费者而言，则是认识旅游产品和服务的起点。

(2)知觉

由于事物的个别属性不是脱离具体的物体独立存在的，属性必然是属于某种物体的。在人们的认识过程中，随着感觉的深入，经验的积累，会不断地形成有关属性和物体间关系的经验以及各种属性间关系的经验，从而当某一物体作用于人的感觉器官的时候，便在大脑里将物体的各种属性按其相互的联系和关系整合成一个整体，形成对该物体的完整映象。心理学把人脑对直接作用于感觉器官的客观事物的各种属性的整体反映称之为知觉。可见，知觉不是感觉的简单相加，它是对客观事物的整体认识。在人的旅游消费行为中，旅游消费者对旅游产品和服务的知觉与感觉相比，知觉更依赖于主观态度和知识经验，所以，通常人们称之为认知。认知处在人们认识活动的最“前沿”，因此，我们把认知称为旅游消费行为的“侦察兵”。

(3)记忆

感知过的事物，会在人们的头脑里形成映象，保存下来，必要时又能回忆起它的形象、特征及名称，当它再作用于我们的感觉器官时，我们还能够产生熟悉的感觉。这种以识记、保持、再现的方式，在头脑里积累和保存个体经验的心理过程叫做记忆。记忆是一切智力活动的基础，在旅游消费者的心理活动中起着极其重要的作用，在一定程度上它决定着旅游消费者的消费决策和消费行为。

(4)想象

想象是人脑对通过感知获得的并通过记忆保持的客观事物的形象进行加工改造而形成新形象的心理活动过程。它是人所特有的一种心理活动。这种心理活动的内容、性质和水平与个人的社会实践、意识、兴趣、能力有密切关系。凡是社会经历广、有心计、兴趣浓、能力强的，想象力就丰富、新颖、独特和“超现实”。在旅游消费活动中，旅游消费者的丰富的想象力就会对其消费行为产生神奇的作用，尤其在“游戏世界”里，想象力的参与和发挥，会使旅游消费者的消费效果达到更高的程度。

(5)思维

人不仅能直接地感知事物，反映客观事物的外部的、表面的、具体的特征，而且还能凭借人所特有的语言，通过分析、综合，判断事物的本质及其发生、发展规律，这就是思维。思维是人的认识过程的最高阶段，是人脑对客观事物的本质特征的间接的和概括的反映。在旅游活动中，旅游消费者可以通过思维认识那些直接作用于我们的种种事物，也可以预见事物的发展变化进程，还可以从个别中看到一般，从现象中透视本质，从偶然中洞察必然，从现存的事物中推测过去，预见未来。

(6)注意

人的心理的认识过程，无论是知觉、记忆、思维等心理活动的进行，只有在注意的情况下才能产生。注意是心理活动对一定对象的指向和集中，它只是保证心理过程更好地反映和变革客观现实，但不是一种独立的心理过程，在认识过程中，注意能使人的感受性提高，思维清晰，情绪高涨，使行动集中有力，反映及时准确。

2. 情感过程

旅游消费者在认识旅游产品和服务的时候，并不是无动于衷的，常常会伴随着满意或不满意，喜欢或厌恶，愉快或不愉快等态度体验。欢乐、悲哀、愤怒、恐惧、憎恨等等都是情绪或情感的不同表现形式。心理学家们研究认为，情绪和情感都是由客观现实引起的。对于旅游消费者来说，旅游产品和服务的不同特点及其与人之间所存在的关系不同，人们对这些产品和服务就会抱有不同的态度，获得不同的体验。当这些产品和服务符合人的需要时，就产生满意、愉快、欢乐等积极的情绪和情感；反之，则产生忧伤、丧气、恐惧等消极的情绪和情感。情感一经产生，就具有动力作用。在旅游消费活动中，积极的情感能推动人们去进行各种各样的活动。对于旅游业来说，采取有效的方法激发和强化旅游消费者的积极情感，抑制和化解旅游消费者的消极情感，对促进旅游产品和服务的销售具有重要意义。

3. 意志过程

在旅游消费活动中，旅游消费者能自觉地确定旅游购买活动的目的，并且为实现预定的目的有意识地支配和调节自己的行动的心理活动过程就是意志过程。意志过程是人的意识能动作用的表现。

在旅游消费活动中，旅游消费者首先要确定购买目标，即购买什么样的旅游产品和服务，然后才去购买。购买能否实现必须要付诸行动，即意志行动。旅游消费者的意志表现在对行动的发动和制止上。发动是促发和推动旅游消费者去采取达到预定目的所必需的行动，制止是抑制和阻止不符合预定目的的行动。旅游消费者是通过旅游行为的发动和制止来实现购买目标的。

意志和旅游消费者的认识过程和情感过程关系极为密切。认识过程是意志产生的前提，反过来意志又促进认识；情感是意志的动力或阻力，反过来意志又可以控制情感。

从旅游消费者的心理活动过程来看，认识过程、情感过程和意志过程是彼此既有区别又有联系的三个方面。认识是基础，情感和意志是动力。这三部分都是旅游消费者的内部主观活动，也是旅游消费者所共有的。

二、旅游消费者的个性心理

1. 个性倾向性

旅游消费者的个性倾向性是指旅游消费者个人在社会生活中逐渐形成的思想倾向。这种倾向性表明了旅游消费者个人对社会环境的态度和行为的积极特征。个性倾向性是个性结构中的动力系统，它能制约一个人的全部心理活动的方向和行为的社会价值，其基本内容包括需要、动机、兴趣、理想、信念和世界观。在旅游消费活动中，旅游消费者思想倾向的不同，是旅游消费者个人之间的主要差异。比如，有些旅游消费者要求有全陪的导游，另一些旅游消费者要求自由自在地独自一人旅游，这表明旅游消费者的需要有差异。同样到一处旅游，有些旅游消费者是出于地位的考虑，有些旅游消费者是出于声望的考虑，有些旅游消费者是出于身体健康的考虑，这是动机的差异。在旅游活动项目或旅游线路的选择上，有些旅游消费者喜欢选择轻松、愉快的旅游活动项目或旅游线路，有些旅游消费者喜欢选择刺激性强烈的旅游活动项目或旅游线路，这是兴趣的差异。有些旅游消费者为憧憬着的出国旅游而努力，有些旅游消费者因缺乏这种愿望而无行动动力，这是理想方面的差异。有些旅游消费者对自己的出国旅游充满希望，有些旅游消费者总不相信自己能出国旅游，这是信念的差异。有些旅游消费者在能否顺利平安旅游上，相信不可知的命运，有些旅游消费者则完全相信自己的努力和科学的安排，这是世界观的差异。可见，旅游消费者的差异，主要是个性倾向性的差异。

个性倾向性的构成成分是有序的，需要是个性积极性的源泉，信念是核心，世界观是最高调节器。

2. 个性心理特征

旅游消费者的个性心理特征是指旅游消费者个人稳定的心理特点。它能体现旅游消费者个体的独特风格、独特的心理活动和独特的行为表现，是旅游消费者个性结构中的差异系统。旅游消费者的个性心理特征是旅游消费者个体在先天素质基础上，在一定的社会历史条件下，通过社会实践形成和发展起来的，具有稳定性、整体性、独特性、倾向性和可塑性的特点。这些特点具体在一个人身上表现为他的气质、能力和性格。

(1)旅游消费者的气质

气质是个人与神经过程的特性相联系的行为特征。平时人们把脾气、性格、性情理解为气质。在现代心理学中把气质理解为人的典型的、稳定的心理特点。心理学研究认为气质特征的直接基础是人的高级神经活动类型。人的神经活动过程分为兴奋过程和抑制过程，人的心理过程就是由这两种神经过程协同活动实现的。神经过程有三种特性：一是强度，指大脑细胞忍耐力的强或弱；二是均衡性，指兴奋过程和抑制过程之间强度关系均衡与不均衡；三是灵活性，指兴奋过程和抑制过程之间转换速度灵活还是不灵活。这些特性在心理活动过程中表现出来，表现在心理活动的动力上，如情绪和意志的强弱，知觉的速度，思维的灵活性，注意时间的长短，外倾或内倾等。在心理学中把高级神经活动的三个基本特性加以不同形式的联合或结合，形成四种基本的气质类型(表 2—1)。这四种气质类型表现在人的行为上是各不相同的。

表 2—1　根据神经类型所划分的气质类型

神经类型			气质类型
强	不平衡(兴奋型)		胆汁质
强	平衡	灵活(活泼型)	多血质
强	平衡	不灵活(安静型)	粘液质
弱	(抑制型)		抑郁质

胆汁质人的行为：直率，热情，精力充沛，情绪易冲动，心境变化激烈，外倾。

多血质人的行为：活泼好动，敏感，反应迅速，喜欢与人交往，注意易转移、兴趣易变换，外倾。

粘液质人的行为：安静，稳定，反应迟缓，沉默寡言，情不外露，注意稳定，善于忍耐，内倾。

抑郁质人的行为：孤僻，行动迟缓，情绪体验深刻，善于觉察细小事物，内倾。

在旅游消费活动中，很少有旅游消费者纯粹表现出某一类型的气质，大多数消费者都是以某一种气质为主，同时也反映出其他气质类型的某些行为特征。根据气质类型划分，旅游消费者在旅游消费活动中表现出来的气质类型主要有：

急躁型，此类相当于胆汁质型。这种类型的旅游消费者常常对人热情，直率，行动迅速，易冲动，情感外露。

活泼型，此类相当于多血质型。这种类型的旅游消费者喜欢新奇、变化的活动。在活动中热情大方，喜欢与人交往，动作敏捷灵活，感情多变。

稳重型，此类相当于粘液质型。这种类型的旅游消费者喜欢清静的环境，生活有规律，购买旅游产品或服务时总是深思熟虑，常常是热点线路的消费者。

忧郁型，此类相当于抑郁质型。这种类型的旅游消费者性情孤僻，自尊心强，多猜疑，行动迟缓，不愿意与他人合群，很少到热闹的场所去。

气质是个性差异的一个重要方面，它没有好坏之分，但有积极面和消极面，它对人们的消费行为会产生较大的影响。

(2)旅游消费者的能力

这里的能力是指旅游消费者顺利完成某项活动所必须的并直接影响活动效果的个性心理特征。能力总是和人的某种活动相联系的，并且表现在活动中，离开了具体活动，就无所谓能力。但是不能认为凡是与人的活动有关，并且在活动中表现出来的所有的个性心理特征都是能力。只有那种直接影响活动的效率，并且使活动的任务能够顺利完成的心理特征——观察、记忆、表达、思考、想象才是能力。暴躁、活泼、沉静等也是心理特征，并且和活动也有一定关系，但它却不是顺利完成某项活动最直接最基本的心理特征，因而不能称为能力。

能力，一般分为认识能力、活动能力和特殊能力三种：认识能力是指人们认识客观事物、运用知识解决实际问题的能力，如观察力、注意力、想象力、思维力、记忆力等，通称为智力；活动能力是指人们完成某种活动的能力，主要是指组织能力、计划能力、适应能力、操作能力等；特殊能力是指人们从事专门活动时所必需的能力，诸如鉴赏力、定向力、运算力、色彩辨别力等。

在旅游消费活动中，旅游消费者的能力主要表现为对旅游产品和服务的识别能力、挑选能力、评价能力、鉴赏能力和决策能力。这些能力统称为购买能力。可见，旅游消费者的购买能力是多种能力的组合。辩证唯物主义认为，能力是在先天素质的基础上，在一定的生活条件和教育的影响下，在个体的社会实践中形成和发展起来的。也就是说能力都是借助于某些基本条件而形成的。简单说，这些条件一是智力，二是知识技能，三是社会实践，四是个人的勤奋程度。

旅游心理学研究旅游消费者的能力，对研究旅游者的消费行为以及为旅游消费者提供旅游产品和服务提供重要依据。

(3)旅游消费者的性格

性格是心理学中最复杂的问题之一，它是一个人的个性中最重要、最显著的心理特征。

首先，性格是指一个人对周围现实的一种稳固的态度以及与之相适应的习惯了的行为方式。如在遇到危险的时候，有的人经常表现为勇敢、无畏，而另外的人则可能经常表现为怯懦或退缩。这是一个人性格特征的一种表现。

其次，性格总是表现出一个人独特的、稳定的个性特征，并在一个人的行为中留下痕迹，打上烙印。这也就是说在某种情况下，凡属于一时的、情景性的、偶然的表现，都不能代表一个人的性格特征。只有一个人对现实的某些态度以及符合这些态度的行为方式不是偶然发生的，而是比较稳定的、经常的、能从本质方面表明一个人的个性的，才具有性格意义。

再次，性格是一个人本质属性的独特的、稳定的个性特征的结合，是一个人具有核心意义的个性特征。在很大程度上性格是一个人的思想、品德、世界观的具体标志。恩格斯说："一个人物的性格不仅表现在他做什么,而且表现在他怎样做。”① 充分揭示了性格对行为的预示作用,为我们判断旅游消费者的消费态度和行为提供了依据。

在旅游消费者个性心理中,旅游消费者的个性倾向性和个性心理特征是相互作用、相互促进、密不可分的两个方面。个性倾向性影响个性心理特征的发展水平和方向;个性心理特征的发展,又是制约个性倾向性形成的重要条件。

三、旅游消费者的心理实质

1. 消费心理是旅游消费者脑的机能

我国医学较早地认识到脑是心理活动的器官。秦汉时期的医书《黄帝内经·素问》指出:“诸髓者,皆属于脑。”“头者,精神之府。”明代名医李时珍指出:“脑为元神之府。”(《本草纲目》卷五十二《人部》)清代名医王清任根据他对尸体的解剖和大脑病理的临床研究,得出“灵机、记性不在心在脑”(《医林改错》上卷)的结论。马克思主义经典作家们在总结了人类经验和科学研究的成果后深刻地指出:“我们的意识和思维,不论表面上如何像是超感性的东西,但它们是物质的、肉体的器官即头脑的产物,心理的东西、意识等等是物质的最高产物,是叫做人脑的这样一块特别复杂的物质的机能。”②

人脑是人的神经系统的核心部分,是人的消费心理活动的重要物质基础。心理学研究认为,人的消费心理活动就是神经系统有规律性的活动的结果,没有大脑就没有人的消费心理活动,如果人脑发育不全或损伤,人的消费心理和消费行为就会产生异常。

2. 客观现实是旅游消费心理的源泉

心理是人脑的机能,人脑何以产生心理?必须在客观事物的影响下人脑才能实现反映机能,把客观事物变成主观映像,从而产生心理。对旅游消费者来说,客观事物主要是旅游产品和服务。旅游产品和服务以各种不同的形式(直接的、间接的、形象的、语言的、单一的、复合的以及

① 《马克思恩格斯选集》第4卷,人民出版社1972年版,第344页。
② 《马克思恩格斯选集》第4卷,人民出版社1972年版,第223页。

关系的等）作用于旅游消费者的各种感官，引起脑神经的活动，便产生感知、记忆、思维、情感、意志、个性等各种观念形式，这就是各种心理现象。人脑好比加工厂，客观事物好比原材料，没有原材料，头脑这个加工厂就不能生产出任何产品。如若没有旅游产品和服务这个原材料，旅游消费者也不可能凭空产生旅游消费心理。因此说旅游产品和服务这个客观现实是旅游消费者消费心理的源泉和内容。

3. 旅游实践活动是旅游消费心理发生发展的必要条件

脑是心理产生的物质基础，客观现实是影响心理产生的原因，二者的具备，并不意味着心理的产生，只有在人的活动中，通过人和客观事物相互作用才能产生心理。正是由于旅游消费者在旅游消费活动中，不断地接触旅游产品和服务，才逐步地认识旅游产品和服务，并由认识旅游产品和服务的表面现象发展到认识旅游产品和服务的本质和规律，从而产生一定的情感体验，表现出克服困难的意志行动，形成一定的能力和性格。可见，旅游实践是认识、情感、个性品质产生、形成和发展的基础。

4. 旅游消费心理的自觉能动性

人的心理具有自觉能动性，这是人与动物的本质区别。在旅游消费活动中，心理的能动性表现在旅游消费者的头脑在反映旅游产品和服务时，对反映的对象、进程以及结果都可以清楚地意识到。同时，旅游消费者已有的主观世界（知识、经验、个性特点、心理状态等）会对当前所反映的事物产生影响。在正常情况下，不同主观世界的旅游消费者对同一事物常有不同的反映。

5. 旅游消费心理的社会历史制约性

旅游消费者即是一个自然实体，又是一个社会实体。他的心理的发生和发展必然要受到这二者的制约和影响。然而人的本质在于他的社会特质，所以旅游消费者的心理发生和发展与他所处的社会发展的进程和生活的实际历史条件及社会阶层和所扮演的角色有密切关系。一定社会历史条件下的人，长期处于一定社会地位，以一定方式生活着，就必然要形成他们特殊的消费生活方式，特殊的消费心理、思想、习惯和观点。

第二节 旅游消费者的行为模式

一、研究行为是旅游心理学的重要课题

旅游心理学作为一门新兴学科，主要是研究旅游活动中人的行为规律。旅游心理学研究旅游活动中人的行为规律，不仅是指一般的行为举止，而且还包括人的各种心理品质和心理活动。人是有自我意识的动物，人的一举一动无不与心理活动相联系。正如恩格斯所说："决不能避免这种情况：推动人去活动的一切，都要通过人的头脑，甚至吃喝也是由于通过头脑感觉到的饥渴引起的，并且是由于同样通过头脑感觉到的饱足而停止。"[①] 旅游心理学研究旅游活动中人的行为规律，目的是指导人们的旅游活动，培养旅游服务和管理人才，服务于旅游业，服务于社会。

旅游心理学研究旅游活动中人的行为规律，主要包括旅游者行为、旅游业从业人员的服务行为和旅游业管理人员的管理行为规律。旅游者是旅游活动的主体，是旅游业服务的主要对象。所以他们的行为趋向，决定着旅游业的前途命运。旅游服务是旅游业的灵魂，旅游业从业人员的服务行为体现着旅游业的服务质量和水平。所以服务质量的优劣、水平的高低直接决定着旅游业的兴衰、成败与存亡。旅游业管理人员的管理行为是旅游业成败的关键，它关系到旅游业人力资源的发挥、人际关系的和谐、良好工作环境的创造、整体服务水平的提高和旅游业的发展方向等重要问题。

旅游心理学研究旅游活动中人的行为规律，主要是研究人的决策行为规律。旅游者要旅游，首先要作出许多旅游决定，如要到哪里去，去干什么，要选择什么样的路线，乘坐什么样的交通工具，住在什么地方，

① 《马克思恩格斯选集》第 4 卷，人民出版社 1972 年版，第 228 页。

要呆多久，在哪里进餐，和谁同行，花费多少等。旅游服务人员要为旅客服务，他就要根据旅客的需要，在众多可提供的选择中决定提供什么样的服务才能满足旅客的需要。旅游管理人员要调动职工的积极性，为职工创造良好的工作条件，就必须要作出一系列有关的规章、制度和管理办法的决定等。决策是作出决定的意思，它是人们在活动过程中寻求并实现某种最优化预定目标的活动，是人们对行为的选择。人们的决策行为实际上是无数个决定的总和。决策是一个复杂的过程，它包含着许多行为要素。在这些要素中，生活与环境是决策行为的第一位的、具有决定作用的要素。它是形成人们决策需要的首要来源和满足决策需要的重要条件。由于需要和环境的相互作用，则产生出一定的利益、愿望、意图、兴趣、目的等形式表现出来的意识的特点。意识引起动机，动机引出决定，决定之后便是行为的发生。从上述人们的行为发生看，都是和人们的心理紧密相联系的。其实，心理是行为的内在根据；行为是心理活动的外在表现，是心理活动外化的结果。

研究旅游活动中人的行为规律是旅游心理学的重要课题。依上所述，人的行为是有规律的，实际上它是人们的心理和环境相互作用的结果。因此，在研究人的行为时，就必须研究心理的和社会的双重因素对人的行为的影响。

二、行为的一般概念

人的行为是诸多学科研究的课题。哲学家认为“行为就是人类日常生活中所表现的一切活动”。生理学家认为“行为是指可以观察到的肌肉和分泌腺的活动，是身体的某一步伐的运动以及由泪、唾液等状态表现出来的行为”。伦理学家和教育家强调研究道德行为，认为“道德行为是人们在一定的道德认识、情感、意志、信念支配下所采取的行动”。心理学家和行为学家则认为“行为是在外部刺激的影响下，经由内部经验的折射而产生的反应活动”。

德国心理学家列温(K. Lewin)认为，行为是个体和周围环境的函数。人之所以有这样或那样的行为，主要是受个性内部特性和环境两个方面的影响。不论是个人的特性或是环境的特性的变化，都会引起行为的变化。其公式为：

$$B = f(P \cdot E)$$

公式中：B 表示个体的行为(behavior)

f 表示函数(function)

P 表示个体的各种特征(personality)

E 表示环境(environment)

此公式表明，人的行为是随他本人的主观因素(包括心理的和生理的因素)和他所处的客观环境(包括个人社交环境、旅游商业环境、群体、社会等)因素的变化而变化。同一个体的人因所处的环境不同而会有不同的行为反应。同样，不同个体的人虽然处于相同的环境中，但由于他们各自的主观因素不同，也会作出不同的行为反应。

三、行为的决策过程

旅游心理学研究旅游活动中人的行为，是把人作为决策者来看待的。我们把旅游活动中的人作为决策者，有助于我们理解旅游活动中人的行为。事实上，当一个人离开家外出旅游，他必须作出许多有关旅游的决定。当一个旅游业工作人员面对服务对象，也必须作出许多有关提供各种服务的决定。

人们在作决定时，常常用几种不同的方式作出这些决定，包括最一般的决定到最重大的决定。(见图 2—1)

多	对可供选择的各种可能的了解和认识	少
低	对了解情况的必要性的认识	高
短	作出决策所需的时间	长

图 2—1 决策的连续统一关系

一般性决策是指在解决一般性问题时，依据长期处理此类问题的经验迅速作出决定的过程。因为这种决定是迅速的，不假思索地作出的，似乎已经成了意志常规和习惯，因此也称规范性决策。人们在旅游活动和服务工作中，有相当多的决策是属于一般性决策。但有时人们还要作重大决策。当人们在作重大决策时，往往需要花费相当多的时间和精力去搜集有关资料和考虑各种不同的方案。在特定情境下的决策，常常是处于连续统一体的一般性决策和重大决策两个极端的某处。但有时有些决策事先并未经过考虑，而是因人们受到各种有价值的信息的影响或广告的鼓舞而引发计划之外的选择，这就是瞬时性决策。在一般情况下，一个人在作某种决策时，所采用的决策方式并非一成不变。这一次他可能按一般性决策进住某一家饭店，下一次他可能用相当多的时间审慎地在几家饭店中进行选择。有时也会因按一般性决策没能达到预期的目的，而又以作重大决策的方式去寻找更为满意的地方。统观所有决策，由于人们的生活观念不同、个人经济条件的差异、闲暇时间的长短的不同、旅游地或某一事物对个人的重要程度的不同等因素，因而每个人采取的决策方式有所不同。

人们的决策行为是一个复杂的过程，它是包含着许多行为要素的要素系统。在该系统中，生活与社会环境（对旅游者来说是个人社交环境和旅游商业环境）是人们行为的第一位的、具有决定作用的要素。它是形成人的需要的首要来源和满足需要的重要条件。需要是从人与环境的相互作用中产生的，它以一定的利益、愿望、意图、兴趣、目的等形式表现出对需要的意识。意识引起动机，动机引出决定。在决定之后便是具体的行动，行动带着满足需要的目的重新指向环境，改变环境。与此同时也改变个人本身，因为改变的环境产生新的需要，新的需要产生新的意识。系统的每一个环节不仅作用于下一个环节，而且作用于原因、它的产生者。例如，意识在需要的基础上产生之后，本身又影响需要的形成。需要通过上面已谈到的那些环节的中介决定行动，而行动又保证需要的满足，这又导致新的需要，如此等等。

由此可见，在人的行为形成过程中，不仅包含许多的行为要素，而且还内含着一系列决定。当人与环境相遇时，首先要透过人的知觉及其中枢对来自环境的刺激进行内部探寻与评价（识别问题），在此基础上形成需要。需要不仅决定行为的具体内容，解决行为的定向问题，又是动机形成的基础和导致行为的源头。需要的形成，必然涉及需要的对象问题。于是人们便会开始广泛地、积极地寻找各种信息，以求问题的解决。在这之中，人们必然要作出一系列的最后决定。从识别问题到最后决定，这是内部行为过程（或目标导向行为）。当需要找到自己的对象或目标时即形成动机。在动机的支配下，人们便开始采取具体的行动（外部行为或目标行为）。其实目标行为也是极其复杂的过程，它是一个思想和行为需要不断变化、不断调整的过程。这种行为的动态过程是由于：一方面，预想的行为无论思考得多么周密，也无论它又是多么的具体细致，它总免不了与实际情况存在着一定的差异；另一方面，在行动过程中，环境的变化、新情况的导入，都会对正在进行的行为产生影响。所有这些，也需要面对新的情况不断地作出新的决定，方能使预想的行为得以实现。

四、影响行为的因素

洞察行为的发生和决策过程，不难发现人的行为要受到以下重要心理和社会因素（见图 2—2）的影响：

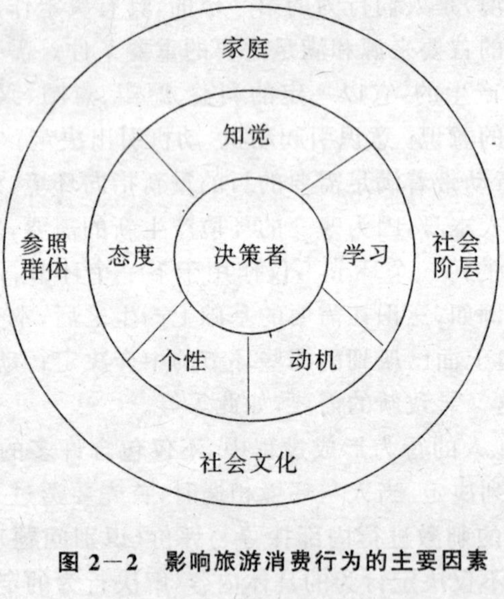

图 2—2 影响旅游消费行为的主要因素

图中知觉是一个人选择、组织和解释信息，创造一个有意义的世界图景的过程；学习指的是经验的积累所带来的个人行为的变化；动机是调动一个人的行为去实现其个人目标的一种内在原因；个性指的是个人所表现出来的行为模式，以及把阅历和行为系统整理起来的心理结构；态度是对人对事的一种内在倾向，是行为的一种准备状态。

在我们研究人的行为的时候，我们应当意识到人是社会的人。人的心理因素对行为的内在影响，决不是在真空中起作用的，在很大程度上要受到外在力量的影响，受到他人的影响。这些影响主要是角色和家庭影响、参照群体的影响、社会阶层的影响和社会文化的影响。这些社会影响将在以后的章节里详细探讨。

思考题

1. 旅游消费者的消费心理过程是怎样一个过程？

2. 旅游消费者的个性倾向和心理特征是指什么？你是怎样理解的？

3. 旅游消费心理是怎样产生的，其实质是什么？

4. 什么是旅游消费行为？怎样理解和影响人的旅游消费行为？

第二编

旅游消费心理

第三章　旅游消费动因

学习目的

通过本章的学习，使学生了解需要是旅游消费积极性的源泉。动机是推动旅游消费行为的直接动因。目标是旅游消费行为的重要诱因。

基本内容

- 需要是旅游消费积极性的源泉

  基本概念：需要、旅游需要

  需要的特征

  需要的层次

  旅游需要是生活多样化的源泉

- 动机是推动旅游消费行为的直接动因

  基本概念：旅游动机

  旅游动机的类型

  旅游动机与旅游行为

- 目标是旅游消费行为的重要诱因

  基本概念：旅游目标

  诱因

  旅游目标的诱发因素

第一节 需要是旅游消费积极性的源泉

一、什么是需要

需要是在一定的生活条件下，个人对客观事物的“欲望”、“要求”。在一个人的内心深处常常表现为一种缺乏什么东西有不足之感，又期望得到什么东西有求足之感两种状态所形成的一种心理现象，需要是主客体的统一。需要常以意向、愿望、动机等形式表现出来。平时我们把模糊意识到的需要叫意向，明确意识到并想实现的需要叫愿望。当愿望激起和维持人的活动时，需要就成为活动的动机。人的需要包括生理方面的需要，也包括心理方面的需要，既有物质方面的需要，也有精神方面的需要，它是一种异常复杂的心理现象。在当今社会，人们对高层次生活标准和生活方式的追求——旅游的需要，变得越来越突出，它已经成为人们旅游行为的最基本、最核心的动力因素。

二、需要的特征

需要虽然是一种内心状态，但仍然可以被人们间接地认知，这是因为需要具有如下基本特征：

1. 对象性

需要总是表现为对一定事物的欲望或追求，没有对象的需要是不存在的。换句话说，需要总是和满足需要的目标联系在一起的。对于旅游消费者来说，需要总是指向某种旅游产品或服务。

2. 社会性

人具体需要什么，如何满足自己的需要，是受到社会经济发展水平、个人在社会关系中所处的地位和所受的教育，以及个人生活实践所制约的。这一社会性，同时也反映出需要具有选择性和历史制约性。

3. 周期性

需要不会因满足而终止，一般都具有周而复始的周期性的特点。研究发现，需要的不断重复出现是需要形成和发展的重要条件。

4. 差异性

人的需要由于受职业、年龄、个性、经验、道德诸多因素的影响，表现出差异性的特点。

5. 发展性

人的需要从不因一次或多次满足而终结。人的一种需要满足后，便会重新出现这种需要或产生新的需要，永远呈现出动态的发展过程。需要的发展性特征，充分体现了人类永不满足、永远进取和积极创造美好未来的伟大精神。

三、需要层次论

激发动机的基础在于人的需要，因此，许多心理学家都把人的需要作为一个主要课题来研究。人类动机的最著名理论之一是美国心理学家亚伯拉罕·马斯洛的需要层次理论。该理论指出人类的基本需要有五种，每种需要都有不同的内容，按照它们上下间的依赖程度，分为五种层次，如图 3－1 所示。

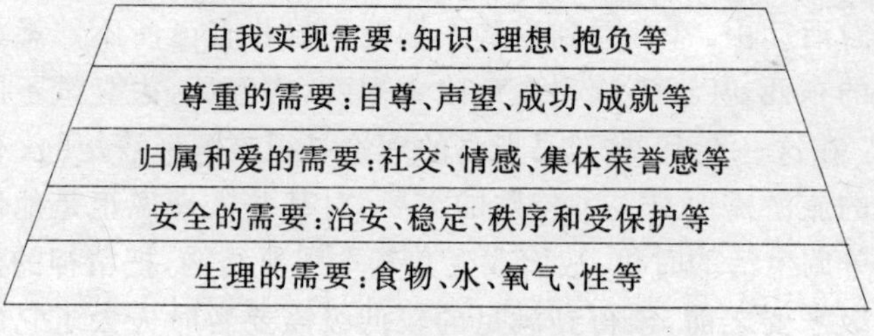

图 3－1　马斯洛需要层次示意图

马斯洛认为，人的需要总是由低级向高级呈上升的趋势，高级需要出现总是以低级需要为条件。一个人只有当低级的需要得到满足后，追求高一级的需要才会成为推动行为的动力。马斯洛认为低级需要（生理、安全）可以通过外部条件得到满足，高级需要（社交、尊重、自我实现）是从内部使人得到满足，而且越是得到满足，越有激励作用。

马斯洛把人的需要作这样的分类，对层次作这样的安排，对研究人的行为动机具有重要和普遍的意义。联系旅游实际，尽管马斯洛的需要层次理论不能用来解释人的全部旅游行为，但它却为我们认识人的旅游动机和理解人的旅游行为奠定了基础。

1. 生理需要

马斯洛认为生理需要是所有需要中最重要的。当一个人饥饿时，他便有着生理上的紧张（饥饿）感，这种紧张感就会驱使他去寻找食物。一旦他感到很饿，这种紧张程度及与之相应的动机就会强烈到使他置其他需要于不顾。用这一观点我们完全可以理解人们为什么夏天到海边、山里去避暑，城里人要到乡下去享清闲，紧张生产线上的工人、繁忙工作岗位上的企业家和高度兴奋的公关人员要到异国他乡暂时变换一下环境。所有这些都可以用生理需要来解释。

2. 安全需要

安全的需要实质上是生理需要的社会保障。安全是指生命安全、财产安全、职业安全、劳动安全、环境安全和心理安全等多方面的安全。按照马斯洛的层次理论，当安全需要得不到满足时，个人的行为就有可能被对安全和保护的寻求所完全支配。他会接受自己所熟悉的东西，摆脱担惊受怕的状态，获得生命和财产安全，避免意外事件发生等等。但在实际的旅游活动中，常常看到有些人偏偏去寻找自己所不熟悉或自己所不知道的东西，甚至不顾生命危险去探险，去经历，去尝试不同于一般的东西。在这一点上，按照马斯洛的理论是很难解释清楚的。但也正好说明人的旅游需要是一种特殊的需要，对某些人来说正是他们暂时摆脱日常单调生活的时机，故而改变其基本需要结构，把精神的需要摆到了较低级需要之前，未得到满足的较低级需要暂时失去了它的迫切性。

3. 社交需要

社交需要也可称为归属和爱的需要。这种需要，包括社会交往、从属于某一个组织、得到承认、友爱等需要。目前在大都市和工业化社会中生活的人，有一个相当重要的动机——焦虑动机。人们对付焦虑动机的一种理想的方法就是有选择地与人群交往。参加旅游团则是最容易取得成员资格、获得自信和尊重需要的有效手段和达到社交需要的理想途径。

4. 尊重需要

尊重的需要即自尊、自重，或要求为他人所尊重。包括自尊心、自信心，希望有地位、有威望，受到别人尊重、信赖和高度评价，还包括取得成就、独立、自主等。受尊重的需要还同主体感到自己对这个世界有用的感觉有关，也与有关事物和人物是否会强化自我形象有关。事实上人们到一个知名度高的旅游地或景点去旅游是会令人肃然起敬的。人们到这个景点去旅游可能有许多动机引起，但其中之一很可能是为了满足尚未得到满足的受人尊重的需要的驱使。

5. 自我实现需要

自我实现的需要是人生追求的最高目标。包括能充分发挥自己的最大潜能(智能和体能)、成为有成就的人物等。个人的发展归根结底体现在寻求自我实现上，通过自我超越达到个性充分发挥的目的。然而人的潜能是各不相同的，自我实现的需要也是因人而异的。对一些人来说，自我实现意味着事业上取得成就；而对另外一些人来说，自我实现可能意味着在团体内居于领导地位；而对另外一些人来说，自我实现意味着完全按照自己的生活方式，而不必屈从社会习俗来实现自己的真正的个性。旅游是极富象征性的，不少人参加旅游活动就是用体现自我价值来满足自我实现的愿望的。

四、旅游是生活多样化的源泉

作为客观因素和主观因素的统一，人的需要是异常复杂的现象。不区分人的需要，不分析人的需要，就不可能了解人的思维、情绪、意志和性格的倾向性。多年来心理学家们为探索人们旅游的真正原因，把问题集中在这一点上：在生活的所有领域里，人们究竟是保持心理的单一性，还是追求不单一性和多样性。学者们努力寻求能对人们的旅游行为原因作出全面而科学的解释的答案。

1. 单一性需要

单一性理论家们认为人们几乎总是寻求平衡、和谐、相同、没有冲突和可预见性,亦即人们的需要是单一性需要。如果在正常生活中出现非单一性,人们就会表现出紧张和不安。人们为了减除紧张和不安,常会采用可预见的(单一性)事、物或活动来抵消由非单一性所造成的紧张和不安心理。

按照单一性需要理论,人们在旅游时,只会游览像北京故宫、西安兵马俑坑、杭州西湖、广西桂林、安徽黄山等世界驰名的旅游景点,只会光顾像北京"长城"、南京"金陵"、天津"利顺德"、广州"白天鹅"等知名度高并能得到标准化服务的饭店,只会乘坐飞往各地的包机和开往各地的固定时间的旅游列车,只会利用像北京、西安、广州等地的国际旅行分社等等。因为这些景点、饭店、交通和旅行社能为旅游者提供可以预见的服务,会避免不愉快的事件和风险。为防止出现非单一性,人们还会事先预订客房,乘坐由旅行社代办的飞机、火车、汽车,参加由导游带领的旅游团等。很显然,在旅游活动中,人们对上述旅游环境中的一些情境那么热爱和欢迎,实际上是由单一性需要驱使的。

2. 复杂性需要

复杂性需要是指人们对新奇、出乎意料、变化和不可预见性事物的向往和追求。人的生活是极其复杂的,单纯依靠单一性需要是无法享受生活和理解生活的。人们之所以追求复杂性的东西,乃是这些东西本身能给人们带来满足和愉悦,使人们生活得更美好。

根据复杂性理论,在旅游环境中,旅游者愿意游览他以前从没有去过的地方,愿意乘坐飞机而不愿意坐火车,愿意光顾不知名的旅店而不愿下榻具有能提供标准化的、熟悉的、享有声誉的饭店。对于希望避免单一性或可预见性的旅游者来说,著名的旅游景点、众所周知的饭店和熟悉的交通工具所提供的单一性需要或可预见性需要太多了,会令他感到厌倦。他要获得全新的刺激和与以往有所不同的感受。

很显然,单一性和复杂性这两种概念都能解释在旅游环境中所出现的许多现象。虽然两种说法看起来是矛盾的,但这两种概念结合起来却可以为理解旅游消费者的旅游动机提供非常可贵的看问题的角度。

3. 单一性和复杂性的平衡

人的中枢神经系统本身具有处理传入刺激的能力。然而在刺激过多或持续过久时，这个系统就不能以最佳状态进行工作，反而会使人的许多心理功能遭到损害。长期的过度刺激造成过分的紧张和压力，可能导致心脏病发作和过早死亡。刺激不足产生厌倦，但如果持续过久就会导致忧郁症、偏执狂、幻觉及其他疾病。因此，一个适应性良好的人，在自己的生活中需要单一性和复杂性的平衡。事实上，一个人不可能在百分之百的可以预见的世界中精神正常地生活。如果长期单一的生活、可以预见的环境不会向他提出挑战，更不会对他有所刺激，总是让他感觉一个样，这就容易使人厌倦。一旦厌倦到一定程度，他就需要引进一些复杂性，即用新奇和变化所带来的刺激来抵消由厌倦所造成的心理紧张。如果一个人长期生活在复杂性环境中，这个环境总是那个样子，对他来说也仍然没有感觉到什么刺激，同样也是处在一个"单一性环境"（如长期恐惧）之中，他也需要一定程度的单一性来弥补，才能使其心理恢复平衡。

一定程度的单一性需要一定程度的复杂性来平衡，一定程度的复杂性需要一定程度的单一性来平衡，这是一个发展趋势。但由于人们所处的环境不同，环境所提供给人们的单一性和复杂性程度存在着很大差异。一个生产线上的产业工人，日复一日、年复一年干着同一种工作，他处的环境是极端单一的。为了逃避紧张的生活和工作，改变与世隔绝、枯燥、烦闷的单一环境，他可能选择一处离开城市或工业集中区的风景点、疗养地去度假，或到迪斯科夜总会或有歌舞厅的酒吧去寻找刺激。而工作在高一级公司的行政管理人员，或高度兴奋的工作人员，由于他每天总是和不同的人打交道，在不同的场所谈生意，在复杂和无法预见的情境里处理工作、谈判等，他们可能寻求的刺激是一个安静的度假地或在家里悠闲地度过一段时光。

在现实生活中，如果环境的单一性或复杂性并不过分，大多数人对这些环境还是欢迎的。但有些人却大量需要单一性或复杂性，而另外一些人所需要的单一性或复杂性却很有限。因此，人们一般都要设法使单一性需要和复杂性需要保持最佳的心理紧张程度的平衡。否则，单一性过多，人会产生厌倦；复杂性太多，人会产生恐惧（见图3－2）。

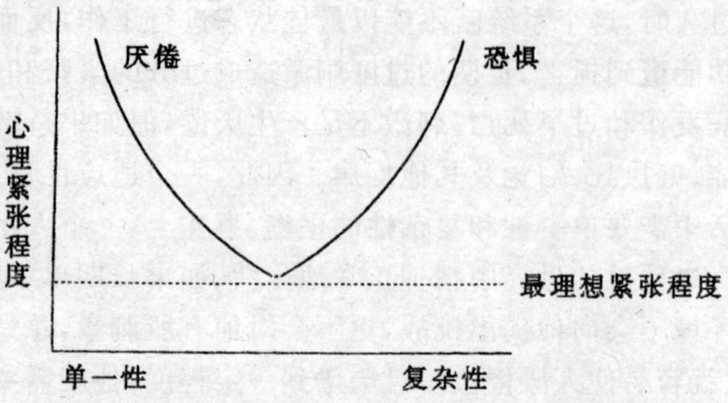

图 3－2 单一性—复杂性和心理紧张

单一性与复杂性最佳程度的平衡只是一个相对说法。它与人们外出旅游时所选择的旅游景点、交通方式、饭店类型以及构成整个旅游经历的一切活动的潜在刺激力量有关。根据一些人的体验，到一个过于新奇的地方去旅游，如去西藏或香港或非洲某地，独特的社会风情、特异的自然风光和独有的活动项目等，都会使人产生心理紧张；而到比较了解的杭州西湖、北京故宫游览，虽然西湖的美景，故宫的宏伟、庄严也会使人感到新奇，但它却不会引起人们心理上的不适或不安。事实上单一性与复杂性的结合能够给人的最佳刺激水平是因人而异的。有些人外出旅游仅仅是为了变换一下环境，他到附近的景点、乡村、海边转一下也就够了。然而，对另一些人来说，仅变换一下环境是很不够的，他需要全新的东西，即我们称之为复杂性的东西，这意味着环境的彻底改变，非到一个遥远的地方，或出国旅游才能如愿。

总之，人是有意识的存在物，人的行动和一切举止行为都具有自觉性和目的性。在行动之前，人在自己的意识中建立预示其实际行动的理想行为形象。这一理想的行为形象以及归根到底人的实际行为的直接源泉乃是人的需要。需要作为内在条件、作为活动的必要前提之一是机体的需求状态，它本身不能唤起任何有确定指向的活动，其职能仅限于激化相应的生物机能和造成运动区的一般兴奋，表现为无指向的觅寻动作。而作为主体在对象世界中具体活动的指导者和调节者的需要，只有同能够满足它的对象“相遇”时，需要才具有指导和调节人的活动、控制人的举止行为的动力作用。

第二节　动机是推动旅游消费行为的直接动力

一、什么是旅游动机

旅游动机是推动人们进行旅游活动，并使人处于积极状态以达到一定目标的动力。动机常以愿望、意图、兴趣、思想、信念等形式表现出来，是个体发动和维持其旅游行动的一种能动心理现象。人们要旅游的动机对人们的旅游行为具有明显的预示作用。

旅游动机的产生必须具备两个方面的条件：一是个体的内在条件——旅游需要(健康、文化、交际、地位、声望、求实、求新、求奇、求美、求知、访古、寻友、追宗归祖等需要)；二是外在条件——刺激(人文景观、自然景观、旅游交通、旅游饭店、旅行社的服务设施与条件、旅游商业环境、个人社交环境、个人的经济状况、有否闲暇时间、社会政治环境等因素)。旅游动机和旅游需要是紧密相联系的，不论人的旅游动机如何复杂多样，其实质都是为了满足人的多种多样的旅游需要。旅游动机的实质是旅游需要，但又不能把旅游动机与旅游需要等同起来。旅游需要要转化为旅游动机，必须要有满足需要的对象(旅游刺激物)为条件。只有有了这些条件，才能使潜在的需求状态转为积极的活跃状态，这时旅游需要才会成为旅游活动的动机。一旦旅游动机形成，它就可以唤起人们的旅游行为，把行为指向特定的方向、预期的目标，并保持和发展人的旅游行为，使之达到目标。因此，我们说旅游动机是在旅游需要的刺激下直接推动人去进行旅游活动的内部动力。

二、旅游动机的种类

依据动机形成的原因，我们可将动机分为两大类：一为内在需求——心理类，二为外在刺激——目标类。

心理类旅游动机在旅游动机的研究中被研究者称为“推力”。心理类动机的研究有助于解释人们为什么要旅游的内在的深刻原因。比如：逃避现实，免除压力的欲望；消除紧张和不安心情的期望；满足其自尊、被承认、被注意、能施展其才能、取得成就和为人类作贡献的需要的期望；挑战、冒险的渴望等等。

目标类旅游动机在旅游动机的研究中被研究者称为"拉力"。在旅游动机的研究中多数研究者的研究都侧重于"拉"的方面。这方面的因素主要是指旅游目的地对旅游者具有吸引力的那些特点。比如：历史悠久的名胜古迹，独特的自然景观，新奇和有特色的旅游活动项目、旅游设施和旅游服务等。所有这些也是旅游开发部门和旅游企业所希望找到的那些能导致旅游者选择某一具体旅游目的地的重要因素。

在实际的旅游行为动机研究中，多数人都承认旅游行为具有多重动机，都是在"推"和"拉"的合力下产生的。

依据动机在旅游活动中所起的作用，可以把动机区分为主导动机和次要动机。主导动机又称主要动机和基本动机，次要动机也称附属动机。因主导动机是决定人们到哪儿去旅游和怎样去旅游的最主要的动机，因此，对人们旅游动机的区分和认定是至关重要的。最常见的是：日本学者田中喜一提出的人们外出旅游的 4 类动机（见表 3—1），美国罗伯特·麦金托什和沙西肯特·格普特提出的旅游的 4 种基本动机（见表 3—2），美国学者约翰·A. 托马斯提出的人们外出旅游的 18 种旅游动机（见表 3—3），利奥得（Lioyd E. Hudman）提出的人们外出旅游的 8 类基本动机（见表 3—4）。

表 3—1 田中喜一列举的旅游动机

心情的动机	思乡心 交游心 信仰心
身体的动机	治疗需要 保养需要 运动需要
精神的动机	知识需要 见闻需要 欢乐需要
经济的动机	购物目的 商业目的

资料来源：田中喜一《旅游事业论》，旅游事业研究会 1950。

表 3－2　罗伯特·麦金托什和沙西肯特·格普特列举的旅游动机

身体健康的动机	休息　运动　游戏　治疗等
文化的动机	艺术　风俗　语言　宗教等
交际的动机	在异地结识新的朋友　探亲访友　摆脱日常工作家庭事务等
地位与声望的动机	考察　交流　会议　从事个人兴趣的研究　求学等

资料来源：McIntosh & Goeldner，'TOURLSM'，Grid Publishing，Inc Columbus，Ohio，1984，PP. 171～172.

表 3－3　约翰·托马斯列举的旅游动机

教育和文化方面的动机	(1)观察别的国家人民是怎样生活、工作和娱乐的 (2)浏览特别的风景名胜 (3)更多地了解新鲜事物 (4)参加一些特殊活动
疗养和娱乐方面的动机	(5)摆脱每天的例行公事 (6)过一下轻松愉快的生活 (7)体验某种异性或浪漫生活
种族上的动机	(8)访问自己的祖籍出生地 (9)到家属或朋友曾经去过的地方
其　他	(10)气候(例如为了避寒) (11)健康(需要阳光、干燥的气候，等等) (12)体育活动(去游泳、滑冰、钓鱼或航海) (13)经济方面(低廉的费用开支) (14)冒险活动(到新地方去，接触新朋友，取得新经历) (15)取得一种胜人一筹的本事 (16)适应性(不落人后) (17)考察历史(古代庙宇遗迹，现代历史) (18)了解世界的愿望

资料来源：约翰·A. 托马斯《是什么促使人们旅游》，载《美国旅行代理人协会旅游新闻》(1964 年 8 月)，第 64～65 页。

表 3—4 利奥得(Lioyd E. Hudman)列举的旅游动机

健康	身体的 健康的
好奇心	文化的 政治的 社会的 地理特征 重大灾祸
运动	参加的,如:打猎、钓鱼、高尔夫球、网球比赛 观看的,如:足球、垒球、田径、赛马
娱乐	周游 美术 音乐 赌博 蜜月
宗教	朝拜 集会 访问宗教中心 宗教歌舞音乐
公、商务	科学考察 会议 公司业务 教育
探亲访友及寻根	探访家乡 家庭研究
自我显耀	

资料来源:Lioyd E. Hudman, 'Youn Jm: A shrinking world', Columbus, OH: Gid, 1988.

随着现代社会经济的发展和科学技术手段的现代化,我们立足当今信息社会,纵察历代社会旅游者的活动表现,横观现代旅游者的种种行为,我们认为能够引发人们旅游行为的主要旅游动机有以下几种:

(1)健康

健康是历史最悠久的旅游动机之一。人们都有健康、长寿的愿望。当今社会休假被认为是对健康的投资。矿泉浴、海水浴、太阳浴都是对人们健康有益的。事实上世界各地有许多矿泉疗养地、海滨浴场变成了度假地,成了恢复和维持人们心理健康和逃避城市喧闹的旅游场所。另外,有相当一部分人常常掩盖其真实的旅游动机(名誉、地位),而打着为了"健康"的旗号去旅游,使其旅游合法化。

(2)好奇心

好奇心是驱使人们外出旅游的重要动机之一。好奇心易引起人的心理紧张,人们便会设法满足其好奇心,甚至不惜付出牺牲个人安全的巨大代价去满足它。对于旅游消费者来说,它不仅能导致旅游消费行为的发生,而且还能引导旅游者在世界各地寻求不同的经历和体验。因此,访问其他民族和地方,体验其他文化和政治体制是旅游者的主要动机。对于旅游者来说,旅游又是一个游戏世界,充满乐趣和神秘色彩,是满足人们好奇心的舞台和乐园。

(3)受教育

从历史上看，受教育是人们外出旅游的重要原因之一。在当代，修学旅游是目前社会最突出的时尚。从古至今，教育的价值对任何潜在旅游者都具有很大的吸引力。众所周知，教育可以扩大人的视野，激发人的好奇心，并且也会很自然地引起人们对旅游的兴趣。事实上人们旅游的倾向是随着教育程度的提高而增强的。

(4)获取乐趣

兴奋、新奇、愉悦的感受是人人所向往的。在所有的旅游动机中，获取乐趣、满足娱乐需要是人们旅游的重要动机之一。事实上，旅游具有不可思议的魅力，它具有满足人们获取乐趣需要的独特功效。当人们开始筹划一次旅游时，他就要摸清楚游览地的情况，熟悉有关资料，学习有关规矩和当地语言等。按照旅行社会学家查理·梅塔尔的看法，此时人们已经获得了一半乐趣。途中和到达旅游地的感受和经历，如乘坐头等舱或软卧车厢，享受的特殊接待、游戏和愉快的生活，或停靠的车站、码头、机场，以及所经历的活动等，都会使人兴奋、新奇和激动。事实上，许多人开始是筹划一次旅游，然后去旅游，最后是在当地的旅游尚未结束就又开始盘算下一次的旅游了。对于这些人来说，旅游已经成为一种生活方式，成为人们的主要兴趣。在他们的全部旅游消费过程中，始终贯穿着获取乐趣的原则。对于旅游企业来说，使旅游者获取乐趣也是旅游业推销其服务和线路的主要原则。

(5)社会交往

社会交往是人之本性，它既是人们需要的层面，也是人们外出旅游的重要动机。可以包括在异地结识新的朋友，探亲访友，摆脱日常工作、家庭事务等动机。这种动机常常表现出对熟悉的东西的一种厌倦和反感，逃避现实和免除压力的欲望。在一个激烈竞争的社会中，社交需要的人总是与有选择的人群交往。因为与有选择的人群交往最容易取得团体成员的资格，并从团体中获得信心、尊重和地位等。事实表明旅游是实现社会交往的最理想的方式之一。

(6)寻求精神价值

在欧洲，早在中世纪，旅游就开始具有严肃的动机了。当时最具代表性的旅游动机是与朝圣紧密联系在一起的寻求精神价值的宗教动机。那时，人们一直相信去神居住和神实施奇异影响的地方，可以得到神的帮助和恩惠，故形成了朝圣旅游。随着时间的推移，朝圣的性质改变了，部分旅游者把旅游作为一种崇高的目标和美好的愿望。在当今社会，旅游还有助于人们的相互了解，发展好客的本性，缩短社会各阶层之间及人类种族之间的距离，消除有害的偏见。另外，旅游又能促进人与大自然的接触并可改变自然资源，它所呈现出的作为人类共同遗产的一切美好创造，能成为促进和平和人们相互友好的工具，成为使人类大家庭合为一体以及增进人与宇宙万物联系的手段，使人恢复其个性。

(7)闲暇和消遣

对于现代社会生活中的人来说，闲暇和消遣是人们的一大需要，它促使人们去追求某种活动。旅游是一种闲暇活动，它可以满足人们净化、自立、了解和合群以及健全体魄的需要。旅游也能使人们保持心理平衡，从现代生活的急促步伐中解脱出来。

(8)探亲访友与追宗归祖

这是种族上的一种旅游动机。这一动机是一个极其强烈的动机。“回家”一词能给人以亲切、温馨之感，能激发人们的回归之强烈愿望。海外华侨、外籍华人、在华居住过或出生的外国朋友到中国旅游，美国人去欧洲旅游，大多是出于这种动机。

(9)地位和自我实现

人人都有被尊重、被承认、被注意、施展才能、取得成就和为人类作贡献的需要。这种需要往往产生巨大的动力，驱使人们去表现去实现。旅游是满足人们这一愿望的理想的形式之一。众所周知，旅游是极富有象征意义的产品，它能赋予旅游的人们以地位、声望和与众不同的感受，也能使其他的人仰望和羡慕。旅游又是一个特殊的环境，在这个环境里，人们可以不受任何的限制和约束，完全可以按照自己的意愿去行事，去体验人生价值，去超越自我，实现自己个性的充分发挥。事实上，不少人参加旅游活动就是用体现自我价值来满足自我实现的愿望。因而，为了显示地位和自我实现就成为人们的重要的旅游动机。

三、动机与旅游行为

在旅游行为和旅游动机之间，旅游动机推动旅游行为，并为旅游行为建立明确的方向，而且更重要的是旅游动机还赋予旅游行为一定的个性化涵义（也可以说是主观价值）。可见，旅游行为与旅游动机之间的关系不仅密切而且复杂。心理学研究认为：人的旅游行为很少出于单一的旅游动机，总是受多种需要和欲望的驱使。所以，一种旅游行为中往往包含多种旅游动机。有时，同一种旅游动机由于个人的个性、价值观和抱负水准不同（个性决定人的动机指向，价值观决定人的动机模式，抱负水平决定人的动机强度），其旅游行为具有很大差异。即使是同一种旅游行为也可出自不同的旅游动机，甚至有时合理的旅游动机也可能引起不合理的或错误的旅游行为等等。因此，在研究人的旅游行为时，特别要注意分析人的旅游动机，只有这样才能对人的旅游行为作出正确的评价。

第三节　目标是引发旅游消费行为的重要诱因

一、旅游目标

所谓旅游目标，实际上是人的旅游需要的一种期待，是人的旅游行为所要追求的预期结果在头脑中的一种超前反映，也可以说是满足人的旅游需要的对象或期望所达到的结果。从前两节所述可知，需要具有了满足的对象（目标），人的动机才会产生。如果说只有需要而没有目标，人就不会有动机，也不会有行动。所以说人的旅游目标是诱发人的旅游动机，是规定人的旅游行为方向和激励人们兴致勃勃地继续把旅游活动进行到底的重要的动力因素之一。

二、旅游诱因

所谓诱因，是泛指导致某种事情发生的原因。它包括"正诱因"和"负诱因"两个方面。凡是人们所趋求的对象则可视为引发动机的"正诱因"，而使人所回避的对象可视之为引发动机的"负诱因"。对于要旅游的人来说，"正诱因"引发积极的旅游行为，"负诱因"引发消极的旅游行为。从旅游者角度看，诱因是指旅游者所追求的对象——精神的、物质的享受。从旅游业角度看，诱因是旅游者所追求的对象蕴含在旅游业为旅游者所提供的旅游产品和服务中的东西。

三、旅游目标的诱发原因

旅游目标作为引发旅游动机的诱因，主要是由旅游目标的价值、魅力、清晰度、适宜性决定的。

1. 旅游目标的价值

所谓旅游目标价值，实际上是指某一旅游目标(对象)对旅游者的意义或积极作用。人们在确定或实现自己的旅游目标时，常常依据自己对目标的估价来决定自己的努力程度。一般说来，对目标价值看得较大或重要，人们对该目标就表现出较高的积极性，该目标的激发力量就较强。比如，到某地度假，下榻某一饭店，乘坐头等舱，游览某一景点，会见某一知名人士等，能显示自己具有较高的地位、声望、事业成就，那么，该旅游地、旅游饭店、旅游交通工具、旅游景点和人物就会对选择这些旅游目标的人具有极大的价值，这些目标对人们的激发力量就强。反之，如果对目标的价值看得很低，他对该目标表现出的积极性就低，该目标就失去了激发力量。

2. 旅游目标的魅力

旅游目标魅力，就是指旅游目标"讨人喜欢"和"有吸引力"的意思。富有魅力的旅游目标能使人向往，能使人留连忘返，也能使旅游业增光添彩。众所周知，具有"雄伟"、"奇特"、"险峻"、"秀丽"、"幽深"、"畅旷"、"神秘"魅力的旅游景点，具有快捷、方便、舒适、安全、造型美观、设备先进的旅游交通工具与设施，具有整洁、舒适、宁静、亲切、细致、尊重、适时的待客服务等魅力因素，都能使人折服、向往。具备这些因素，旅游目标就能产生巨大的激发力量，吸引人们前去旅游。

3. 旅游目标的清晰度

旅游目标的清晰度，是指旅游目标的明确程度。当一个人在确定或实现自己的旅游目标的过程中，旅游的目标越明确，就越能使人明确自己的努力方向，认请旅游目标对自己的重要意义与利害关系，人们对实现旅游目标的行动就越自觉，旅游目标对自己的激发力量就越大。

旅游目标的清晰度主要取决于旅游目标本身的明确性和具体性，还取决于人们对旅游目标的要求和意义的理解程度。如果旅游目标空泛、庞大或抽象，这种目标自然不能产生激励作用。如果旅游目标很好，但不能被人们真正理解和认识，这种目标同样也不能激励人们的自觉行动。

4. 旅游目标的适宜性

旅游目标的适宜性，即指旅游目标设置的难度和挑战性要适度。适宜的目标能够诱发人们的动机，规定人们的行为方向。一般说来，困难的目标能带给人以成就感，增强人们的信心。挑战性的目标能激发人们的兴趣，给人以自豪感和鼓舞力量。人们对这样的目标就表现出极大的积极性，这样的目标对人们的激发力量就强。但困难过大，超过人们的能力范围，可望而不可即，或目标没有挑战性，不用费力就可达到，对这样的目标人们就缺乏兴趣，失去信心。这样的目标对人们也起不到激励作用。

总前所述，人的旅游行为是由内部需要和外部刺激引起的，由动机推动的，由一定目标调节的。在诸因素中，需要是旅游消费行为的基本动因，目标是旅游消费行为的重要诱发因素，动机是旅游消费行为的直接动力。

思考题

1. 什么是旅游需要？为什么说旅游是满足人们生活多样化需要的源泉？

2. 怎样理解单一性需要和多样性需要？联系旅游实际应用此种理

论解释人们的旅游行为。

3. 什么是旅游动机？人们的旅游动机有哪些类型？

4. 什么是旅游目标？旅游目标作为旅游动机的诱发因素是由哪些因素决定的？

第四章　旅游消费知觉

学习目的

通过本章的学习，了解知觉的基本原理和旅游消费活动中的社会知觉，以及知觉是怎样影响旅游消费决策的。

基本内容

- **知觉的基本原理**

  知觉的选择性　知觉的组织性　知觉的理解性

- **知觉的心理定势**

  首次效应　晕论效应　经验效应　刻板效应

- **旅游活动中的社会知觉**

  对个人的知觉　对人际关系的知觉　自我知觉

- **对旅游条件的知觉**

  对旅游时间的知觉　对旅游距离的知觉　对旅游交通的知觉　对旅游目的地的知觉

第一节 旅游消费知觉的基本原理

在旅游这个“游戏世界”里，可供人们旅游的国家、地区、景点数也数不清，究竟你是去哪里，必须对摆在你面前的诸多选择按照你心目中的要求进行主观评价，然后作出决定。人们对摆在面前的诸多选择所作的主观判断与评价取决于许多因素，但其中一个最重要的因素就是人们对每个选择能否满足人们要求程度的感知。因此，要理解人们的旅游行为，就要首先懂得知觉。

知觉可以被描述为理解世界的过程。这个过程是个体选择、组织和解释刺激，形成一种有意义的与外部世界相一致的心理画面的过程。

心理学研究认为，知觉过程是一个复杂过程，它要经过生理和心理的两个历程。当一个人在感知某一事物时，首先要通过感官(如眼、耳等)感知对象(生理历程)，然后在头脑中形成一种印象(感觉)。这一印象形成后，又与感知者已有的认识体验一起构成经验表象、行为感情、是否愉快等各种体验。紧接着这种先行经验的观念又向对象方向转移，结果形成了一个有意义的心理画面(这个心理过程所形成的结果为知觉)。在心理学中视此心理画面为“知觉世界”。知觉世界不同于真实的客观世界，这主要是感知者的先行经验参与所致。人们的行为就是由此知觉世界所引发。故在心理学中将“知觉世界”称为“行为环境”，以区别外在的客观环境。所以说世界上没有哪两个人所知觉到的世界是一模一样的，因而知觉是因人而异的。

一、知觉的选择性

知觉选择性是指知觉在一定的时间内并不感受所有的刺激，而仅仅指向能够引起注意的少数刺激。从另一种意义上说，知觉选择性是知觉防御(即摒弃那些非本质的、无关紧要的或从文化角度讲使人难以接受的东西)的一种形式。人们对刺激的选择，主要取决于刺激本身的特性、主体先前经验对知觉对象的期望和当时的需要、动机的影响。在这些因素中任何一个因素都有提高或减少刺激被接受的可能性，都有影响人们选择的方向和对刺激本身选择的意识。

1. 知觉对象（刺激）本身的特性

生活与旅游环境是人们产生旅游行为的一个复杂的感知环境。它既有物的自然方面的刺激，也有人的社会方面的刺激。各种刺激虽然存在，却不能全部引起人们的注意而被纳入知觉世界。心理学研究认为，各种刺激必须达到某一最低限度（绝对感觉限阈），才能有效地引起感觉器官的反应。在旅游活动中，导游员讲解声音太小，没有达到绝对感觉限阈，游客是听不到的。如果景物太小或距游客较远，达不到绝对感觉限阈，游客是看不见或看不清楚的。一般来说，旅游活动中的观赏物颜色鲜艳、新奇、富于变化，都会引起人们的注意而把它纳入知觉世界。

2. 主体本身的特性

生活与旅游环境是客观存在的，这些客观事实只有透过人的感觉器官，以及在头脑中所形成的意识倾向才能产生知觉作用。旅游者的生理条件不同，意识倾向不同，在接受旅游环境的刺激时会有所不同。一般来讲，感觉器官有缺陷者，他所见到的世界必然有异于常人。体弱多病者，面对高山、大海和活动量大刺激性强的游览活动项目，心中必然充满着危机。反之，强壮有力者，大多无所畏惧和充满自信。人们的意识倾向不同，知觉的选择性也是相当明显的。如同乘一架飞机，有人认为这是地位的象征，有人认为这是冒险行为，有人认为它只是一个交通工具而已等。个人的期望与经验不同也影响人的知觉选择。人们经常察觉自己所期望的东西，而期望的东西总是建筑在自己熟悉或先前经验的基础上。一般来说，期望会推动一个人去感知他所追求的东西。经验会影响他所感知的事物的内容、速度和准确性。

二、知觉的组织性

人们对旅游环境中的刺激进行选择时，并非零乱无系统的，而是倾向于把它们组织成一个整体，或一个有意义的东西。哪怕是最简单的特性，人们也要把它作为刺激所属的整体的一种机能。常见到的有关知觉组织性的原则有三条。

1．接近原则

接近原则是指两个或两个以上的刺激(同类物)若在空间上彼此接近时，每一物体都有被视为构成整个知觉组型一分子的倾向，如图 4—1 中甲、乙两组图易分别被知觉为 4 组。在实际的旅游活动中，常见到人们把天津和北京作为一个整体来看待(天津是北京的东大门)。其原因就是天津和北京两个城市相距较近，故而使得一些人游了天津还要游北京。但由于天津和北京相距较近，也容易使人们忽略天津与北京的不同之处，使得一些人只游北京不游天津。

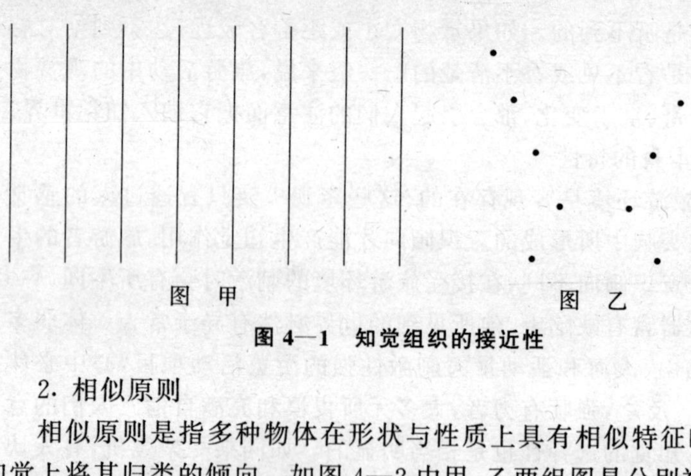

图 甲　　　　图 乙

图 4—1　知觉组织的接近性

2．相似原则

相似原则是指多种物体在形状与性质上具有相似特征时，人们在知觉上将其归类的倾向。如图 4—2 中甲、乙两组图易分别被知觉为 4 组。在旅游活动中，在外国人的眼里，尽管北京的碧云寺、承德的外八庙、开封的相国寺、泰安的孔庙、杭州的岳飞庙、四川的杜甫草堂有许多

•	△	◇	□	华山	泰山	黄山
•	△	◇	□	西湖	太湖	巢湖
•	△	◇	□	黄河	长江	黑龙江
•	△	◇	□	少林寺	灵隐寺	白马寺

图 甲　　　　图 乙

图 4—2　知觉组织的相似性

不同之处，但他们认为都是庙。从旅游设施和服务方面来看，相似之处很多，诸如宾馆的外形、服务程序、服务特色等很可能相似，这都容易使旅客把它们归类为某一系列或某一连锁机构之中。

3. 封闭原则

封闭原则是指若干个刺激共同包围一个空间，有形成同一知觉形态的倾向，如图 4—3 所示。人有闭合的需要，当知觉刺激中的特征并不十分清楚地显示彼此之间关系时，人们都会自觉或不自觉地根据以往的经验主观地增添或减少缺失的部分，使它成为一个完整的图景表现出来。如旅游者在遇到线路不完满，或信息不完整时，他们就会自觉采取行动弥补不足，实现“封闭”。否则心中就总觉不快，有可能暂缓或停止决策和行动。

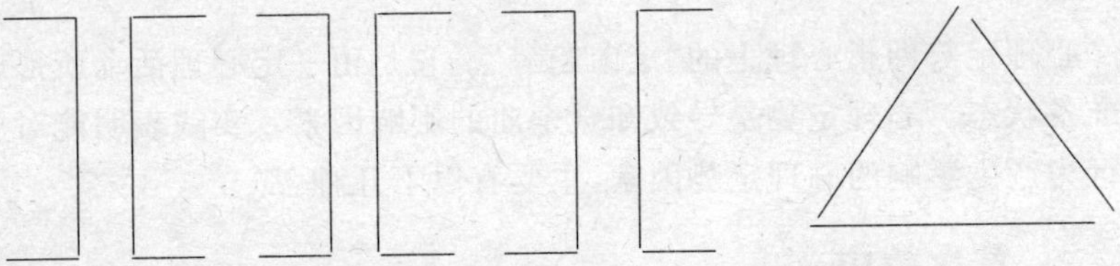

图　甲　　　　图　乙

图 4—3　知觉组织的封闭性

三、知觉的解释性

在旅游的感知环境中，人们总是按照自己对刺激的觉察进行选择，并依一定的心理原则组织这些刺激，这都是基于人们对刺激的解释。人们对刺激的解释完全是一个个体过程，它是建筑在个体先前经验、知觉时的动机和兴趣的基础上的。刺激常常是模棱两可的，有时可能处在变化之中，往往使人难以认清它的真面目。在这种情况下，个人的经验以及与别人的交往，常常会提供解释刺激的范围或备择方案。个人还将以有助于实现自己的需要、愿望、兴趣、意图等方式来解释刺激。一个人的解释接近现实的程度如何，主要依赖于刺激本身的清晰度、个体的经验、当时的动机和兴趣等。

综上所述，我们可以看出知觉的选择过程，能反映出一个人与旅游环境的机能上的关系。从知觉选择的内容上可以看出一个人在旅游活动中是如何适应和行动的。知觉的组织过程，使人把旅游环境中的刺激加以构造化，使其成为对人有意义的对象。知觉的解释过程，不仅使人们对符合自己兴趣、需要的东西加以强调，而且还根据个体过去的经验所得的知识对刺激加以补充或扩大，从而使刺激更加符合自己的行动要求。

第二节　旅游消费知觉的心理定势

心理定势即指心理上的“定向趋势”。它是由一定心理活动所形成的准备状态。心理定势是导致知觉歪曲的影响因素。实践表明能对旅游行为产生影响的心理定势因素，主要有以下几种。

一、首次效应

当一个人第一次进入一个新的旅游地，第一次和当地人接触，第一次品尝地方风味，第一次游览某一名胜，留下深刻印象，形成了一种心理定势而难以改变，这种现象称首次效应或第一印象。首次效应先入为主，实际上已戴上了“有色眼镜”。在今后的一切活动中，人们常会不自觉地将当前的印象同第一印象相联系。如果第一印象良好，对以后的不良印象也不觉得反感。如果第一印象不好，以后良好的印象也会相形失色。

第一印象是有其特点的。当人们游览某一景点得到了一个良好的印象，他会对该地区所有的景点产生良好的印象。当人们在某个景点受到某个服务员热情服务时，他得到的印象不仅包括这个服务员，还包括这个景点所有的服务人员。正由于第一印象的这种层次性、广泛性和推延性特点，所以难免以偏概全，妨碍人们准确地感知事物。当我们认清首次效应这一特点之后，作为旅游业工作者在第一次与旅游者接触时，应努力树立自己的美好形象，千万不能由于某种不足影响旅游者对旅游产品和服务的知觉。

二、晕轮效应

晕轮效应指的是从对象的某种特征推及对象的整体特征，从而产生美化或丑化对象的印象。“晕轮效应”意指它像月晕一样，会在真实的现象面前产生一种假象：当人们隔着云雾看月时，由于光的折射，人们会看到在月亮的外面有一个实际并不存在的一个物质的真实的光环。

如果说首次效应是从时间上说的，由于前面的印象深刻，后面的印象成为前面印象的补充，那么，晕轮效应则是从内容上说的，由于对对象的部分特征印象深刻，这部分印象泛化为全部印象。因此从本质上讲，这两种效应都带有强烈的主观色彩，常常是一叶障目，只见树木不见森林。从旅游业角度讲，为了使旅游者对旅游业产生一个好的印象，在提供旅游产品和服务时要避免劣质产品和劣质服务的出现，以防由于晕轮效应使旅游者把劣质产品和劣质服务扩大到企业的整个产品和服务中去。当然，对旅游业来说，一定要提供优质产品和优质服务，使人们同样通过晕轮效应把企业的整个产品和服务视为优质的。但要注意，绝不能利用旅游者的晕轮效应来蒙骗和坑害旅游者。

三、经验效应

经验效应指的是个体凭借以往的经验进行认识、判断、决策、行动的心理活动方式。经验应当说是一种财富，但也可以说是一种包袱。一般说，经验越丰富，认识越深刻。但经验又有局限性的一面，不考虑时间、地点照搬套用，往往在知觉事物时会出现偏差。特别在当代社会和旅游环境中高科技的应用，使得很多产品和服务与以往相比发生了巨大变化。在此情势之下，人们仍用过去的经验来决策，来处理一些问题，那将会一事无成。如果再不充实经验，更新经验，发展经验，照样会跟不上时代的步伐。如果死守过去的经验，必然不能对当前变化了的事物正确知觉，很可能要上当受骗或失去良机。

四、刻板印象

刻板印象指的是社会上部分人对某类事物或人物所持的共同的、固定的、笼统的看法和印象。这种印象不是一种个体现象，它反映的是群体的“共识”。比如，在社会上一般人认为日本人争强好胜，有自制力，注重礼仪，讲究礼貌；英国人冷静、寡言少语，有绅士风度；法国人爽朗、热情，喜欢与人交谈，比较乐观；德国人较勤勉，有朝气，守纪律，爱音乐；美国人喜新奇，重实利，比较随便和自由。

刻板印象是呆板而没有变通的印象，具有明显的局限性，但就概括本身应视为认识上的进步。刻板印象对旅游者来说应是一种知人、识事、辨物的手段，有助于他在旅游活动中的决策。对旅游业来说，它可以为我们知觉某一国家、地区的旅游者提供一个基本的情况，有助于确定提供何种类型的产品和服务。

第三节 旅游消费活动中的社会知觉

社会知觉就是对人的知觉。在旅游消费活动中，人对人的知觉是经常发生的，它对我们了解他人的动机、感情、意图，推测他人的消费行为有着重要的意义。对人的知觉，主要包括对个人的知觉、对人际关系的知觉和自我知觉。

一、对个人的知觉

对个人的知觉是指我们对一个人的外表和言语的认知，从而了解这个人的心理和品质。通常情况下，人们对他人的认知首先是通过感官去观察对方的外貌、举止、性别和年龄，并且“听其言，观其行”。在旅游消费活动中，旅游消费者也首先是这样地去认识周围的人。对个人的知觉主要表现在对他人表情的认知、性格的认知和角色的认知三方面。

1. 对表情的认知

表情是个体情绪状态时的外显行为,是个体身心状态的一种客观指标,也是向他人传达信息的一种工具,是我们认知一个人的重要显著特征。平常,旅游消费者通过观察他人各种表情的细微差别,判断他人的情绪状态,进而推测他人的行为,从而决定自己的消费行动。旅游业工作者通过知觉他人表情,预测他人的行为,以便提供针对性的服务。

心理学的研究表明,具有"情绪标志"的面部表情、言语表情和身段表情的变化,是认知者判断他人情绪的主要线索。

所谓"察颜观色",就是指观察人们的面部肌肉变化来判断其情绪状态的。而面部的肌肉变化最为明显的乃是人们的眼和口的肌肉变化。人们常说,眼睛是心灵的窗户,意思是说人们的各种心理变化都可以从一个人的眼睛上反映出来。如"目光炯炯",反映出情绪高涨,精神振奋。"目瞪口呆"反映了人的惊慌恐惧的心情。"愁眉苦脸"反映了人的沮丧或悲伤的情绪。"眉飞色舞"反映了人的欢乐的心情等等。我国社会心理学家林传鼎教授研究发现,"有些表情如喜悦、怨恨等,口部肌肉比眼部肌肉更重要,而较多的表情如忧愁、愤怒、惊骇等,则眼部肌肉比口部肌肉更重要"。

人们除由面部表情去判断情绪状态之外,也往往通过声音的变化来了解他人的情绪。最普通的声音如游客的笑声反映了游客的愉快情绪,叹息声或呻吟声表现出游客劳累、困乏、游兴不高时的消极情绪或身体不适、发病时的痛苦情绪。语言中声音的高低、强弱或抑扬顿挫也能表示出旅游消费者的情绪。如声音短促、激昂、有力,说明旅游消费者处于紧张兴奋的情绪状态中。声调由于转高如"她的导游解说妙极了!",即表示兴奋和惊喜的情绪。又如单调而缓慢的语调"我看,到西安去旅游已经没有希望了!",多表示沮丧的情绪,等等。

所谓动作表情,是指个人情绪状态时身体上伴随的动作而言的。用于表达情绪的动作以手脚的动作为主,两者之中手的动作更为重要。例如,见人手舞足蹈,可知其乐;见人捶胸顿足,则推知其懊丧;兴奋时常拍手鼓掌,哭泣时常以手掩面;成人搓手的动作常表示内心焦急,儿童坐地挫脚常表示受挫而愤怒。人们在谈话或讲演时,常以手的动作加强其谈话内容，借以充分地表达其情绪，如振臂高呼即表示激昂慷慨的情绪。

总之，判断一个人的情绪状态时，不能静态地单纯观察，必在一定的被激发起来的情绪背景上才有可能；而且仅观察其面部表情去作判断也是有一定的局限性的，应该对面部、声音、动作三方面同时进行观察。在现实生活中，在游览情境里，以及在各种社交场合下，他人的面部表情只能作为判断其情绪状态的一项线索，不能作为唯一的依据。现实生活告诉我们，不同人格特征的人，情绪的外在表现也有很大差异，如有的人喜怒哀乐可以从他的面部表情中直接反映出来，有的人则不然，“喜气洋洋”的表情可能是掩盖着他心底的悲哀，也有“喜怒不形于色”的人。

2. 对性格的认知

性格是一个人对待现实的稳定的态度和与之相应的惯常的行为方面的心理特征，是人的心理差异的重要方面，是个性的核心，它在很大程度上是一个人思想、品德、世界观的具体标志。正如恩格斯所说：“一个人物的性格不仅表现在他做什么，而且表现在他怎样做。”[①] 这里“做什么”，说明了一个人追求什么、拒绝什么，反映了人的活动动机或对现实的态度。“怎样做”，说明一个人如何去追求要得到的东西，如何去拒绝要避免的东西，反映了人的活动方式。由此，我们也不难看出，要识别一个人，首先就要看他在“做什么”和“怎样做”。事实上，构成一个人的性格的态度和行为方式是比较稳固的，在类似的情境之下其态度和行为方式的表现总是一样的，这就从性格上为我们判断一个人对人处事的态度提供了依据。当我们对一个人的性格有了深切的了解之后，我们就可以预测这个人在一定的情境中将会做什么和怎样做。比如，我国新疆维吾尔民族人的性格开朗，人人善歌善舞；在一般情况之下，手鼓一响，手脚发痒，自然就跳起来，唱起来。但在实际的情境里，要真正判别一个人的性格并非易事，而是要经过一个相当长的时间才能认识。古语说得好：“路遥知马力，日久见人心”。这也并不是说在较短时间就不可

① 《马克思恩格斯选集》第4卷，人民出版社1972年版，第344页。

能对一个人的性格进行认知。实际上，对人性格的某些方面还是可以推知的，如说话的强弱与快慢，可能反映某人脾气的急缓，或胆子的大小；还有，如有人做事情、写东西往往开始认真后来马虎，可能与他意志的坚强性有关；另外，了解他人过去有坎坷的经历，可能推测他人会有孤僻、倔强的性格，了解他人过去生活总是一帆风顺，也可能推测出他人会有乐观、友好的性格等等。

3. 对角色的认知

依据社会学的解释，把围绕人的社会地位的一套行为模式叫做角色。旅游心理学研究认知个体角色对判断人们行为有极其重要的意义。对角色的认知主要包括两个方面：第一，根据某人的行为判定他是什么职业，如“教师”、“商人”或“艺术家”等。第二，对有关角色行为的社会标准的认知，如对教师这一角色的看法，或为仪表端庄、谈吐文雅，或为学问渊博、条理清楚、有耐心等。一般对于角色的认知可从以下角度着眼。

(1)感情或情绪。如认为一个政府官员应该是情绪稳定、喜怒不形于色，谈话慎重，不轻易表态。

(2)动机。如军人忠于职守，时刻为国家而献身；科学家有事业心，为真理而拼搏。

(3)对社会的贡献。如工人应为人民多生产产品，农民为国家种好田多打粮，教师为国家多培育人才。

(4)在社会上的地位。如认为教师应受到人们尊重，是人类灵魂的工程师；导游人员是国家的“民间大使”、“友谊的建筑师”等等。

二、对人际关系的知觉

人际关系是社会关系的一种，这里主要指可直接观察到的人与人之间的心理关系。对人际关系的知觉，从旅游心理学角度来看，主要研究旅游消费者与他人及旅游业工作者与游客之间的关系的认知。

从人际吸引的心理分析来看，人际关系的心理因素是复杂的，它既有认知成分，也有情绪和行为的成分，而情绪的成分则是人际关系的主要特征。在实际的活动中，由于情感上的亲疏和远近的关系，我们较能明显地看出，有的人之间来往密切非常友好，说明心理距离近，吸引力强。有的人之间势不两立，或仅是点头之交，说明了心理距离远，或缺乏吸引力。所有这些心理现象，为我们研究和判断人与人之间的人际关系提供了心理依据。下面是常见到的影响人际关系的一些重要因素，也是我们判断人际关系的几个主要方面。

1. 空间因素

空间因素主要是指人与人在地理位置上的距离的远近，一般说来，空间上的距离越小，双方越接近，由于距离上的接近，双方相互交往的机会就会更多，彼此之间就易于相互了解，建立友谊。因此，人与人之间空间距离的远近是我们判别两者关系亲与疏的一个重要方面。

2. 交往频率

人们相互接触次数的多少称为交往频率。一般说来，人们由于地理位置的接近，或因同处一个游览团体，或因兴趣爱好一致，双方交往次数较多，加强了相互之间的了解，容易形成共同的感受与共同的经验，在此基础上容易增进友谊，建立密切的关系。反之，虽同在一个团体内，如两个人很少接触或根本不相往来，我们也不会把他们视为好朋友。

3. 类似性因素

指人与人之间个性特征方面大致相像的因素。如共同的理想，相同的政治主张，一致的宗教信仰，对社会事件的看法一致，态度的相似等，人与人的思想感情就容易融洽。所谓"投契"或"情投意合"，就是指条件相似彼此容易交成朋友。又如在日常生活和旅游团内，我们常见到同龄同性者容易相互吸引和接近。在个人社会背景上，教育水平、经济收入、籍贯、职业、社会地位、社会价值、资历等方面相似的人容易相互吸引和结合等。所谓"门当户对"就是指条件类似者容易结合，这些都能比较明显地反映出人际关系。

虽然，空间因素、交往频率和类似性因素是影响和判断人际关系的重要因素，但需要的互补也是影响和判断人际关系不可忽视的一个方面。我们常常看到，如果双方的需要恰好成为互补关系时，如急躁的人往往喜欢耐心的人给以帮助，耐心的人又希望急躁的人在弱点方面给以弥补；依赖心强的人需要权力欲者控制，权力欲者希望依赖心强者接受控制等等，双方都会产生强烈的吸引力。由此也能判断出人际关系。

另外，人与人之间在相处中凡是不尊重他人人格，对他人缺乏感情，或只关心自己的利益和兴趣，忽视他人的处境和利益，或对人不真诚、好猜疑，过分自卑、缺乏自信，情绪孤立，固执、偏见，目标过高，苛求他人等等，可以判断他们之间不会有好的融洽关系，甚至出现关系中断和破裂。

三、自我知觉

自我知觉是指一个人通过对自己行为的观察而对自己心理状态的认识，它是个性社会化的结果。换句话说，自我知觉是内化于个人身上的社会观念。一个人对自己有了认识之后，就能指导自己应该做什么，怎样去做，从而使自己与社会相适应。作为旅游工作人员应加强自我的知觉，检点自己的行为，充分认识自己工作的意义和职责，从而与旅游消费者建立良好的人际关系。

心理学家认为自我有两个层面。一是个体内部意识的自我（认知的主体，追求目标的自我），一是呈现于外部世界的自我（与他人相对的自我，社会化的自我）。在人际关系中，呈现于外部世界的自我具有重要的作用。自我知觉是自我意识的重要组成部分，随着个人自我意识的发展，自我知觉经历着不同的发展阶段：

当处于生理的自我阶段时，个体主要表现在对自己身体、衣着、家庭和父母对他的态度，以及他对家庭成员的态度，对自己所有物的判断，从而表现出自豪或自卑的自我感情。

当处于社会的自我阶段时，自我评价主要表现在个体对自己在社会上的名誉、地位，社会中其他人对自己的态度以及自己对周围人的态度等方面的评价和判别，也表现在对自己所拥有的财产的感情评价，从而表现出自尊或自卑的自我体验。

当处于心理的自我阶段时，自我评价表现为对自己的智慧、才干、道德水平等方面的评价与判断，从而产生出自我优越感等自我体验。

上述这些发展阶段，实际上是个人在社会化过程中逐渐形成的不同水平的自我评价。由于社会化的程度不同，每个人的自我知觉水平也是不同的。一般说来，随着自我意识的发展，自我评价也是循着由生理的自我——社会的自我——心理的自我阶段发展的。由于社会化的程度不同,就每一个人来说就具有不同的自我追求。有人偏重于自身身体的外表、物质欲望的满足;有人则处处追求他人对自己的注意与重视,追求他人对自己的情感,追求名誉地位等;也有人在自我评价基础上,主要追求政治上、思想上、道德上能上进,并且努力发展自己的智慧等。

在现实的社会生活和旅游活动中,人们自我评价的意识是多样的,以自己理想的形象作为标准的自我评价意识,往往产生自我满足感或自我不满足感。以周围其他人作为标准的自我评价意识,往往产生自卑感或自我优越感。以自我评价的意识为基础的情绪的表现,往往使人产生自信心或自我胆怯等。

在现实生活中,自我知觉正确的人,由于能够洞悉自己的一切,因此就能够对自己的行为加以控制与调节。如果自我知觉不正确,就往往使自己的行为产生偏差。在日常生活中,一般说来,一个人内部意识的自我具有什么样的动机、期望,便以实际行动表现出来,人们是可以观察得到的。比如,一个有强烈求知欲的人,他喜欢求新猎奇式的旅游,他喜欢接触有知识有才干的人,他经常到博物馆、图书馆或书店等。他的外显行为将自己介绍给了别人,但反过来别人对他的看法又影响了他对自己的认识。

自我知觉正确与否,一般说来与自己在社会上所扮演的角色有关。在社会这个大舞台上,在旅游环境中,凡是对角色及其所处的情境的认识与了解程度越深,其行为内容也越准确。如果对所扮演角色的认识错误,则其角色行为的实现必然会发生偏差。此外,自我涉与的程度,个体的条件,如体力、能力、知识、经验等的自我认知,对角色扮演的个体行为也有很大影响。

第四节 旅游消费知觉与消费行为决策

对旅游者来说,旅游活动的时间、旅游地之间的距离、旅游交通工具、旅游目的地等都是实现旅游活动的重要条件。人们对这些条件的知觉，会对旅游态度和行为产生重要的影响。

一、对旅游时间的知觉

旅游活动是特定情境下的一种活动，它与旅游者的动机密切相关。旅游者对旅游活动时间知觉的要求常因动机的不同而有所不同。总的来说，旅途要快，游览要慢，一切活动要准时。

1. 旅途要快

旅途要快，即要用较短的时间完成由甲地到乙地的行程。在竞争激烈的社会里，时间是金钱，是职业。在有限的闲暇时间内，人们要完成计划中所有的地点、项目和内容，就要设法缩短无意义的时间和空间距离，否则就会浪费金钱或失去职业。为此，我们常见到人们在旅游时喜欢乘飞机而不愿意坐火车，愿意乘快车而不愿意坐慢车，愿意乘直达目的地的车而不愿意中途多次停留。

2. 游览要慢

游览要慢，即活动时间要充足，能从容地观赏，能有时间慢慢地体味。在前一个问题中，如果我们把旅行作为旅游的一种手段，那么，游览观赏则是旅游要达到的目的。为此，游览内容越丰富，就越发使人不惜时间去观赏，就越要从其他方面去挤时间。

3. 一切活动要准时

要求活动的准时，一方面有计划的原因，一方面则是时间的压力。按常规理解，既是闲暇时间，似乎就不存在压力。其实并非如此，在工业化的社会里，人们已养成守时习惯，闲暇会引起人们内心的种种不安。因此，活动的不准时，会使人感到浪费了时间。所以，在闲暇活动中，常看到人们尽快地从一地赶到另一地。

总之，旅游产品的每一个方面都与旅游者的时间知觉有关。如果旅游者把旅途和目的地并重而看，他会悠闲自得地朝着目的地前进。如果他想尽量多走多看一些地方，他就会平分时间，采取走马观花式的旅游。如果他以度假为目的，他将匆匆赶到一个度假地，把更多的时间消耗在那里。如果他以探险为目的，他会把时间重点放在行程本身。

二、对旅游距离的知觉

旅游是在时间和空间中发生的。旅游既可以用时间计算，也可以用距离来度量。人们对时间和距离的知觉，会影响人的旅游态度和行为。

1. 对旅游行为的阻止作用

旅游是要付出代价的，这些代价主要是指付出的金钱、时间、体力、精力和感情。当旅游距离增加时，人们付出的代价就大。代价如同地理学家提出的“距离摩擦力”一样，会随着距离的增加而增大。增大的代价会对人的旅游行为和热情起泼冷水的作用，阻止人们的旅游行为。如果人们从旅游中得不到好处，他就不会下决心去旅游，旅游行为便不会发生。

2. 对旅游行为的激励作用

对目的是观光的旅游来说，旅游又与距离摩擦力相抗衡，距离对旅游具有激励作用。研究发现，远距离的旅游地会使人产生一种神秘感。这种神秘感产生一种力量与阻止力相对抗，常会把人吸引到远距离的旅游目的地去。这就是我们称为的激励作用。

总之，人们对旅游距离的知觉所产生的对旅游行为的阻止和激励作用，使我们比较容易地理解为什么出国旅游的人数比在国内旅游的人数少，为什么近距离旅游的人数多于远距离旅游的人数的缘由所在。

三、对旅游交通的知觉

现代旅游的发展，航空运输、大型游览车、游船、火车、出租车已成为旅游者的主要交通工具。在旅游活动中人们选乘什么样的交通工具，同样受到知觉的影响。

1. 对航空公司的知觉

人们外出旅游，乘坐飞机已成时髦。一般来说，人们对机型的知觉对其行为并不产生重要影响。但对坐腻了飞机的乘客和远距离飞行的乘客来说，就比较明显地看重机身宽敞的喷气客机，以及喷气客机所提供的舒适服务。人本不是在空中飞行的鸟类，对安全的关注是常有的事，特别是初次乘坐飞机的乘客更为关注。一般来说，人们对飞机的新旧程度、飞行人员的技术水平和飞行员经历的了解，会影响他对是否乘坐该航班的选择。人都是有感情的，人们都渴望得到他人的关心、体贴和帮助，一般情况下，人们都愿意选乘服务员态度好、热情有礼貌的航空班机。机票价格是一个非常敏感的问题，如果价格高，会阻碍人们的购买行为。但对有钱人来说，为了显示富有，炫耀地位，他们也会积极购买的。如果价格过低，人们可能会产生该航空公司不景气、服务质量差、设备陈旧之感，也会影响其购买行为。一般说价格适中，人们都能接受，有利于人们购买。

2. 对大型游览车的知觉

人们外出旅游，在很大程度上是为了获得更多的知识和享受。因此旅游者十分重视旅游车的车窗是否特别宽敞，车上是否有空调设备，座椅是否舒适，车上的防震系统能否消除颠簸之苦，车上是否配有导游和音响设备等。所有这些都会影响到人们对它的选择。

3. 对游船的知觉

游船是专用于海上游和江河游的工具，是“浮动的休养地”或“浮动的大旅馆”，并非一般意义上的交通工具。人们究竟愿意选择什么样的游船则是因人而异的。一般来说，取决于人们对游船能到达港口城市的多少，距离的远近，港口城市游览景点的多少，游船的客舱、餐室、游艺厅设施是否有特色，娱乐活动是否丰富，游伴是否有趣，膳宿和饮料是否适宜，购买是否方便等方面的知觉。

4. 对旅游列车的知觉

许多季节性的旅客喜欢乘坐火车旅游。主要原因是坐火车安全可靠。另外在很多国家里，火车车次多，乘车方便，高速列车的运行，服务的周到受到了旅客的普遍欢迎。人们究竟要乘坐什么样的旅游列车，关键取决于对旅游列车以下三方面的知觉：第一，运行速度快。该车在中途不停站，或只停较少的几个站。第二，开车时间好。一般旅客希望能朝发午至，午发暮归，有利于观光游览。第三，舒适度高。希望车型型号新，设备齐全，车体外表美观，车内装饰高雅；乘务人员素质高，微笑服务，文明周到，并具有一定的外语水平。

5. 对出租汽车的知觉

我们习惯于将计程车称为出租车,它是旅游者在旅游地区必不可少的代步工具。人们是否租用出租车,最主要的是看汽车的外貌是否卫生,司机态度是否和蔼可亲,是否有礼貌和热情,还要看司机能否主动帮客人开门、提放行李以及司机的外语能力等。如果旅游者对上述方面产生好的知觉,人们就会乐意租用该车旅游。

四、对旅游目的地的知觉

对旅游目的地的知觉是指人们在前往某一旅游目的地之前对该目的地的知觉,也包括对亲眼所见并身临其境的旅游目的地的知觉。前者的知觉结果影响人们对目的地的选择,后者知觉结果影响人们的消费行为和后续行为。在一般情况下,人们对旅游目的地的知觉都不是以亲眼所见的实物为依据,而是以各种媒介所提供的信息为依据。在此基础上人们所形成的知觉常与目的地的实际情况不符。人们为了获得更为准确的知觉,常通过更为可靠的渠道去获得更多的信息,使自己对目的地的知觉更为清晰。心理学研究认为,影响人们对目的地知觉的因素是很多的,除上述因素外,还与个人的决策标准,即个人的要求条件和个人的价值观念有关系。由于人们对目的地获得的信息不同,面对各种不同的可供选择的目的地评价中可能会得到不同的知觉。因此,人们对旅游目的地的知觉是因人而异的。

从旅游业角度讲,为了使自己所经营的旅游目的地能在人们心目中形成一个良好的知觉形象,必须要通过广泛的调查研究,了解自己所经营的旅游目的地在人们心目中究竟是一个什么样的形象。决不要以为它是一个什么样的旅游地,人们就会把它知觉为一个什么样的旅游地。在调查了解中,应同时了解与该目的地相竞争的其他同类旅游目的地在人们心目中的形象,了解人们是按照什么样的决策标准,在不同的旅游目的地的对比中对这些目的地进行评价的。然后,在此基础上,依据心理学所揭示的人的知觉规律,有针对性地开展主题鲜明、形式多样的宣传、公关工作,使人们对自己所经营的旅游目的地的知觉变得完全符合或更加接近于人们为自己制定的旅游决策标准。

思考题

1. 人们对旅游活动的知觉是怎样一个心理活动过程？为什么对同一个旅游目的地人们会有不同的看法？

2. 知觉对象的组合是影响知觉选择性的客观因素，知觉对象的组合一般应服从怎样的原则？

3. 旅游者的知觉心理定势主要表现在哪几个方面？它对人们的旅游行为产生怎样的影响？研究旅游者的心理定势对旅游服务工作有什么意义？

4. 什么是社会知觉？在旅游消费活动中，社会知觉对了解消费者的动机、感情、意图和推测消费者的行为有什么重要意义？

5. 人们对旅游条件的知觉会对人们的旅游行为产生怎样的影响？请举例说明。

6. 人们对旅游现象的知觉为什么比对其他产品的知觉要复杂得多？

7. 人们是怎样对旅游目的地进行知觉的？作为旅游业应怎样做才能使旅游者对你所经营的旅游目的地有一个比较正确的知觉？

8. 中国作为一个旅游目的地在外国人心目中的知觉形象是怎样的？请用所学知觉原理说明要使中国这个旅游目的地更加符合人们的决策标准应采取何种对策？

第五章　旅游消费学习

学习目的

通过本章的学习，理解学习的含义，了解旅游消费者要解决实际的旅游消费问题和满足实际的旅游消费的需要，应学习些什么及怎样学习。旅游业向可能光顾的旅游消费者提供些什么，才能帮助旅游消费者解决旅游消费问题。

基本内容

- 旅游消费要学习什么
  - 学习的概念
  - 旅游消费动机的学习
  - 旅游消费态度的学习
  - 旅游消费的学习
  - 减除购买后疑虑的学习
- 怎样学习旅游消费
  - 通过经验学习旅游消费
  - 获得信息学习旅游消费

第一节　旅游消费要学习什么

心理学家们研究认为,所有人类的行为都包括某种形式的学习。换句话说,人类行为的许多变化都要受到学习过程的影响。影响人们行为变化的因素很多,学习因素是影响行为变化的一个关键心理因素。

心理学家们认为,学习是一种经由练习,使个体在行为上产生较为持久改变的过程。也可以说,是个体经验的获得及行为变化的过程(如图 5—1 所示)。这个过程由三个基本环节构成:(1)定向环节。该环节是主体的感受器官及其中枢对来自环境的刺激作出反应活动的环节。该活动的目的是在于揭示刺激本身的特性及其意义作用,以达认识新环境,建立调节行为的"定向映象",解决行为的定向问题。(2)行动环节。这是接着定向环节的动作而来的,是在定向映象支配下发生的。该环节目的在于把新环境的定向付诸实现,对动作的对象施加作用。(3)反馈环节。该环节是对行动环节动作结果起回归式内导作用。它在行动结构中起着检验、核对和调节的重要作用。从消费者来看,在选择旅

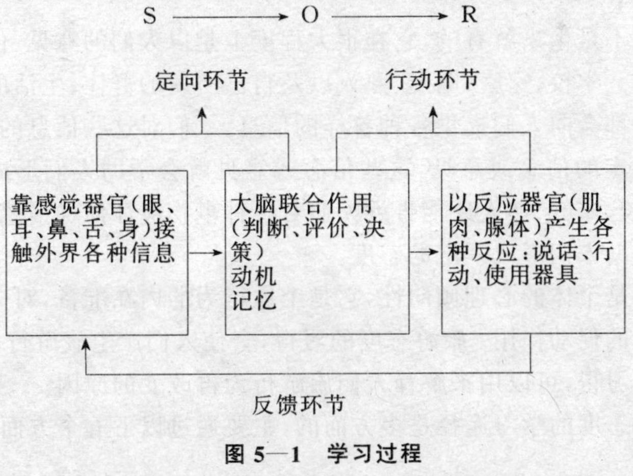

图 5—1　学习过程

游活动的学习过程中明了这一过程，有助于增强旅游行动的自觉性。那么，旅游者究竟要学习些什么呢？

一、旅游消费动机的学习

动机是推动人们旅游行为的重要因素。心理学家研究发现，除探索驱力外，人们的大多数旅游动机，如地位、权力、焦虑、恐惧、交往、成就、自尊、自信等动机都是后天学习得到的。人们减轻焦虑的旅游动机不是生来就有的，而是他经历了诸如幽静处的度假、新异环境的刺激或别开生面的活动调节后身心有愉悦之感后才产生的。当然，减轻焦虑的动机除从自身的经历中学习获得外，吸取亲朋好友的经验也是获得学习减轻焦虑动机的主要方面。一般说来，这种通过学习获得的减轻焦虑动机的需要，又会在很大程度上对他选择旅游地、旅游交通、旅游活动项目，以及其食宿等决策产生重要影响。

旅游动机是学习获得的这一观点，会使我们对旅游行为会随着需要和动机的习得发生变化有更加全面的理解。从旅游业角度来看，依据动机是习得的这一观点，完全可以通过鼓励旅游者学习新的动机来影响他的旅游决策。

二、旅游消费态度的学习

态度不是生来就有的，它在很大程度上是以人们的意见、信念为基础形成的。学校、家庭、朋友、熟人以及自己所属的群体、生活的社会和新闻媒介都会向人们提供各种各样的信息。人们对这些信息的学习，就会形成一定的信念或意见，这些信念或意见就会帮助人们形成一定的态度。学校、家庭、熟人还能告诉人们对各种事物应怀何种情感，这些情感也能帮助人们形成一定的态度。

态度是个体的心理倾向性，它是个体行为的内在准备，对个体行为具有强烈的促动作用。旅游态度的习得，会使人们产生旅游行为。旅游态度的再习得，可以用来解释人们旅游行为再改变的原因。

旅游态度的学习途径是多方面的，主要通过以下五个方面来学习：

1．通过社会角色学习

特定的社会角色必须有相应的角色行为规范和行为态度。如果一个人选择了某种角色，如旅客的角色，他就必须以旅客的态度来行事。如果作为一个旅客，他认为旅客的态度应该是自尊、自信、会消费、能享受，他就会潇洒地活跃在旅游活动中。如果他认为旅客应该为服务员提供方便，照顾服务员的情绪的话，那么，这位旅客就不成为旅客了。

2．通过接受教育学习

社会传统使人们把接受教育看成是高于一切的。重视教育是人们——尤其是父母和教师——向年轻人传授态度的有效途径。很多实例表明，本来可能不打算进行的旅游，一旦被看成对受教育很有价值时，他就会把出去旅游看作为容易接受的事了。

3．通过提高知觉能力学习

知觉是态度形成的基础，如果没有对事物的理解与评价，则态度的形成便没有依据。人们通过提高知觉的能力，就能对众多的旅游景点、旅游活动项目和旅游设施进行正确的类化和标定，以及较准确地划分什么样的旅游地、旅游项目和旅游设施能够满足什么样的旅游动机。

4．通过观察了解社会文化发展趋势学习

广泛的社会和文化变革，可以使人们形成新的态度或改变旧的态度，从而对人们的行为产生影响。正如旅游这种文化现象在当今大多数人的心目中已不再认为旅游只是少数人的事情了，这正是在旅游这种社会文化现象影响下人们对旅游态度习得的结果。

5．通过社会实践学习

社会实践是在一定社会态度支配下的社会活动。这种社会实践不仅对支配它的态度进行验证，好的社会实践也能对支配它的态度起强化作用。一个对旅游持否定态度的人，原本是不会参加旅游活动的，若他在一个偶然的机会里或在朋友的劝说下，参加了一次实际的旅游活动，并获得了亲身体验，对旅游产生了兴趣，他的这种改变就是态度学习的结果。当然，我们还应看到，这种作为实践经验的结果而形成的态度，还要受到他本人对旅游活动的期望的影响。

三、旅游消费的学习

旅游消费的学习，意指人们学习正确地使用旅游产品。换句话说，就是学会区别相互竞争的旅游产品和服务，以及如何对待在购买决定中所包含的风险和未知因素。

旅游产品随着社会的发展品位会越来越高，人们收入情况的变化和旅游经历的增加对旅游产品的需求也越趋于多样化、高档化。旅游产品的变化，人们需求的变化，这都迫使人们要调整和改变自己的行为，来适应变化发展了的情况。适应变化就需要学习，即使有经验的人也要继续重新学习，对于有些人来说还要学习过去曾经学过现在忘却了的东西。

旅游消费的学习涉及面很广，诸如购买什么样的产品，接受什么样的服务，确定什么样的价格，吸取什么样的经验，避免什么样的风险等等。但有一条最重要的经验，对消费者来说就是要学习在旅游决策中如何对付风险和不可知因素。这在学习消费中是极其重要的。

实践证明，任何旅游决策都包含有风险和不可知因素。这些风险和不可知因素常会带来预想不到的后果，令人很不愉快。常见到的风险有两大类：功能风险和心理风险。

功能风险涉及旅游产品的质量和服务优劣问题。在一般情况下，当购买的旅游产品和享受的服务不能像预料的那样满意时，就存在着功能风险。例如，飞机出了机械故障，不能在预期的目的地着陆，或出租车抛锚，或房间空调失灵，或电话不通，或水管滴漏等。

心理风险是指旅游产品或服务能否增强个人的幸福感、自尊心或改进别人对自己的看法等问题。服装、汽车、饭店、旅行社和服务都具有强烈的象征性。如着装奇特，会使他人对自己产生不良印象；乘坐的火车不够气派，所住饭店设备粗劣，利用的旅行社没有名气，接受的服务不符合要求等，都会令人十分不快。这些都是心理风险的例子。

风险和不可知因素的存在，会严重影响人们的旅游决策。那么，如何消除这些风险和不可知因素，这对旅游消费者来说是消费学习中需要认真解决的问题。为了消除风险，首先应了解风险容易在什么情况下产生，然后再设法消除风险。

在下列情况下，人们常常会感知到风险：

1. 购买目标不明确

它是指已经决定要外出旅游的人，对到什么地方去，或对乘坐什么样的交通工具，参加什么样内容的活动还没有作出决定。例如，是乘车到北戴河度假，还是坐飞机到海南岛观光呢？

2. 购买酬偿不清楚

假定购买目标已经明确，但还不能肯定这样的选择是否真能满足自己的需要。例如，已决定去避暑度假，那么，是到承德好，还是到北戴河好呢？

3. 购买经验缺乏

一个从来没有外出旅游过的人，常常会面对众多选择感到不知如何是好。

4. 积极和消极的后果

在选择的旅游产品中可能会出现正反两方面的可能和结果。例如，乘飞机到达目的地是最快的方式，但不能观看沿途风光；坐火车旅行虽慢，但经济、安全。

5. 群体伙伴的影响

在某一项购买决策上，购买伙伴的决策往往是大相径庭的。如果个人的决策与众不同，就会遭到众伙伴的侧目。

6. 旅游产品推销员的影响

在购买交往活动中，销售人员所表现出来的对商品知识的欠缺，对顾客态度的恶劣，以及他本身仪表的欠佳，消费者就会对他产生一种不信任感，从而觉察到风险。

人们在作任何旅游决策的情况下都会感到有某种程度的风险，但人们都试图以某种方式来消除风险。常见到的消除风险的办法有三种：

1. 降低对旅游产品或服务的期望

在一般情况下，人们对旅游产品或服务寄予较少的期望，从心理上确能得到一些安慰，但这不是一种流行策略。在购买旅游产品或享受服务时，人们总是把产品或服务理想化，对产品或服务充满着幻想。如果不是这样，人们就不会有兴趣去旅游和接受其服务了。期望本身就意味着快乐，人们对旅游更是如此。从旅游业角度来看，既然人们对旅游充满理想，那就要鼓励人们对旅游要有丰富的想象和信心。但在推销宣传旅游产品或提供服务时，应当提醒人们对未来的旅游可能会遇到的困难有积极的思想准备，以免他们旅游返回后大失所望。

2. 购买名牌旅游产品或享受优质服务

认定一种名牌旅游产品和知名度较高的旅游服务，是减除人们知觉风险较为普遍的一种策略，同时也是人们节省时间和精力的好办法。旅游产品是无形的商品，在许多方面是难以捉摸和难以估价的。服务质量也不能像汽车和冰箱那样可以受到严格的质量标准的检验，也很难向消费的人们描述、演示，更难在宣传品中用插图表示。况且各种服务人员的服务质量，对于这个顾客与另一个顾客，从一天到另一天，都可能有显著的不同。因此，当人们在看待它时，心中就难免疑惑，故常把认准商标，即对某一商标的信赖作为减少知觉风险的一种策略。明了这一观点，这对旅游业来说十分重要，也就是说，只有向消费者提供真正的名牌产品或优质服务，才能稳住现有的旅客，争取更多的新旅客。

3. 获取更多的信息

人们用以减少购买旅游产品或享受服务时觉察到的风险最普遍的方法是获取信息。一般规律是获取的信息越多越可靠，他在购买时感觉到的风险就越少。在一般情况下，如果人们感觉到有很大的功能风险——即旅游产品或服务不能像他们所想象的那样理想时——他们将寻找性能方面的信息，通过旅游业的推销部门所提供的宣传材料，获取与性能有关的事实信息来减除风险。如果他觉察出有大量的心理风险，他将更多地依赖人际关系来搜集更多的信息以减除风险。

四、减除购买后疑虑的学习

当人们作出购买旅游产品决定之后，仍然会在心中存有无数的感觉。这种状态被研究消费行为的理论家们称为购买后的失调。购买后的失调一般多发生在旅游产品或服务被消费之后或之前。它有两种原因：一是决策时由于呈现在决策者面前的各种可供选择的信息太多，虽然经过努力筛选，鉴于个人经验、价值观和知觉水平所限，以及被选对象又是处在动态之中，因此很难作出一个理想的抉择。而且在决定之后，又可能发现更为理想、更为满意的购买对象。在这种情况之下，产生疑惑或后悔是不足为奇的。二是在决定之后，也可能出现意外情况，消费者经济状况发生变化，旅游地发生突然事件，其他信息的闯入，朋友或熟人的评论等，都能再次引起消费者心理上的不适。总之，疑虑的出现如果发生在旅游产品被消费之前，消费者有可能改变主意或取消预定的行动计划。如果疑虑发生在旅游产品被消费之后，可能使消费者以后不再光顾。因此，减除疑虑十分重要。常见的减除疑虑的办法有以下两种：

1．有选择地接受新信息

有选择地接受新信息，就是利用有利的新信息来支持已作出的购买决定，以巩固自己的信念。在接受有利的新信息的同时，要避开已放弃的其他信息；记住用已放弃选择的不利信息，来巩固已作出的决定。这两种作法都是选择性接触。这对减少购买后的失调可能相当有效。

2．坚信自己的选择

坚信自己的选择所导致的结果与改作其他选择所得到的结果基本上是相似的，从而为自己的决定辩护，维护自己的心理平衡。

从旅游业角度看，应当积极帮助旅游决策者减除购买后所产生的疑虑，从而增加旅客继续惠顾的机会。一般来说，旅游业帮助旅客解除购买后疑虑的有效办法是与旅游者直接沟通。直接沟通比间接沟通效果好，它能为旅客创造直接对话的机会，能使旅客直接谈论个人的经历、感受和要求，能够进一步了解和验证所作的选择是否正确等。旅游业推销人员在这种情况下若能主动与旅客接触，热情欢迎旅客的咨询，回答他们提出的问题，就能稳定旅客的情绪，坚定旅客的信心，促进旅客按预定计划继续行动。

第二节 怎样学习旅游消费

心理学认为，经验是行为变化的主要依据，信息是经验形成的重要条件。因此，经验和信息是学习的重要源泉。那么，解决怎样学习旅游行为的问题，其途径就是获取经验和取得信息两个重要方面。

一、通过经验学习旅游消费

学习最本质的东西就是概括化。概括化就是将客观事物的共同特征或本质特征在头脑中概括形成规律性的认识（经验），并将此概括应用推广到其他事物中去。

概括化可能引出积极的经验，但也可能引出消极的经验。不管是积极经验还是消极经验，都会影响一个人以后所发生的行为。例如，一位国外旅客在享受了国内几家饭店的优质服务以后，他会在头脑中总结出中国的饭店都是优质的，让人放心的。但也有可能他在利用几家饭店时，遇到了几件不愉快的事情，他可能会推断出住中国的旅游饭店是不会令人满意的结论。

概括化的产生原则给我们提供了有益的启示。对作为旅游业的推销人员来说，应充分利用这一原则，一方面设法使旅游者对我们所推销的系列产品中的一种产品或某一类产品产生好的印象，使旅游者通过概括化把经验推广到这个系列产品的其他产品方面，从而扩大销售量。另一方面设法使一些不合格的产品与其他产品分割开来，以免使旅游者的概括化把使用这一不合格产品的经验推广到系列产品中的其他方面，从而损害其他旅游产品或服务的声誉。

二、获得信息学习旅游消费

信息是学习的重要来源。一般说来，当一个人接触和处理信息时，学习就发生了。人们解决旅游问题所需要的信息，主要来自两个渠道：

一是旅游商业环境，二是个人社交环境。

1. 旅游商业环境

旅游商业环境包括旅游广告、推销和个人销售。旅游业界经常利用图片和文字向潜在旅游者和旅游者传递有关信息，来推销自己的产品或服务。这些信息往往从几个方面对潜在旅游者和旅游者产生影响。

旅游业具有创造性和想象力的信息传递，可以唤醒潜在旅游者和旅游者对旅游产品和服务的注意，引起他们的兴趣，调动他们的联想，诱发他们的情感，强化他们已有的动机，促进或激发他们对面前的旅游选择作出决定，或计划之外的瞬时决策。

旅游业向潜在旅游者和旅游者传递有关信息还可以弥补潜在旅游者和旅游者的知觉漏失现象，会使他们在考虑旅游和作出旅游决策时，把知觉以外的旅游产品和服务考虑到决策范围之内。

旅游商业环境所提供的信息，显然对潜在旅游者和旅游者产生积极影响，但不可忽视若提供的信息过分强调正面性，可能会对人们，特别是有经验的人们产生负作用。因为在广告和小册子中若过分强调正面性，比如强调乘飞机有有效的安全措施，恰好提醒人们乘飞机也许是危险的。强调某一饭店和其他饭店如何有统一标准，则会暗示人们该饭店的住宿条件和服务可能是千篇一律而无特色的。强调某一景区是热点时，则可能会提醒人们到那里去旅游是很拥挤的。

2. 个人社交环境

个人社交环境包括家庭亲属、朋友、熟人和其他人，这是个人获得信息的主要来源。来自个人社交环境的信息与来自旅游商业环境的信息在效果上是不同的。这种不同主要是因为与朋友、熟人之间私人关系紧密，朋友和熟人在传递信息时，常常是毫不保留的，并且还会详加解释和说明。由于是朋友、熟人传递的信息，人们会感到它会比从商业环境得来的信息更可靠、更重要，也更少偏见。

心理学家们研究认为，人们从个人社交环境中获得的信息往往对其旅游动机产生明显的影响。据日本交通公社调查发现，对个体旅游决策起影响的因素中，来自个人社会环境的因素就高达69%。大多数旅游者反映说，他们的外出旅游大都是受其伙伴及其所属群体的影响。

人们获取信息以解决旅游问题，然而人们在寻求信息时的主动性是不同的。这主要取决于这个人有多少旅游经验，在知觉中他的决定涉及多大的风险和多少未知因素，以及他所感到的作出一个完善的决策的重要程序等。一般情况下，没有旅游经验的人，在知觉中认为旅游决定存在着极大风险的人，以及想要作出最佳决定的人，是最需要信息并努力寻找信息的。

在旅游市场上和旅游活动中，我们常见到三种人在寻求信息时存在较大的差异。第一种人是面对所有的选择，他认为哪一种都不错。第二种人面对所有的选择，他都认为不满意，而非要作出最好的选择。第三种人是介于前两种人之间的，这种人在旅游市场上是大多数。以上三种人，用心理学术语称呼，第一种人为满意者或知足者，第二种人为择优者或精益求精者，第三种人既是满意者又是择优者，属于中间型的人。由于满意者对诸选择都感到满意，因此，在寻找信息时一般不主动。由于择优者总想作出最佳选择，他需要较多的信息，因此，在寻找信息时比较主动。中间型的人在寻找信息时介于前两种人之间，他有时可能倾向于前一种，有时会倾向于后一种。这三种人在旅游活动和决策中其表现是相差很大的。

在度假旅游方面，满意者往往只需要与正常的工作和生活有所不同即可。择优者则不同，尽管他知道度假旅游只是为了摆脱一段时间的日常工作和家务杂事，但他要从度假所花费的时间和金钱上获得最大的价值和满足。这两种人在野营的环境中，满意者往往悠闲自得，他在景区内漫步，在池塘中钓鱼，在树阴下纳凉和与朋友聊天，即使不带回任何东西，也毫不为此表现出愧色。而择优者则不同，他会到处寻找“战利品”，诸如拣贝壳、拾彩石、摘松果、采树叶、捉蝴蝶等等，来证明自己不是白白度过的，他花费的时间和精力都不是徒劳的。

在旅游决策方面，满意者和择优者也有很大不同。如在选择交通工具和住宿条件上，满意者常常不假思索地就作出决定，从而不会因选择了火车放弃了飞机而感到疑虑和后悔，也不因住进了经济但等级低的饭店而失望。择优者则不同，他对选择什么样的交通工具和住什么样的饭店会认真思考和对待。比如说安全问题、时间问题、价格问题、能否增强幸福感和荣誉感、提高社会地位、显示自己富有和与众不同等，都要认真评价之后才能决定。

从旅游业推销角度来考虑，还应注意以下二点：第一，要认真对待择优者。择优者因在决策时需要大量的信息，他可能喋喋不休地向销售服务人员提出许多琐碎的细节问题，比如房间大小、朝向，食品的品种、花样、质量，当地人是否热情好客，景点是否优美，外币兑换是否方便，当地有无大的商店，能否买到某种纪念品，以及能否托运等等，大有不达目的誓不罢休之势。旅游业推销人员面对这类人推销，一般难以成交，也难以使他感到满意。因此，在向这类人推销时，不仅要热情主动接待，而且在行动上还要小心、谨慎。第二，要提高识别类型的能力，正确判断和区分不同类型的人，提供有关信息，帮助他们解决旅游决策中的一些问题。从家庭旅游决策看，丈夫常常扮演择优者角色，妻子多扮演满意者角色。从职业特点上看，工人、农民、中小职员、一般工薪人员常扮演满意者角色，知识分子、专业技术人员常扮演择优者角色。从智力水平上看，低智者常扮演满意者角色，高智者常扮演择优者角色。从性格特征上看，内倾向者常扮演满意者角色，外倾向者常扮演择优者角色。

思考题

1. 动机、态度、消费和对待购买后疑虑的学习对人们的旅游消费行为有什么意义？

2. 学习态度对改变旅游行为有重要意义，通过哪些方面的学习有益于改变人们的旅游行为？

3. 人们在购买旅游产品和享受服务时常知觉到哪几类风险？消费者怎样才能减除这种知觉到的风险？要想帮助消费者减除知觉风险，旅游推销服务人员应该做些什么？

4. 为什么旅游购买决定之后又会产生疑虑？减除疑虑是非常重要的，怎样才能减除它？

5. 学习经验，获取信息对人们的旅游行为有什么影响？怎样学习经验，怎样获取信息，才有助于人们去消费旅游产品和享受服务？

6. 当你购买旅游产品和享受服务时，你表现为知足者呢，还是精益求精者？请举例说明。

第六章　旅游消费态度

学习目的

通过本章的学习，了解态度及其特性，了解态度与旅游决策的关系，并学会通过改变态度来改变人们的旅游消费行为。

基本内容

- 旅游消费态度及其特性
  - 态度
  - 态度特性
- 旅游消费态度与旅游消费决策
  - 旅游消费偏好
  - 旅游消费偏好与旅游消费决策
- 旅游消费态度的改变与旅游消费行为
  - 旅游消费态度的改变途径

第一节　旅游消费态度及其特性

旅游消费态度是我们研究旅游消费行为的一个重要心理因素。它位于旅游消费知觉与旅游消费行为之间，与旅游消费行为有十分密切的关系，在很大程度上决定着旅游消费行为的活动方向。

一、旅游消费态度

旅游消费态度是指人们针对某一特定旅游活动的对象，用赞成或不赞成的方式连续地表现出来的旅游消费心理倾向。人们生活在社会中，由于个性、生活条件、周围环境、教育、文化等方面的差异，对社会和各种事物必然产生不同的看法，形成所谓不同的态度。尽管人与人的态度各不相同，看上去又毫不相干，但它却有共同的特点：一切态度都是由相同的基本要素构成的；所有态度的强度和稳定性都有可能受到具体因素的影响；在态度与强烈的个人价值观密切联系时，它们对行为的影响最大。从旅游消费角度讲，认清态度的特点，将有助于更好地理解态度在实际上如何影响人们的旅游行为。

心理学家们常把一种态度划分成三个不同的组成部分，如图 6—1 所示：

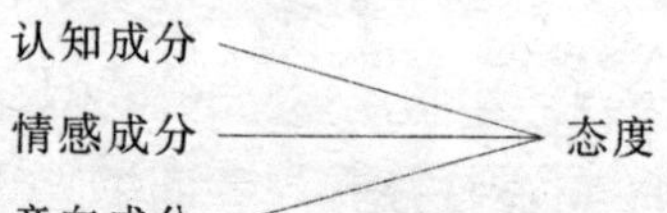

图 6—1　态度的组成成分

认知成分是指一个个体对个人环境中的某个对象（另一个人、事件、想法、情境、经验等等）的看法与评价。这些看法与评价包括对这一对象所持的意见、观点或信念。这些意见、观点或信念所依赖的基础，就是在某一特定时刻某个人所感知的事实或信息。认知成分是态度结构中的活跃因素，它可以作为一个人对某一事物或对象的情感基础。

情感成分是指某个个体对某个对象的一种情绪情感体验，亦即对某个对象所作的情绪判断。例如，对一个对象所作出的好或者不好、热爱或者憎恨、喜欢或者厌恶、同情或者轻蔑判断。在态度的结构中，情感成分是最稳定的因素。

意向成分是由认知成分和情感成分所决定的对个人环境中的某个对象的行为反应倾向，它是行为的心理准备状态。

在态度的三种成分中，认知成分是态度形成的基础；情感成分是态度形成的核心；意向成分是态度的外现，它具有指导和动力作用，并制约人的行为反应。三种成分密切联系，协调一致，相互影响，互相制约，形成一个完整的不可分割的有机整体。

二、态度的特性

态度具有下列几方面的特性：

1. 态度的对象性

态度必须指向特定的对象，这种对象是人、物、事件、团体或组织，也可能是一种现象、状态或观念。态度总是针对一定对象而言的，态度若没有对象，就谈不上是什么态度。态度虽由主体发出，但它不纯粹属于主体或客体，而是属于主体与客体的关系范畴。比如“热爱旅游”、厌恶拥挤的旅游景点等，就是主体对于旅游和旅游景点所持的态度。

2. 态度的强度

态度的强度是指人们对某一事物赞成、反对或喜爱、厌恶的程度。它是态度的重要特性之一。在通常情况下，人们对某一事物的态度，并非都是采取两种极端的态度，往往有许多“中间”态度。诸如在肯定与否定态度之间，还有比较肯定和比较否定以及一般肯定和一般否定的态度。即便是持基本相同的态度，这中间还存在着程度上的差异。比如，甲乙两人都对赴杭州西湖旅游持赞成的态度，但两人赞成的程度未必相同，很可能有一般赞成、比较赞成、赞成和非常赞成之别。一般说来，态度的强度跟与之相关联的行为成正比。亦即态度的强度越高，倾向性越明显，人的行为就越能预见。

3. 态度的稳定性与可变性

态度的稳定性是指态度形成之后保持相当一段时间不变，在行为的反应上表现出一定的规律性。态度的稳定性与态度构成的三种成分相互协调一致有关系。一般说来，不管态度的三种成分是正向一致或是负向一致，三种成分越一致态度越稳定。态度的稳定性还与态度的对象有关。态度是个体针对环境中的各种对象的状况而产生的。一般说来，对相似的对象所形成的态度具有很高的相关性，这种由相似对象所形成的态度彼此互相联系、关系密切，易形成态度群。如果人们把态度群中某一个态度加强或削弱时，就意味着对整个态度群进行重新组合，这在人的心理上常常是一件不愉快的事，已形成的态度群就会抗拒其改变。

从辩证唯物主义观点看，态度的稳定性只是一种相对的说法，事实上人们有许多态度或早或迟都会有所改变。态度的可变性对理解人们的旅游行为具有重要意义。一般来说，态度在形成初期，其成分的组织还未固定化，新经验的导入、好奇心、怪念头和感情冲动等，都会使态度发生改变。有时在"强迫性服从"情况下，或"伙伴政策影响"下，或"创伤性的经验"下，态度也会发生变化。每个人都有上千种态度，要想使所有态度都保持前后一致是极其困难的。态度的冲突是不可避免的。人们究竟以何种态度行事，关键取决于哪一个态度更重要、更有说服力。

4. 态度的内隐性

态度是一种内在的心理体验。它虽然具有行为的倾向，但并不等于行为本身，而是行为的心理准备状态。所以，态度本身不能被直接观察到，只有通过外部行为去推测。

第二节　旅游消费态度与旅游消费决策

心理学研究表明，某种态度一旦形成，就会导致某种偏爱或某种方式的行为倾向。这种偏爱和行为倾向的形成往往要求旅游决策者经历

一系列心理步骤。(见图 6—2)

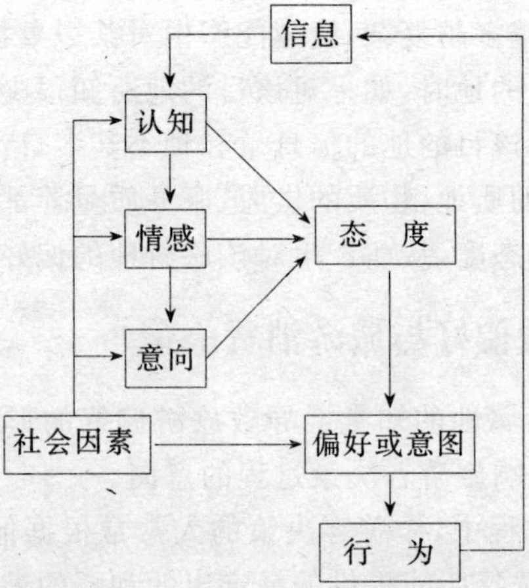

图 6—2　态度与旅游行为

一、旅游消费偏好

态度影响行为,首先态度要形成偏好。旅游偏好是指旅游消费者趋向于某一旅游目标的一种消费心理倾向。人们的旅游消费态度能否形成旅游消费偏好,关键取决于人们对某一事物所持态度的强度和对该事物所拥有的信息量和信息种类的多少。

态度的强度是指赞成或不赞成的力量的程度。这一程度与态度对象的属性即态度对象能满足人的基本利益密切相关。一般说来,某一态度对象的属性相当明显,形成的态度强度就越高,倾向性就越大,就越能显示出人对某一事物的偏好倾向。在旅游领域里,态度对象的属性不是旅游业所提供的自然风光、豪华饭店、文物古迹、娱乐场所,而是由这些自然风光、豪华饭店、文物古迹、娱乐设施所奉献给人们的舒畅、凉爽、地位、自信、知识和愉悦等好处。心理学家们认为,每一种属性的相对重要性都是因人而异的。对一个住在某一个饭店的旅客来说,客房的舒适、美味的菜肴可能非常重要,而对另一个住在该饭店的旅客来说,娱乐场的刺激和豪华的房间对他更为重要。因此,不同的人对一个旅游地各种突出属性的要求是各不相同的。

态度的信息量和信息种类的多少是偏好形成的重要依据。一般说来,倾向性的信息越多越复杂,就越能产生对某一事物的偏好。当我们在选择某一旅游目的地时,如果对该目的地所知很少,所持态度也就会很简单。如果了解该目的地的信息量和种类甚多,诸如景点的特色、交通状况、设施设备的质地、物质的供应、服务质量等都是优质的话,他就会形成更加肯定的态度,从而产生对该旅游地的偏好。

二、旅游消费偏好与旅游消费决策

旅游者对突出属性的知觉会导致旅游偏好的形成,而这些旅游偏好又产生了直接影响旅游者决策过程的意向。

在旅游决策过程中,作游客决策的人常常根据他所寻求的基本利益,通过评估每种选择所能提供的最突出的利益的潜力,在诸选择中进行选择。在这个过程中,某一旅游抉择之所以被人们视为解决某一旅游问题的重要选择,一般要经历三个阶段,如图 6—3 所示。

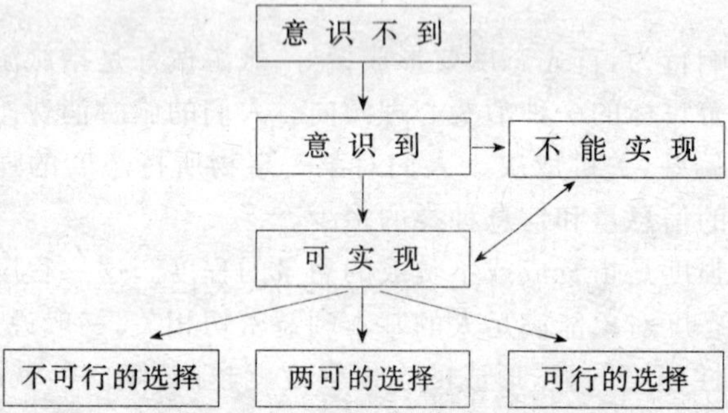

图 6—3 旅游抉择过程

1. 意识到

首先决策者必须意识到该选择是一个潜在的选择,否则任何选择都不能提到决策系统中来加以评估。例如,天津蓟县黄崖关在作为一个旅游景点来加以评估之前,人们必须意识到它的存在,知道它能够供旅游者游览。

2. 能否实现

意识到某一选择之后，决策者还必须判断它是否确实能实现，即从它是否有力量担负这一选择的角度去考虑这个问题。比如，去黄崖关旅游能解决食宿和交通问题吗、那里的安全问题有没有保证等。这些问题都可以解决，那么黄崖关就成为人们可实现的选择。当然，在人们意识到的选择中，有些选择是不能实现的选择，但经过一段时间，问题得到解决，这个选择可能又变为可实现的选择，这都是经常遇到的事。

3. 初步筛选

在意识到某一特定选择是否能实现之后，旅游决策者就会对该项选择按照偏好形成过程去作初步的判断。判断可能会出现三种情况：第一，选择被否定。第二，对选择犹豫不决。第三，认为选择是可行的。这三种情况中，第一种情况对旅游决策者来说已无意义。第二种情况有可能在获得更多的信息之后，决策者对它作出肯定或否定的抉择。第三种情况是某项选择会被决策者列入可行的选择范围内，但还要作更为详尽的评估，才能成为一种抉择。

研究消费行为的理论家们认为，可行的选择数目通常只占人们所意识到并可以付诸实施的选择总数中的一小部分。在旅游决策领域中，据估计，绝大多数旅游者在为旅游选择目的地时，最多只认真地考虑 5 至 7 种选择。当然，可行选择的实际数目是因人而异的。另外还应看到，即便是一系列可付诸实施的和可行的选择，在未实际实施之前，还会随着情境因素和时间因素的变化而变化。也可能随着一个更为重要的选择或作出一个“坏”决定的风险的增加，人们所认真考虑的可行选择的数目反而会减少。

态度影响旅游决策这个事实，对于旅游销售人员和服务人员来说，要想通过改变旅游决策者的态度影响其旅游决策，就必须设法使旅游决策者意识到旅游业所提供的具体服务项目和内容，并设法促使旅游决策者在心目中形成这些服务项目和内容是可以得到的看法。这样，旅游决策者就会把这些服务项目和内容看作是解决旅游问题的可行的选择。

第三节 旅游消费态度的改变与旅游消费行为

态度决定行为，因此要想使人们旅游，就要改变态度。改变态度的方法通常有以下几种。

一、提高旅游产品形象

旅游产品形象是旅游者和潜在旅游者对旅游产品的总体评价，是旅游产品的特征与服务在旅游者和潜在旅游者心目中的反映。好的形象会产生好的感受，对增强或改进旅游者和潜在旅游者的态度起重要作用，对促进旅游者和潜在旅游者接受和使用该旅游产品或享受服务产生重大影响。

旅游产品和服务是一个整体概念，它包含有很多因素，诸如一目了然的饭店建筑风格，客房的装饰，交通技术设备状况，娱乐设施，档次规模，菜肴品位，卫生环境保护，旅游从业人员的仪表、着装、态度、语言表达能力、技术水平、队伍规范等，以及能够表明旅游业精神、风格、凝聚力、实力、效率等内在因素。要想使人们对旅游产生肯定的态度，就必须努力去改变和提高旅游产品的形象，使之成为人们所乐于接受的事物。一般说来，旅游产品是一种无形产品，不像有形产品那样可以从物理特性上加以改变，然而还是有办法去改变旅游产品的形象的。比如，对服务人员进行专业的训练，提高人际交往的技巧，改进服务人员的服装，培养良好的服务态度，改进服务价格，提供便利的服务等，从而使产品产生良好的形象，进一步导致人们态度的改变，去接受这种产品和服务。

二、改变知觉

改变知觉是指在原来知觉基础上改变形成新的知觉，从而转变态度，促进新的行为。改变人们知觉的办法很多，常见的办法是原来的产品或服务保持不变，另外赋予它一个新的名称，或者赋予一个能够使人们引起联想的名称，促使人们把这种产品或服务看成是某种不同的或新的东西。

三、引导参加旅游活动

俗话说："百闻不如一见。"实际的活动能够削弱强硬的顽固态度，降低影响态度改变的精神障碍，促进人的积极态度等情况已为许多人所体验过。实际之所以能够改变一个人的态度，主要是实践能够给人们以相互了解，认识新的事物，吸收那些能够削弱现存态度或导致原有态度改变的新的信息。特别是人们离开家，离开工作岗位，摆脱了个人在家中的义务和工作岗位上的责任，以及束缚自己的那些行为规范去旅游时，就更容易接受新东西，结交新朋友，吸收那些能改变现有态度的新信息。

态度的改变是一件不容易的事情，更不能期望在一夜之间来一个一百八十度的大转弯，使一个持强硬态度的人一下子转变过来能去参加旅游，而要让他们多接触旅游实际，在活动中接受更多的信息。事实上，每一次接触，都能使他的强硬态度被"削去"一点儿，接触得多了，他的防卫机制就会被全部"削去"，态度自然也就改变了。

四、输送新的知识和信息

向人们输送新的知识，是改变人们态度最有效的办法之一。在一般情况下，掌握信息有限的人最容易改变态度，因为信息有限，一遇到矛盾就会动摇。在旅游市场上常见到对旅游知之甚少的人，特别是儿童和文化程度不高的成年人，只要提供有关旅游的一些信息，这些人就最容易接受而改变态度。相反，文化程度较高的人，往往在许多问题上拥有较多的知识和信息，对于他们的态度改变就比较困难。一般说来，旅游市场上大都是由文化程度较高的人组成的。他们精明老练，要想改变他们的态度，就必须向他们输送那些确实能够帮助他们解决旅游中的问题的有关知识和信息，才有可能使他们改变态度。目前，在旅游业界向人们输送新知识和信息常采用的方法是宣传，诸如广告，专栏报道，举办讲座，开办展览，发行小册子、地图、广告画、电影片、录相带等。采取这些形式向人们输送新知识，对改变人们的态度起了很大作用。

五、激发潜在动机

潜在动机是指与某一特定情境有关，但还没有影响到旅游决策的动机。激发潜在动机就是设法提高这一动机在人们知觉中的地位，从而影响他正在作出的决策。比如说一对夫妇在选择旅游项目时，他们此时并没有意识到对其子女所负有的义务，当你提醒他们别忘了他们的子女的兴趣、爱好时，他们很可能改变原来的决定，去一个对子女有教育意义的地方。这里，一开始该夫妇对满足子女的需要的动机就是一种潜在的，也可以说是隐藏的与决策过程无关的一种动机。因此，发现并激发这种潜在动机，对于强化态度和激发某些类型的旅游行为具有很大作用。

思考题

1. 什么是旅游消费态度？从旅游业角度考虑，我们希望人们应持有什么样的消费态度？

2. 在旅游活动中常发现一些人的态度和行为不一致，这是什么原因？请举例说明。

3. 态度有哪些特性？研究态度的这些特性对研究旅游行为有什么意义？

4. 态度导致偏好，主要取决于哪些因素？

5. 如何提高旅游产品形象，改变人们的旅游态度？

6. 为什么引导人们参加旅游实践活动能转变人们对旅游的态度？

7. 为什么增加知识积累能改变人们对旅游的态度？

8. 请选择一个旅游目的地，然后研究一下你应该怎样去改变一个对这个目的地评价不高的人的态度？

第七章 旅游消费者人格

学习目的

通过本章的学习，了解旅游消费者人格的含义与特质，人格与旅游消费表现，以及人格怎样影响人们的旅游消费行为的。

基本内容

● 人格本质与旅游消费行为

人格概念

人格特质与旅游消费行为

人格类型与旅游消费行为

自我意识与旅游消费行为

生活方式与旅游消费行为

● 人格结构与旅游消费决策

自我状态

自我状态与旅游消费决策

第一节 人格本质与旅游消费行为

人们为什么要旅游？在旅游活动中为什么有人愿意乘飞机而不愿坐火车？为什么有些旅游点、饭店、活动项目受到人们的喜爱，而有些则遭到冷落？这涉及人的旅游动机和人格两个问题。人格和动机是很难分开的两个概念。当我们在讨论动机时，常涉及人格问题，反过来我们要讨论人格时，也必然要涉及动机问题。那么，什么是人格？人格是怎样影响人的旅游行为的呢？

人格是一个复杂的心理现象。在心理学著作中众说纷纭。本书倾向于这样一种看法：人格是个体在先天素质基础上，在一定的社会历史条件下，通过社会交往形成和发展起来的带有一定倾向的稳定的心理特征的综合。这种看法，一强调了先天素质是人格形成的重要前提。二强调了社会条件是人格形成和发展的重要因素。三强调了社会实践是人格形成和发展的重要途径。四强调了人格是各种带有一定倾向的稳定的心理特征的综合。五强调了人格有一个形成发展过程。总之，人格是全面整体的人，是持久统一的自我，是有特色的个人，是社会化的客体。也可以说，人格是对人的总的、本质的描述。它既能表现这个人，又能解释和说明这个人。由此，我们可以把人格看成为一个非常复杂的内在组织，它包含有人的思想、态度、兴趣、气质、潜能、人生哲学，以及体格和生理的心理物理个体性的多面综合。

由于每个人在生理素质上的差异和所处的社会条件及社会化进程的不同，形成和发展起来的心理特征以及对这些特征的综合也就各不相同。比如人格明显外倾的人，想笑就笑，想哭就哭，想干什么就干什么，他的思想、情感、兴趣、能力很容易地表现在外，易给人一种比较真实的感觉。人格明显内倾的人，一般表情严肃，少言寡语，其内心世界比较隐蔽。除人格倾向外，人格品质差异也较明显。心胸坦荡、为人诚实、大公无私的人，从不隐瞒自己的观点。相反，气量狭小、虚伪、自私的人常用假象来伪装自己。因而每个人在人格中犹如花在颜色中，人的人格使人的行为有了特色，人也就表现出了不同的人格特征。

心理学家们研究发现，在组成人格的因素中，有一种能引发人们的行为和主动引导人的行为，并使个人面对不同种类的刺激都能作出相同反应的心理结构，心理学家称此心理结构为人格特质（也称行为特质），它是人们最有效的“分析单元”。人格就是由许多这种特质有机组合构成的。

在人格因素中，除以人格特质解释人格外，生活方式、自我意识都能用来解释人的人格。我们将在本章中分别论述其与旅游行为的关系。

一、人格特质与旅游消费行为

人格由哪些人格特质组成，目前尚无统一说法。现在研究人格的心理学家不少，能具体提出人格的人格特质的总轮廓的比较典型的人，有我国社会心理学家孙本文和美国人格心理学创始人阿尔波特及人格理论的主要代表人物卡特尔三人。

社会心理学家孙本文认为，在整个人格体系中，每一类人格特质各占一个地位，表现一种功能，相互密切联系。主要的人格特质有六个方面。

（1）智能的特质，即智慧与才能特质。该特质表现为解决问题的能力、记忆能力、学习能力、认识能力、想象能力、特殊才能、判断能力和一般适应能力。

（2）意志的特质，即推动力及其恒久性。该特质表现为好动或好静，冲动或自制，动作的毅力、技术和格式。

（3）感情的特质，即气质。该特质表现为情绪的常态与变动、情绪的力量、情绪的范围和情绪的态度。

（4）应付社会环境的特质，即自我表现或主动性。该特质表现为驱动力，补偿力，外倾或内倾，内省、统治或服从，扩张或收缩。

（5）感受社会影响的特质，即社会性。该特质表现为感受社会刺激的能力和社会化的程度。

（6）品格的特质，即对人对事正当不正当的态度。该特质表现为处事的态度、对己的态度和待人的态度。

人格特质论的创始人阿尔波特认为,特质有三种:基本特质、核心特质和次要特质。三种特质在人身上是重叠交叉的。基本特质又称为枢纽特质,人的一切行为都受这种特质的影响。在许多情况下,这种特质表现为一个人的优势倾向。核心特质具有相当的概括和一般意义的倾向,这是人格的建筑构件。次要特质更见一般性,它能表现出一个人独特的偏爱。

美国人格心理学家卡特尔在多年研究的基础上,对人格理论的发展作出了很大贡献。卡特尔认为,人格是由16种各自独立的特性因素构成的。每一种因素与其他各因素相关度极小。这16种特性因素在一个人身上的不同组合,构成了一个独特的人格系统。卡特尔的16种人格因素是:

(A)乐群性, (B)聪慧性, (C)情绪稳定性,
(E)好强性, (F)兴奋性, (G)有恒性,
(H)敢为性, (I)敏感性, (L)怀疑性,
(M)幻想性, (N)世故性, (O)忧虑性,
(Q_1)激进性, (Q_2)独立性, (Q_3)自律性,
(Q_4)紧张性。

这16种特质的表现特征如表7—1所示。

表7—1 人格因素从A Q_4特征表现(卡特尔,1965)

人格因素	低分者特征	高分者特征
乐群A	缄默孤独(分裂性气质)	乐群外向(躁狂气质)
聪慧B	迟钝、学识浅薄(智能低下)	聪慧、富有才识(智能高)
情绪稳定C	情绪激动(自我力量弱)	情绪稳定、成熟(自我力量强)
好强E	谦逊、顺从(服从性)	好强、固执(支配性)
兴奋F	严肃、冷静(退潮性)	轻松、兴奋(高潮性)
有恒G	权宜、敷衍(低超自我)	认真负责(高超自我)
敢为H	畏怯退缩(缺乏自信)	冒险敢为(少顾虑)

续表

人格因素	低分者特征	高分者特征
敏感 I	理智、着重实际(重现实)	感情用事(敏感)
怀疑 L	信赖、随和(依赖)	怀疑、刚愎(固执)
幻想 M	现实、合乎成规(求实际)	狂放不羁(重想象)
世故 N	坦白、直率、天真(不造作)	能干、世故(精明)
忧虑 O	安详沉着(自信)	烦恼多端(罪恶感倾向)
激进 Q_1	服从传统(保守)	批评激进(自由奔放)
独立 Q_2	依赖、随群附众(集团志向)	自立、当机立断(不从众)
自律 Q_3	内心冲突(自我概念弱)	严于律己(自我概念强)
紧张 Q_4	闲散安静(能的紧张力弱)	紧张困扰(能的紧张力强)

卡特尔根据 16 种人格因素还制定出"卡特尔 16 种人格因素量表",能够对一个人的人格进行测量。

人格特质能否解释人的旅游消费行为,目前尚无这方面的研究成果,但对照人们的旅游实际,确能发现某些人格特质与某些旅游消费行为相关,如表 7—2 所示。

表 7—2 人格特质与旅游行为

旅游行为类型	人格特质
度假旅游	乐群 A 忧虑 O 稳定 C 世故 N
国内旅游	激进 Q_1 独立 Q_2 稳定 C 兴奋 F 敏感 I 聪慧 B 怀疑 L
国外旅游	乐群 A_+ 敢为 H_+ 聪慧 B_+ 幻想 M_+ 好强 E_+
乘飞机旅游	乐群 A_+ 忧虑 O_- 敢为 H 幻想 M_+
乘火车旅游	乐群 A_- 独立 Q_{2-} 紧张 Q_{4-} 怀疑 L_-
观光旅游	乐群 A_+ 兴奋 F_+ 敏感 I 幻想 M 自律 Q_3 聪慧 B 世故 N

续表

旅游行为类型	人格特质
探险考察旅游	乐群 A 独立 Q_2 敢为 H 有恒 G_+ 兴奋 F_- 聪慧 B_+ 好强 E_+
冬季旅游	乐群 A_+ 敢为 H_+ 好强 E_+
春季旅游	乐群 A_-
秋季旅游	稳定 C_+ 自律 Q_{3-}

二、人格类型与旅游消费行为

按类型给人格分类的方法很多，但研究人格类型与旅游消费行为关系的并不多。下面介绍美国的斯坦利·普洛格博士的研究。

斯坦利·普洛格博士建立了一种非常类似于连续统的心理图示，所不同的是该图示用“安乐小康型”和“追新猎奇型”来表示人格类型，这两个类型分别位于连续统的两个极端，呈正态分布，如图 7—1 所示。

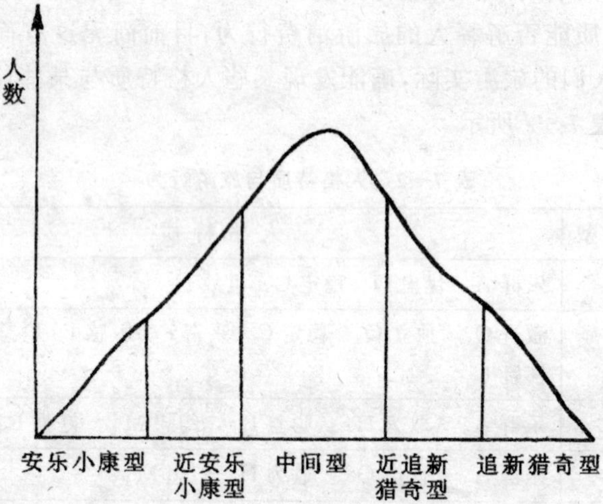

图 7—1 人格类型分布图

普洛格在“为何旅游点受欢迎的程度出现大幅度摆动”的论文中，阐述了安乐小康型和追新猎奇型在旅游行为上的差异（如表 7—3 所示)。

表7—3 不同人格类型的旅游行为特点

安乐小康型	追新猎奇型
喜欢熟悉的旅游地	喜欢人迹罕至的旅游地
喜欢老一套的旅游活动	喜欢获得新鲜经历和享受新的喜悦
喜欢阳光明媚的娱乐场所	喜欢新奇的不寻常的旅游场所
活动量小	活动量大
喜欢乘车前往旅游地	喜欢坐飞机前往旅游地
喜欢设备齐全、家庭式饭店、旅游商店	只求一般的饭店,不一定要现代化大饭店和专门吸引旅客的商店
全部日程都要事先安排好	要求有基本的安排,要留有较大的自主性、灵活性
喜欢熟悉的气氛、熟悉的娱乐活动项目,异国情调要少	喜欢与不同文化背景的人会晤、交谈

资料来源:斯坦利·普洛格:"为何旅游点受欢迎的程度出现大幅度摆动",1972年10月10日在旅游研究协会南加利福尼亚分会上宣读的论文。

很显然,安乐小康型人格的人强烈要求生活有可测性。他的习惯做法是乘车到他所熟悉的旅游地;他最强烈的旅游动机是休息与轻松;他理想中的旅游应是有条不紊,事先安排好的。而追新猎奇型人格的人则不同,他渴望生活中有一些估计不到的事情。他喜欢去那些较偏僻的、不为他人所知的旅游地;他喜欢乘飞机,喜欢异国情调,喜欢全新的经历,避免千篇一律。

在"为何旅游点受欢迎的程度出现大幅度摆动"一文中,普洛格还指出追新猎奇型人格的人,往往又是新旅游地的发现者,是旅游者大军的侦察兵。安乐小康型人格的人在经历一段较长时间以后,也会步追新猎奇型人格的人的后尘,陆续涌到追新猎奇型人格的人曾旅游过的地方。

三、自我意识与旅游消费行为

自我意识是个体对自己的认识和态度。它是一个人人格的核心部分。个人对自己身心的评价所形成的"自我形象"会对个体行为产生巨大影响和推动作用。

心理学研究认为,人们不管在什么情况下,都会不惜任何代价来保卫和维护自我形象,并且一有机会还要设法抬高自我形象。人们对自我形象的关心,会使他把他所占有的或希望占有的东西,对他自己以及对其他人的意义联系起来。换句话说,一个人想要占有的东西具有抬高或补充自我形象的象征。假如某一旅游产品的象征与一个人的自我形象相一致时,人们就会采取行动去获得它。一般说来,一项产品越引人注目,就越具有象征意义,人们都会设法得到它,从而证明自己确实是一个具有这种人格的人。

旅游产品是最富有象征意义的产品。它不仅能够反映一个人事业是否得意,工作是否有成就,而且也能反映一个人为人是否高雅、善于处世和在社会上是否有地位等。的确旅游能够增进一个人的自我形象,表明一个人的人格。

在现实生活中,人对自己有两种自我形象。第一,是真实的自我。这是自己对自己的实际的认识。第二,是理想的自我。这是自己希望达到的形象。如果一个人的两种自我形象有差距,这一差距对此人就构成一种动力。比如,一个年轻人,他把自己看成是一个能力一般的人,而他理想的自我是一个有能力、有才干、风度翩翩的企业家。为消除真实自我与理想自我的差距,他将十分重视穿着打扮、行为举止和交通工具的选择,或用外出旅游来提高和改善自己的形象。由此看来,旅游正是象征着去达到许多人都具有的理想自我的一种方式。

四、生活方式与旅游消费行为

一个人的生活方式反映着这个人在其意识支配下的稳定的活动形式。这些稳定的活动形式,如日常生活、兴趣、需要、价值观念等,都反映了一个人的人格品质。我们了解一个人的人格品质,有助于理解不同类型的旅游消费者及其行为。

1. 清静安宁的人与旅游消费行为

清静安宁的人对家有特殊的感情。他们酷爱清洁，对健身有异乎寻常的兴趣；关心孩子，希望家中成员亲密无间，保持家中的正常生活秩序；愿意独立思考，愿做带有任何风险的事情等等。此类人一般不喜欢外出旅游。如果要旅游的话，幽静的度假地是他们理想的好去处。或到空气新鲜、活动条件畅快，能钓鱼，能全家人呆在一起悠闲生活的地方去旅游。

2. 交际型的人与旅游消费行为

交际型的人活跃、外向、自信，易接受新鲜事物。此类人与他人相比会更积极地介入社会和政治事务之中。他会常撰写文章，发表演说，参加体育活动，听音乐会，收藏字画，阅读高雅些的杂志等。一般说来，此类人对旅游更感兴趣，他乐于到国外旅游，对异国文化感兴趣，为他国的美术馆、博物馆、古典音乐会、传统剧目所吸引。对乘飞机感兴趣，喜欢选择秋冬季节去旅游。

3. 对历史感兴趣的人与旅游消费行为

对历史感兴趣的人对缅怀过去、理解过去、追忆过去有强烈的愿望。他的每一种兴趣几乎都与"过去"相联系。他们若外出旅游，娱乐只是一个次要动机。他们会把旅游当作了解他人、了解他乡习俗和文化的良机，把旅游当作是丰富自己对形成我们今天这个世界产生过影响的历史人物、事件的了解的良机，以及把旅游作为受教育、长见识的良机。

4. 使用信用卡的人与旅游消费行为

目前在世界上喜欢使用信用卡的人日渐增多，此类人在西方社会中也相当多，他们比较活跃、自信，不怕花钱，对未来经济状况充满乐观。在旅游活动中，他们敢买头等客票，敢住豪华旅馆，在赊购旅游产品方面也处之坦然。

总之，在社会上生活的人，其生活方式是千差万别的。作为影响旅游消费行为的不同消费生活方式的人，因其消费意识、消费能力、消费结构、消费方式、消费习惯、消费性质和消费水平的不同，对人的旅游消费行为的影响也不同。当我们研究人们的生活方式对人们的旅游消费行为的影响时，对人的生活方式要作全面的理解和分析。

第二节　人格结构与旅游消费决策

加拿大著名心理学家伯恩博士(Dr. Eric Berne)认为，一个人的人格包括三个主要组成部分，即儿童自我状态(Child State)、父母自我状态(Parent State)和成人自我状态(Adult State)，每种自我状态是思维、情感和行为的单独来源。在任何情境里，人们的行为都会受到人格的三种组成部分或其中之一部分自我状态的支配。伯恩博士提出的这一人格理论也成为人际交流非常有用的理论，本书的第十一章中将再次运用。

一、自我状态：三个声音

儿童自我状态是一个人最初形成的自我状态。它由自然的情感、思维和行为构成，它还包括一个人适应情绪场合所需要的信息。一个人按他的儿童状态行动时，他或者想干什么就干什么，这叫做儿童状态行为的自然式；或者按他小时候所受的训练来行动，称为儿童状态的服从式。人的需要、欲望、感官享受、情感和情绪都由儿童状态来支配。

父母自我状态是人们通过模仿自己的父母，或其他在心目中威信相当于自己父母的人物所获得的态度和行为状态。父母自我状态是一个人的意见及偏见、“怎么办”方面的信息和是与非方面的信息的主要来源。

成人自我状态是人格中支配理性思维和信息的客观处理部分，它对储存于父母自我状态和儿童自我状态中的信息加以检验，看其是否适合具体的情况。

伯恩博士和托马斯·哈里斯(T. Harris)为上述三种自我状态提供了一组语言表现和非语言表现，见表7—4。

表 7—4 父母、成人和儿童自我状态表现

语言表现		语 调	非语言表现
父母自我状态	按理，应该，决不，永远不，不！总是，不对，让我告诉你应该怎样做 评论的言语：真蠢，真讨厌，真可笑，淘气，太不像话了，胡扯 别再这样做了！你又想干什么！我跟你说过多少遍了！现在总该记住了，好啦，小家伙，宝贝，可怜的东西，可怜的，亲爱的	高声（批评） 低声（抚慰）	皱眉头，指手划脚，摇头，惊愕的表情，跺脚，双手插腰，搓手，嘬舌，叹气，拍拍别人的头，死板，摆出西典军校教官的派头
成人自我状态	为什么，什么，哪里，什么时候，谁，有多少，怎样，真的，假的，有可能，我认为，依我看，我明白了，我看		
儿童自我状态	孩子的口吻： 我想要，我不知道，我不管，我猜，当我长大时，更大，最大，好得多，好极了	激动 热情 高而尖的嗓门 尖声嚷嚷 欢乐 愤怒 悲哀 恐惧	喜悦，笑声，咯咯笑，可爱的表情，眼泪，颤抖的嘴唇，噘嘴，发脾气，眼珠滴溜溜地转，耸肩，垂头丧气的眼神，逗趣，咬指甲，扭身子撒娇

在一个健康人身上，三种自我状态都发挥作用。有时是他的父母自我状态支配他的行为，有时是他的成人自我状态支配他的行为，有时是他的儿童自我状态支配他的行为。当一个人在作旅游决策时，他的思维经常处在三种自我状态的相互"对话"之中。如果"倾听"一下这些对话，常常是儿童自我状态提出要求，父母自我状态给以否定，成人自我状态在一旁仲裁。在正常情况下，一个正常的人总是将自己的感情倾向和时间合理地分配给人格的三种自我状态。

二、自我状态与旅游消费决策

三种自我状态在一个人的人格中是相互独立、相互制约的。当一个

人在考虑去不去旅游、到哪里去旅游、花多少钱、旅游多少日子、乘坐什么交通工具、住什么饭店等等问题时，人格的每一个部分都会提出不同的看法和不同的满足需要的方式。

在一般情况下，旅游的许多主要动机明显地存在于儿童自我状态之中。旅游广告中海滨的沙滩、美丽的草原、豪华的客机、星级的饭店、新奇的娱乐设施和活动等等，都会使未来旅游者心头的儿童自我状态激动不已，提出旅游的要求。然而，父母自我状态对儿童自我状态所提出的愿望和要求常常持保留态度或提出一系列质疑。尤其是父母自我状态对儿童自我状态想外出旅游的欲望持有很大的怀疑态度。在此情况下，旅游业若能提供一些具有教育价值，并能联络感情，恢复疲劳，提高威望等方面的旅游活动项目和内容，便能激发父母自我状态中的一些旅游动机，鼓励它同意儿童自我状态要旅游的要求。如果父母自我状态同意儿童自我状态的要求，旅游的决定便形成了。如果父母自我状态不同意儿童自我状态的要求，旅游的决定便很难形成。此时，成人自我状态便会在父母自我状态和儿童自我状态之间扮演仲裁者，一方面设法取悦儿童自我状态的要求(恨不得立即出发，把所有的钱都花在旅游上)，另一方面又设法体贴父母自我状态的苦衷(钱和时间不要花费太多)，并积极寻求有关资料，提出明智合理的旅游计划，促成旅游决定。如果它没有了解到有关资料，或资料不足，它将使旅游推迟。

总之，人格作为人的复杂心理现象，对人的旅游消费行为产生深刻的影响。一个人的人格包括三种自我状态，人的旅游消费行为都会受到三种自我状态或其中一种状态的影响。在一般情况下，旅游的许多主要动机明显地存在于儿童自我状态之中，父母自我状态持保留态度，成人自我状态起仲裁作用。

思考题

1. 根据你对一位朋友性格的了解，估计一下他在理想的假期中打算到何处去旅游。然后问一下你的朋友：“如果有一个理想的假期，你打算到哪儿去旅游?”他的回答与你的估计如果不相符，请问为什么?

2. 假期不旅游的人与假期外出旅游的人相比及在旅游活动中安

乐小康型的人与追新猎奇型的人相比，他们的主要人格特征是什么？

3．从旅游业角度考虑：应向消费者提供些什么产品和服务来维护和抬高他的自我意向，促进消费者的旅游行为？

4．对历史感兴趣的旅游者、爱交际的旅游者和喜欢清静安宁的旅游者的主要人格特征各是什么？

5．请你站在旅游业立场上，动员你的朋友或其他人到一个你所熟悉的旅游景点去旅游，你应该向你的朋友和他人的父母自我状态、成人自我状态、儿童自我状态分别输送哪些信息呢？

第八章　社会群体与旅游消费行为

学习目的

人的旅游消费行为不仅受其内在心理因素的影响，还要受到社会因素的影响。通过本章的学习，使学生了解什么是群体，以及群体是怎样对人的消费行为产生影响的。

基本内容

● 群体与旅游消费行为
群体的含义
参照群体对旅游消费行为的影响

● 家庭与旅游消费行为
家庭形态与旅游消费决策
家庭生命周期与旅游消费决策

● 社会阶层与旅游消费行为
社会阶层的含义
社会阶层与旅游消费决策

● 文化与旅游消费行为
文化的概述
文化价值观对旅游消费行为的影响
文化差异与旅游消费行为

第一节　群体与旅游消费行为

一、群体的含义

按照社会心理学的解释，群体必须是具有以下一些特征的人群组合：属于同一群体的各成员在心理上意识到其他成员，并具有相互认识和同属于一群人的感受。在行为上相互依赖，交互影响，并具有互补性。各成员在心理上的相互认识与行为上的相互作用，都是为了某一个共同的目标。在这个群体里，人们常以一定的社会阶级的纽带相联结及以共同的文化相联系。据此，凡属家庭、学校、机关、军队、各种协会和学会、社会阶层、旅游团等均可称为群体。社会就是由群体组成的。作为消费者的旅游者，他所处的群体对他的旅游和休假期间的决策会产生重大的影响。

二、参照群体对旅游消费行为的影响

能够对人们旅游消费行为产生影响的群体多是以参照群体出现的。所谓参照群体，就是指一个人在其思想、态度和信仰形成时能给他以影响的群体。一般情况下，参照群体的标准、目标和规范会成为人们行动的指南，成为人们努力达到的基准。在旅游消费活动中，能够对人们的旅游行为产生重要影响的参照群体主要有家庭群体、社会阶层和文化群体。有关这些群体对旅游消费行为产生的影响，本章将在第二、三、四节详述。

在现实的社会生活中，某个人之所以参加某些群体，主要是因为某些群体能够满足他的某些需要。这些群体能保护他，帮助他解决难题，使他得以结识某一类人，为他提供行为模式，提高他的自我意象，并为他提供用以评价自己行为的各种标准。某些人之所以参加某个旅游团，很可能就是这个旅游团能给他以地位，使他得以见到某些名人。事实

上，一个人参加了由导游带领的旅游团，他还可以从该团中获得身体、心理、经济以及社会等方面的好处。例如，参加由导游带领的旅游团，一可以解决在有限的时间内看到计划所安排的一些活动项目；二可以获得心理上的安全感；三可以知道旅游全程的费用，免除经济上的担心；四可以最大限度地减少其在外界遇到的社会问题，增强旅游信心；五可以利用群体的力量创造内部的团结的气氛，以利于解决群体成员之间的磨擦和纠纷。

从旅游消费者个体而言，在一定时间内他可能隶属于某一个正式群体，也可能隶属于一个非正式群体。但不管隶属于何种群体，他都要扮演某一特定的角色，遵循某一特定角色的预期行为行事。而某种角色在进行某种活动时，必然要受到他所在的群体的影响。当某一个人参加旅游团成为旅游者时，他实际上已经进入了一个"游戏世界"。在这个游戏世界里，不仅允许人们在扮演角色时有较大的灵活性，而且还可以体验到同几个好友在一起那种亲密无间的社会关系，或者是夹杂在许多陌生人中间的那种泛泛的社会关系。在这个特殊的旅游群体中，旅游者的行为举止既可以不同于当地人的行为，也可以不同于在家时的行为，他可以在那里钓鱼、喝酒、打牌、骑马、唱歌，搬出"陈谷子烂芝麻"推心置腹地说心里话，以在家时所不能做到的方式袒露自己的内心世界。可见，一个人处在旅游群体中，他的行为同他在正常情况下的行为截然不同，常常具有较大的冲动性和知觉范围的广泛性，甚至出现异乎寻常的戏剧性。

在旅游群体情境下，个体行为还会出现另一种现象，即不知不觉地受到群体的影响与压力，而在知觉、判断、信仰及行动上表现出与群体中多数人相一致的从众现象。这种现象在旅游团的活动中常见不鲜。例如一些旅游者在选择旅游目的地、交通工具、活动项目时所表现出来的无意识趋向（个人从表面到内心都同群体相一致），或表现出违背自己的真实意愿而随声附和、跟从大众的现象（个人表现上和众人一致，但在内心却不接纳）等等。许多事实表明，人们的行为不论是外表的举动或是内在的思想，只有同群体的意见和行为相一致时，才会感到心安理得，否则个体在心理上很难违抗。

当我们在研究群体情境中旅游消费者的社会从众倾向时，我们必须要分析其缘由，这对进一步认识旅游消费者的消费行为和进一步做好旅游服务工作具有重要的意义。

众多研究提示，旅游消费者之所以会从众，原因是多方面的。从群体性质来看：群体的凝聚力强，个体易从众；群体气氛和谐，个体易表现出从众；个体感到群体内成员地位或能力高于自己，则容易从众；若群体一致反对个人意见时，从众性强，但若有一人或几人与自己意见相同时，从众性明显降低。从旅游消费者个性心理特征来看：智力低者比智力高者易从众；情绪不稳定、焦虑者易受群体压力而从众；自信心差者易从众；与人相处依赖性强者易从众。

个体从众行为的产生，主要起因于个体不愿意标新立异，不想因与众不同而感到孤立。可见，从实质上看从众是一种群体压力下的个体顺应多数人的行为。它对其成员不具有强制的性质，在改变人的行为方面具有积极意义。如果我们站在群体或旅游业的立场上来看，当旅游群体要想达成对某一旅游交通工具的认可，或对某一旅游景点的取舍，或对某一旅游活动项目的选择时，旅游团的领队或旅游业的陪同导游、推销人员均可依靠群体的力量来完成。

第二节　家庭与旅游消费行为

一、家庭形态与旅游消费决策

家庭是人类社会关系最原始的结合形式，是构成社会最基本的单位。在当今社会，家庭度假旅游是家庭的一种主要消费形式，也是旅游市场上最主要的客源。家庭是怎样影响人们的旅游行为呢？这与家庭形态有密切关系。

在现代社会中，典型的家庭形态有两类：核心式家庭（包括丈夫、妻子或者再加上其未婚的子女）和延续式家庭（包括丈夫、妻子、子女、子女的祖父母或外祖父母)。其中,核心式家庭最具有代表性。现以核心式家庭为例分析家庭形态是怎样影响旅游决策的。

家庭形态对旅游决策的影响,主要取决于家庭成员在旅游购买中所扮演的角色、在家庭中所处的地位和所发挥的作用。

1. 家庭成员的角色与旅游消费决策

在现代核心式家庭中,家庭成员在实际的旅游购买决策中所扮演的角色主要有五种:

发起者:即第一个想到或提议去购买旅游产品或服务的人,他能促使家庭其他成员对旅游产品或服务发生兴趣。

影响者:即影响最后作出购买旅游决策的人,他所提供的信息或购买建议对决策者有一定的影响力。

决策者:即最后决定购买旅游产品或服务意向的人。

购买者:即实际购买旅游产品或服务的人。

使用者:即实际享用旅游产品或服务的人。

以全家人到北戴河旅游一事为例,提议者可能是妻子,也许是女儿,然后是丈夫或全家人表示赞同,最后由丈夫或妻子共同商量、共同决定。

至于家庭成员都扮演何种角色、谁来扮演,则要根据家庭的不同和他们所购买的旅游产品和服务的不同而变化。在一项旅游产品的购买中,有时一个家庭成员要扮演好几个角色——发起者、决策者、购买者、使用者。有时可能是几个家庭成员都来扮演同一个角色——使用者。

2. 家庭成员与旅游消费决策

在核心式家庭中,丈夫、妻子和孩子在家庭中的地位和作用的不同,对家庭的旅游决策产生不同的影响。据美国的一项研究表明,在是否旅游和在旅游中花多少钱的决策中,丈夫和妻子都会主动积极地参与,十分投入地发表自己的见解,并相互讨价还价,相互施加影响,相互说服对方,常常在相互妥协中达成共识,达成双方都满意的决定。在旅游地和住宿条件的选择上,在旅游活动内容、交通工具及是否带孩子旅游的问题上,丈夫和妻子双方中有一方较明显地起主导作用,另一方给以相当大的影响。过去,在大多数家庭中,似乎丈夫在起决定作用。为什么丈夫能起决定作用，其原因并不十分清楚，但多数人认为是丈夫在家庭中的角色地位和经济地位及传统观念的影响所致。随着社会的发展，人们观念的变化，妇女在政治、经济中的地位越来越高，丈夫传统的对这种决策的主导作用逐渐削弱。在家庭形态对旅游决策的影响中，由于孩子很少参加寻找信息和评价信息，故他对家庭旅游决策影响不大。但因家长都重视对孩子的教育，旅游对孩子教育的价值又往往是家庭旅游最重要的动机之一，因此，孩子对家庭旅游决策的影响虽不是直接的，但影响却是强烈的。比如孩子的兴趣、需要和所学课程，对旅游景点的选择和活动内容的确立都有很大影响。在旅游时间的选择上，也会受孩子放假日期的影响。交通工具、住宿地、住宿条件、餐饮食品等选择，有时也会因孩子的需要而改变。

二、家庭生命周期与旅游消费决策

家庭生命周期是指一个家庭由诞生到以后经历的发展变化的不同阶段直至消亡的过程。它是由婚姻状况、家庭成员年龄、家庭规模和主人的工作状况等变量系统结合而成的复合变量。心理学家们研究认为，家庭生命周期的变化，是人的旅游决策倾向变化的重要因素。

家庭生命周期之所以是人们旅游决策倾向变化的重要因素，乃是因为家庭生命周期关系到家庭及其成员的态度和行为会随着时间的推移而变化。态度和行为的变化常常由家庭成员所扮演的角色的变化引起，而人们的角色变化又常常是因家庭规模的变化、家庭成员的成熟程度与经历，以及其需要、价值观、知觉、兴趣等方面的变化而引起的。

心理学家们研究认为，家庭生命周期对人们旅游行为的影响，因其周期阶段的不同而有所差异。现以美国学者帕特里克·E. 墨菲和威廉·A. 斯特普尔斯所划分的“现代化家庭生命周期”（见图 8－1）为例进行分析：

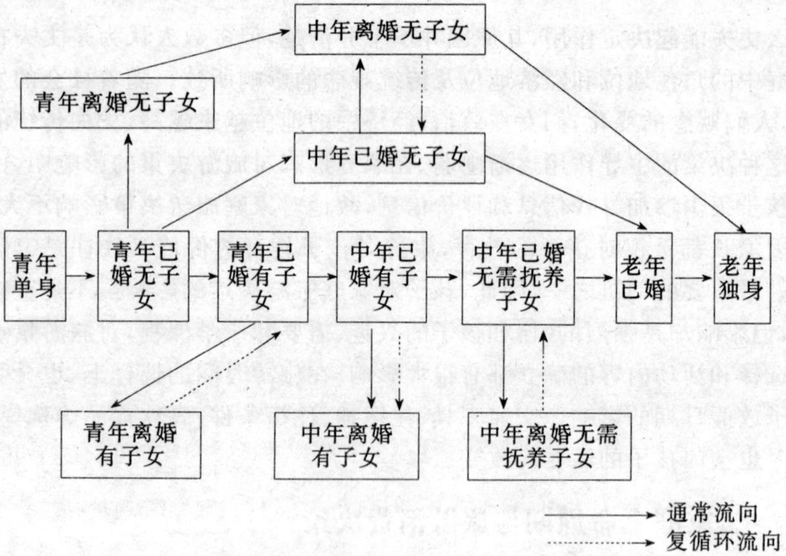

图 8—1 现代化家庭生命周期表

资料来源：帕特里克·E.墨菲和威廉·A.斯特普尔斯："现代化家庭生命周期"，《消费者研究杂志》第六卷，第 17 页，1979 年 6 月。

这个模式表明，家庭生命周期是由三个主要阶段构成：青年阶段、中年阶段和老年阶段。

1. 青年阶段

传统家庭生命周期的青年阶段，包括已婚但还没有子女及有子女两个小阶段(35 岁以下)。

青年已婚无子女阶段成为"蜜月"阶段。在传统上这种"蜜月"阶段历时相当短，一般持续不到两年时间小孩子便诞生了。随着现代社会的发展、生活观念的变化或由于经济上及事业上的原因，二人世界的时间可能会延长好几年。因而使得婚后的年轻夫妇能够建立起比较雄厚的经济基础。这一点对该家庭现在或将来的旅游行为自然会产生重大的影响。

依据我国实际情况，在家庭初建阶段，新婚夫妇已使小家庭初具规模了。由于婚前为建立新家庭几乎用完全部积蓄，所以一般婚后在短时间内经济比较紧张。如果婚前有充足的积蓄，婚后也就不存在经济紧张问题。即便是新家庭经济上暂时出现困难，毕竟由于二人的结合，经济上的合力也会使困难很快过去。由于社会的发展，人们观念上的更新，在我国的城市乡村有相当一部分青年人中存在着不甘落后的心理，也使得部分新婚夫妇把旅游这个象征地位、实力、与众不同的东西安排在“蜜月”阶段的生活日程中。在其他国度里，不少新婚夫妇还习惯在“蜜月”内花钱去购置新的汽车、电冰箱、家具等耐用消费品。这样，假日旅游也可能在他们的生活中占有重要地位。总之，在“蜜月”阶段里，新婚夫妇一般都会意识到自己有了孩子后，“行动自由”将会受到严重限制，家庭可支配的收入也将减少，外出旅游将会受到影响。因此，“蜜月”阶段的青年夫妇在旅游市场上是非常活跃的人物。

“蜜月”阶段过后，人们将分别沿着三个不同的方向（见现代化家庭生命周期表）运动。在传统的家庭生命周期中年轻的新婚夫妇这时已经有了孩子，这一“青年已婚有子女”阶段的时间可长达十二年之久，到子女成长为少年阶段，在这一阶段，由于孩子的出现通常要改变家庭的生活方式和经济状况。这时家庭要花相当一部分钱为孩子买衣服、玩具、食品、药品，花钱送托儿所、幼儿园和小学接受学前教育和小学教育。很显然，家庭的旅游兴趣因孩子的存在而受到强烈影响。但也并非此阶段就不能外出旅游，这要视家庭的收入、所属社会阶层及子女的年龄而定。如果能旅游的话，一般不是父母的单独出游，而是合家欢乐的或为孩子受教育的家庭旅游。

值得注意的是，这时有些人会从家庭生命周期的“青年已婚无子女”阶段转入“青年离婚无子女”这个特殊阶段。在这个阶段的人除非有薪俸优厚的职业，否则离了婚的青年人决不可能把钱花在旅游上。另外在家庭生命周期青年阶段中还有可能出现一个特殊阶段——“青年离婚有子女”阶段。在这个阶段中无论子女由谁负责监护，孩子的抚养费双方都要负担。况且双方如果都要准备再婚的话，大笔的旅游支出便不可能了。

2. 中年阶段

现代家庭生命周期阶段中的中年阶段是个比较复杂的阶段。在这个阶段中，户主的年龄范围可为 35 岁到 60 岁。其中一个阶段为“中年已婚无子女”阶段。此类家庭为数不多，但其中有相当数量者是坚信二人世界生活。对此类家庭的夫妇而言，这一生命周期可称是无忧无虑阶段。他们的事业往往是有所建树，因而舍得把大笔的钱用于旅游。

大多数传统的中年阶段家庭是由有青少年子女的已婚男女组成的。此类家庭能否外出旅游，在很大程度上取决于家庭的经济状况，子女的数量、年龄，他们的性格，以及父母职业、义务的要求等。相对来说，家庭收入较高、子女少、年龄较大、性格开朗、父母职业地位较高、对子女受教育重视的，容易组织全家外出旅游。尤其是处在两个空巢阶段的人——已婚者和离婚者，他们的子女已长大，不再需要抚养，在经济上有了较大的自由，渴望考虑新的生活方式——旅游的愿望就更为迫切和重视。一旦有了足够的钱，他们会实现他们梦寐以求的外出旅游的理想。

3. 老年阶段

家庭生命周期中的老年阶段始于家庭户主退休之时。对于大多数人来说，退休就意味着他们的主要生活方式和经济状况的变化。一般说来，那些有足够的积蓄或养老金并且身体很好的人，就可以享受一种积极的退休生活。这也意味着可以经常去旅游。

其实，家庭生命周期各阶段的不同不仅影响人们的旅游，还影响着人们对旅游活动方式的选择。常见的旅游方式有五种：(1)匆匆赶向某个地点或地区并在那里参加各种度假活动。(2)悠闲自在地朝着某个地点前进，旅途本身与目的地有着同样大的吸引力。(3)走马观花式的旅游，目的是尽量多走多看。(4)探险考察式的旅游，不存在预定的目的地或预定的活动，旅游的内在乐趣在于行程本身。(5)多目的、多目的地旅游，把旅游乐趣寄托在多目的地和多种项目的旅游活动中。一般来说，子女尚小的青年阶段中的家庭旅游，常常选择的旅游方式是匆匆赶向某一个特定的旅游地点或地区，在那里参加各种度假活动。而老年阶段的旅游者则喜欢选择悠然缓慢地朝着某个特定的旅游目的地前进，把旅途本身和到旅游目的地视为同等重要的旅行方式去旅游。中年阶段的旅游者，一般比较喜欢多目的地的旅游、有探险考察式的旅游活动方式。至于何种家庭生命周期阶段选择何种家庭旅游方式，则是因阶段不同而有所不同，切记不可简单对号。

第三节　社会阶层与旅游消费行为

一、社会阶层的含义

有史以来，各种社会形态都有一定形式的社会阶层。由于研究者的角度的不同，在诸多著作中很难找到一个公认的对社会阶层比较完满的定义。不管如何定义，有一点是共同的，即每个阶层的成员基本上具有相同的社会地位。因此，根据社会成员所具有的社会地位可以确定其社会阶层。一般说来，每个社会成员的相对等级如相对富有程度（经济财产的数量）、权力（个人选择或影响他人的程度）和声望（被他人尊重的程度）是评价社会阶层的三个最常用的因素。由此可见，社会阶层是一个等级结构（见表8—1）。

表8—1　美国社会的等级结构

社会等级	成员资格	占人口百分比
上上层	连续三四代富有的地方名门贵族、商人、金融家和高级专业人员	1.5
上下层	向上升而未被上上层社会接纳的暴发户、高级行政官员、大型企业创始人、医生和律师	1.5
中上层	有中等成就的专业人员、中型企业主、中等行政人员	10.0
中下层	普通人社会的上层、非管理人身份的职员、小型企业主、蓝领家庭	33.0
下上层	普通劳动阶级、半熟练工人、收入偏高者	38.0
下下层	非熟练工人、失业者、少数民族及未归化的外来民族	16.0

资料来源：C. G. 沃尔特斯和 G. W. 保罗：《消费者行为》(Homewood, Iuinols: Richard D. Lrwin, Inc, 1970), p. 399

在旅游消费行为的研究中，社会阶层的区分对理解某一特定消费者群体具有很重要的价值指标。一般说来,人们可以通过对他人社会阶层的认识(即高于自己、低于自己或是与自己相等)来决定自己与其交往的方式,在旅游消费方面选择能被自己所属社会阶层或更高社会阶层所接受的旅游产品或服务。

二、社会阶层与旅游消费决策

同一社会阶层的成员具有许多为这一群体所珍视的共同的东西。这种共同的东西在特定的情况下可能表现为财富,也可能表现为权力、威望、才智或地位。同一社会阶层共有的价值观念、态度和行为规范还可以转化为对同类产品或服务的消费。同一社会阶层的人在支配时间和金钱方面往往表现出某些共同的特点,或者说共同的价值观念和态度会导致相似的情趣、生活方式和爱好。

纵看不同历史阶段旅游者的消费倾向,横看现代不同旅游消费中旅游者的消费表现,不难看出属于同一社会阶层的人由于具有某种相似的价值观念、行为准则,在消费倾向和消费行为上具有明显的相似性。而不同的社会阶层由于具有某种不同的价值观念和行为准则,因而在旅游消费倾向和消费行为上具有明显的差异性。一般说来,高阶层的人是社会上最富有的阶层,因而在他们的消费结构中享受服务占有很大的比例。此阶层的人摆阔气性的挥霍是其明显的消费特点。他们在购买旅游产品和服务时追求高品位,维持高标准,以在其他人面前显示自己的富有和地位。他们注重成熟感和成就感,强调生活潇洒、文雅,花钱符合自己的身份地位,言词考究,举止大方,喜欢个别交谈或与同行交谈,对著名的人物和知名的地方十分感兴趣。中等阶层的人是事业上的成功者,他们的消费活动指向是社会接受性。因此,对自己的形象倍加关注,对旅游产品和服务的要求是不仅注意其质量,而且还追求其情趣和格调。他们在对旅游活动的选择和实际的活动中常常表现出自信、开明、体面。在消费形式上,他们看重的是"经历",关注的是能够增进自我形象又"能留下典型记忆"的美好过程。低层次中的普通劳动者,经济收入虽不富有,经常旅游虽有困难,但他们热爱生活,因此,此阶层的人外出旅游有限。此阶层的人一旦决定外出旅游,在对旅游产品和服务的消费思想上，常常表现出一种立即获得和立即满足。他们对安全和保险异常重视，对去有折扣的商店和大众商店购物有兴趣。而低层次中的下层的人，由于经济收入低下，生活没有保证，一般他们不参加旅游。

在此还需要进一步说明的一个问题是社会阶层对人们的旅游消费倾向和消费行为影响问题上，还有一个“公费”现象也在发挥作用，影响着社会阶层与旅游消费行为之间的联系。因此，当我们在研究国内旅游消费市场时，不能不考虑“公费”现象这一特殊的因素。

第四节　文化与旅游消费行为

一、文化的概述

文化可视为一个大型的非人格化的参照群体。它是影响人们旅游消费行为的重要因素。本书不准备对文化的概念进行深入探讨，只想从众多的关于文化的研究结果中重点探讨文化对旅游消费行为的影响。

1. 文化的涵义

文化是人类在社会历史发展过程中，不断继承、总结、改造、创新，逐渐积累发展起来的物质和精神财富的总和。其内容主要包括四类：物质文化、社会文化、知能文化和精神文化。内含语言、风俗、时尚、法律、宗教、科技、艺术、音乐、舞蹈、饮食习惯、工作形式、房屋建筑、物质产品以及其他任何能赋予社会特殊性的各种因素。从一定意义上说，它反映了一个社会的个性。由此可知，文化的环境范围极广，内容也极其复杂。个人身处社会中，不可能不受其影响。

2. 文化的特征

虽然不同国家、地区、民族有不同的文化，但文化却有其共性。主要表现为无形性、习得性、稳定性与动态性、共有性与独特性。

无形性。文化的无形性是指它作为精神财富而言的。但它凭借外界客观的存在——有形具体之物和无形的行为准则如制度、风俗、时尚之类才为社会所公认。对于人类来说，在其日常生活中很难清楚地感知到文化的存在。只有当他与其他文化接触时，在不同的社会价值或习俗影响下，他才会意识到文化差异的存在和文化是怎样对一个人的行为产生影响的。

习得性。人自出生之日起，即与社会环境相接触，所接触的除他人心理的影响外，便是文化的影响。儿童在幼年时期直接与他人接触，从父母和成人那里学会了进食方式、语言风俗、与人交流的规则、为人处事的技巧等。随着儿童的成长，其接触的范围逐渐扩大，在这种情况下他所接触的不限于直接的，而兼及于间接的，通过他人接受教育或以报刊、杂志、广播、电视等为媒介（都是文化）学习到文化。从人生这一过程来看，我们每一个人无不是在文化中生长。

稳定性与动态性。文化一经形成，便以风俗习惯、思想观念、行为方式、特定风格、节日、活动等形式表现出来，并以特有的稳定性保持相当长的时间，甚至百年、千年不变。例如我国人民的进餐方式，待人接物的礼节，各种各样的传统节日，房屋的建筑风格等历史都相当悠久。但文化的稳定的特点并非一成不变，科学技术的发展、人口的变化、资源的短缺、战争、政府政策、与外界的交流等都可导致文化的演变。“父母在，不远游”已是历史，“女主内，男主外”已是过去，西餐、快餐已为众多公众所接受，一度以女性所垄断的化妆品现也成为男士的日常生活用品，曾被少数人所享有的旅游现已成为大多数人现代生活的必需品等，这都说明文化是处在动态变化之中的。

共有性与独特性。文化通常被认为是群体的习俗，它和群体成员有着密切的关系。不管是一个单位的小群体，或是“地球村”这个大群体，都存在着共同的文化因素，诸如体育运动、音乐、舞蹈、教育、语言、法律、宗教仪式、日历、烹饪等等。但在不同的社会中，这些文化因素又存在着相当大的差异。比如西方人忌“13”，认为这是一个不祥的数字。日本人也忌“13”，但不是忌讳这个数字本身，而是 13 中的“4”和“9”两个数字，因为在日语里 4 似“死”音，9 似“苦”音。在旅游问题上，目前我国的一些青年主张及时行乐，哪怕是穷乐于国门之内，坐火车、住朋友家、吃方便面也要去旅游。而西方国家的人则不同，主张少壮努力、暮年广游世界，出游要坐飞机、住宾馆，被人捧、被人抬。

二、文化价值观对旅游消费行为的影响

每一个人都生活在一个特定的文化环境之中，他从小就受到周围文化的熏陶，并建立起与该文化相一致的文化价值观，这种价值观对于一个人来说是起中心作用的持久信念。它对一个人的志向、扮演的角色、与别人的关系、感知事物的方式及其消费行为产生深刻的影响。

众所周知，传统观念认为工作才是成年人的正事，旅游总是与轻浮、寻乐、小孩等概念相联系。但在现代社会中，这种价值观和生活方式却受到社会普遍的批评。如今在发达社会中，“生活艺术”和“生活质量”取代“生活水平”的趋势正在发展。“在这里工作和居住，到那里度假和休息”已成为人们普遍公认的一种生活方式。假日旅游已不再是少数人的事。相反，一些人假日不外出旅游就会感到自己的地位在下降，因而追求社会地位、摆脱卑劣感成为旅游消费行为发生的巨大动力。

在旅游消费市场上，有很多现象表明，文化是旅游消费者环境中影响旅游消费行为选择的强大力量。例如与他人保持友好关系，受人尊重，获取地位与成功，生活中的乐趣与享受，自我实现，归属感等价值观，对相当数量的消费者选择旅游消费活动项目产生重要影响。

在旅游消费活动中，消费者由于价值观的不同选择的倾向性也存在着明显的差异。一般来说，归属感强的人喜欢和他人或群体一起参加娱乐活动。那些赞同生活中应充满欢乐和刺激的消费者则更多地参加兴奋性的活动。平静安宁生活的人则喜欢选择空气新鲜、环境优美、能过悠闲生活的地方去旅游。

三、文化差异与旅游消费行为

在现实的旅游情境中，旅游者的活动范围广泛，不论他到哪里，都会带着自身的文化，因此在旅游活动中文化冲击现象不可避免。为了使旅游愉快，旅游者常常对符合自己文化要求的则趋之，不符合者则避之。但毕竟由于是两种文化情境下的互动，其结果必然是既感到快乐、兴奋，又感到迷惑、厌恶。这是容易理解的事情。本来人们在自己所熟

悉的文化环境中，什么时候与人握手，见面时怎样寒暄，什么时候接受（拒绝）邀请，什么时候需要认真（不必认真）等等，都会按照自己已形成的线索、习俗、规范去想、去做，甚至其行为在大多数情况下是无意识的。然而，当一个人进入一个完全陌生的文化环境中时，原来所熟悉的一切线索或大部分线索都会消失，不管你是多么的外向，支撑你的一系列“靠山”都会坍塌，由此而产生沮丧或焦虑。

文化差异所带来的冲击对人们的旅游行为所产生的影响，一般来讲要经过三个比较典型的阶段。

接触与崩溃：与新的文化接触，旅游者往往对新的文化环境有强烈的兴趣，表现为兴奋、愉悦、新鲜与奇特。但在心理上却常常产生一种紧张、困惑、低沉、退却之感。

恢复与自立：掌握了一点应付当地人的技巧，敏感性下降，对文化差异和相对性表示欣赏。心理上恢复平静，紧张感减少。行动上较适应新的文化环境。

适应与不适应：与新文化的适应，意味着固有文化与新文化的融合，必然产生行为上的协调。当旅游结束，旅游者返回自己的故地（回到原有文化环境中），自身融入的新的文化将与其母体文化再次冲击，往往使人产生“再次入侵之感”之不适感。

总之，由于不同文化的社会行为准则有差距，一个人在接触新文化后，不管时间长短，总要经历一个“社会化的过程”。在这个过程中，因每一个人的社会经济地位、年龄、性别、受教育的水平、旅游的经历等不同，在文化的适应过程中具有较大的差异。据一项研究发现，来自第三世界和贫穷国家的人自我形象感不好，对陌生文化的适应能力较差。相反，发达国家和地区的人到相对落后的国家和地区去旅游，文化冲击感不明显。青年人、男人和受教育多的人比老年人、女人和受教育少的人更适应新的环境。旅游经历多的人更容易适应陌生的文化。除上述因素外，参加旅游团与其他类型的旅游消费者在适应新的文化方面也是不同的。一般说来，旅游团体旅游者的社会交往范围比较明确，多局限于团体内部成员之间的交往，且时间较短，大都无意去适应当地文化，故对文化冲击的感受不明显，又因心理准备不足，在文化冲击的面前又表现得非常脆弱。而其他类型的旅游者，如商业旅游者，可能与当地有很广泛的社会交往，文化冲击则不可避免。但此旅游者有一定的心理准备，在文化的适应过程中“社会化的过程”相对要短一些。

总之，作为消费者的旅游者，他所处的群体对他的旅游和休假期间的决策产生重大影响。能够对人们旅游消费行为产生影响的群体主要是家庭、社会阶层和文化环境。家庭群体对旅游行为的影响主要表现在家庭形态和家庭生命周期上。社会阶层的成员具有相同的社会地位，属于同一社会阶层的人由于具有相似的价值观念、行为准则在消费倾向和消费行为上具有明显的相似性，而不同社会阶层的人，则表现为明显的差异性。文化环境是影响人们旅游消费行为的重要因素。消费者文化价值观和文化背景的不同，在旅游选择的倾向性上存在着明显的差异。

思考题

1. 怎样理解群体？群体对人们的旅游消费行为会产生哪些影响？
2. 家庭群体是怎样影响人们的旅游行为的？
3. 研究家庭生命周期对旅游产品的销售有什么意义？
4. 社会阶层对人们的旅游消费行为产生怎样的影响？
5. 社会文化对人们的旅游消费行为产生怎样的影响？

第九章　旅游消费者的心理及其发展趋势

学习目的

通过本章的学习，使学生了解旅游活动过程中的消费心理、角色心理及其心理发展趋势。

基本内容

- 旅游消费过程中的消费者心理

  旅游消费活动的准备和初始阶段

  旅游消费活动的游览阶段

  旅游消费活动的结束阶段
- 旅游消费过程中的消费者角色心理

  旅游消费者的性别、年龄、职业心理
- 旅游消费心理发展趋势

  向综合性需要发展

  向“特色项目”的需求发展

  向“自然”与“本色”的需求发展

  由被动到主动，积极参与的需求发展

第一节　旅游消费过程中的消费者心理

一、旅游消费活动的准备和初始阶段

大量事实表明,旅游消费者在旅游活动的准备和初始阶段,由于接受新的经验,在心理上具有紧张感高涨的心态表现。另一方面由于消费者从日常生活中暂时脱离出来,在心理上又具有解放感高涨的心态的表现。这两种表现在旅游准备和初始阶段是很不相同的。开始,紧张感的心态常常占据优势,但随着旅游消费活动的深入和发展,紧张感的心态会逐渐减弱。相反,随着旅游消费活动的深入和发展,解放感的心态会由弱逐渐高涨。由于旅游消费者自身的一些原因,两种心态在不同消费者身上表现程度是不一样的。

一般说来,当一个人选定了要出游某一旅游目的地之后,他的注意力经常是集中和指向于这一旅游活动事项上(紧张感高涨占优势),显得十分兴奋和激动。为了使旅游活动能够顺利成行,他会在物质和精神两个方面开始做一些较周全的准备工作(尤其是初游者和单身旅游者)。诸如以什么方式旅游,花多少钱,和谁一起去,需要搜集什么资料,携带什么行李、药品等,全方位地给以考虑和准备。同时,还会对将要前去的目的地,及对该目的地的活动项目、接待安排、活动项目是否有趣,那里的气候条件、交通状况等在头脑中进行充分的预想。一旦办理了旅行登记或订票手续,他会以急迫的心情期盼着登程日期的到来。

由于确定了要旅游,这就意味着旅游消费者将要从家庭和工作岗位的束缚中解脱出来,这种解脱易使消费者产生解放感的心态。由于消费者的经验和个性的不同,解放感的心态是不相同的。一般来说,有经验的消费者或参加团体的消费者,解放感的心态要比没有经验的或单身旅游者要高。而缺乏经验的旅游者或单身旅游者解放感的心态常常是较弱的。

旅游前的准备，本身就是对旅游活动的一种理解和享受。这种理解和享受常常是人们在没有进入实际的旅游消费之前，被旅游部门的宣传和“白日梦”中的幻象所吸引，在眼前呈现出旅游世界（幻觉）——想象自己已穿越于碧海蓝天，来往于城市和美景之间，饱尝着异域的风情，享受着微笑和舒适，等等。所有这些，足以使一个人对要去旅游的目的地心驰神往。

旅游消费者一旦开始出游，飞机、火车、轮船、汽车是旅游消费者到达旅游目的地的主要交通工具。在当今社会，安全、迅速、方便、舒适地到达旅游目的地是旅游消费者对旅游交通的最起码要求。但由于旅游消费者的兴趣、爱好、性格、个人经济条件、身体状况的不同，以及受旅游目的地的距离及地理环境条件等因素的影响，旅游消费者对交通工具的选择和要求具有很大的差别。一般说来，乘坐飞机旅行是旅游消费者最得意的事情。乘坐飞机不仅安全、迅速、舒适，而且对旅游消费者来说还具有地位和荣耀的象征意义。更重要的是旅游消费者还能体会到腾云驾雾，飘飘如仙之感。当飞机遨游空中又会使旅游消费者产生如乘小轿车的自得感。透过舷窗鸟瞰大地的高山、城镇、河流、田野和村庄，又会使旅游消费者产生心旷神怡之感。由于人不是鸟，凭借飞行器在空中飞行，这对于初次乘飞机旅行的人来说担惊受怕之心也是不可避免的。乘坐火车、轮船、汽车旅行，同样会对安全问题十分关注，谁都希望能“一路顺风”平安到达旅游目的地。旅游消费者不同于一般的消费者，对旅游交通的要求十分高，不仅交通设施要舒适、宽敞、快捷、方便，而且服务要热情、周到，卫生条件要好。如果是较长途的旅行，旅行消费者都希望服务要增加乐趣，活跃气氛，解除烦闷，有机会领略异国民俗和风情等。

飞机降落，火车到站，船到码头，旅游消费者即到了一个陌生的世界。一般说来，不论旅游消费者的国籍、民族、年龄、职业、性别、地位有什么不同，此时，都会产生举目无亲之感，好奇、兴奋、惊讶、莫可名状等复杂心态。

旅游消费者经历了一段时间的旅行，到达了目的地（或中转地点），人们站在异国他乡的土地上，进住与自身原有的文化氛围差异较大的并具有特色的宾馆或饭店里，都会用好奇的眼光审视周围的一切，在他们的内心深处，周围的一切是那样的奇特、那样的有趣、那样的富有吸引力，因此，尽快对其获取、享受是其最大的心理愿望。

二、旅游消费活动的游览阶段

有一些旅游消费者把旅途同旅游目的地视为同等重要来看待，但在一般情况下，大多数旅游消费者是把到达旅游目的地作为此次游览观光的开始，故此，我们把旅游消费者到达旅游目的地后所进行的一系列活动作为游览阶段。

旅游消费者到达旅游目的地，开始对旅游地的景点或活动项目进行参观、旅游参与时，心情自然激动、兴奋。对于那些见所未见、闻所未闻的新鲜、奇特、古老、壮观、引人入胜的自然景观、文物古迹、现代化建筑、娱乐设施、特色的活动项目等都将一览无余。在此情况下，旅游消费者一般是先睹为快而后再听根由。对于不考虑旅游者心态的导游解说，旅游消费者常常是十分反感的。

随着时间的推移，旅游消费者对导游员或旅游业服务人员逐渐熟悉，对旅游地的情况有了一定的了解后，初始阶段的内在紧张感逐渐减弱，同时解放感逐渐高涨，表现在性格上逐渐显露，行动上逐渐自由，在游览过程中开始会提出各种各样的问题。

随着游览活动的进一步开展，旅游消费者初到异国或异地的那种拘束、压抑之感，通过旅游导游人员和旅游业服务人员的热情、友好、真挚、诚恳的服务，就会很快得到解除。在此情况下，一些旅游消费者的记忆力、思考力开始分散或转移，平时健忘的人更容易丢三落四，平时散漫的人更容易迟到，平时活泼的人会变得更加活跃随便，各种各样名目繁多的合理的和不合理的要求和希望，都将随着旅游消费者内心的解放而被提出和表现出来。不论原来旅游消费者如何对自己进行约束，其个性都将不同程度地显现出来。

旅游消费者在游览过程中，大都对购物怀有极大的兴趣。旅游消费者在旅游期间购物与平时购物不同，主要是购买旅游纪念品和具有储藏价值的艺术品，以此显示自己的经历，提高自己的声望和地位。尤其是旅游快临近结束时，购物的心情更加迫切，常把注意力集中在商店里，话题也多集中在购买什么样的物品上等等。

在游览过程中，大多数旅游消费者还十分重视同别的旅游者和当地人进行友好交往，在交往中获得满足、尊敬、声望和愉悦，尤其是生活在中、低阶层的人对此会倍加关注。

三、旅游消费活动的结束阶段

当旅游消费者快要结束返回原居住地（或离境）时，又会出现与出游初期时（或入境时）类似的迫切感和不安感（心理上的紧张感），只是在思维的内容和表现形式上不同而已，如思乡心切，担心行李超重、海关检查，访友、遗留问题的处理以及与家人的联系等。

旅游结束，旅游消费者返回到自己的家乡，常会在一段时间里回味着旅游期间一些美好的印象和难忘的情景，并且常以愉快（或不愉快）的心情向亲朋好友讲述自己在旅游期间有趣或难忘的经历，展示纪念品。一些兴趣更大的人又可能开始筹划下一次的旅游。

总之，从旅游消费者在各阶段的心态看，可归结为感受新奇、享受服务和实现愿望三点：

1. 感受新奇

旅游消费者从紧张、单调和枯燥的日常生活和工作中摆脱出来，利用闲暇时间外出旅游，按照单一性需要理论，旅游消费者参加旅游活动，在旅游活动中寻求“古”、“稀”、“奇”、“新”的旅游活动项目和景点，这本身就是对多样性（新异性刺激）感受的需要。感受新奇是旅游消费者普遍的心理。众所周知，我国旅游资源得天独厚，十分富饶。我国国土辽阔，历史悠久，山河壮丽，文化灿烂，全国有看不完的秀丽风光，数不尽的名胜古刹；随着我国旅游业的发展，挖掘和整理了无数我国传统的具有特色的旅游活动项目，建造了无数具有现代化水平的旅游宾馆、饭店和旅游活动设施等等。所有这一些都是旅游消费者最感兴趣的，也是对旅游消费者最具有吸引力的刺激因素。

2. 享受服务

旅游本来就是为了改变环境，获得享受快乐的一种活动。因此，作为旅游消费者花钱旅游，理所当然要享受与在家及平时有所不同的服务——优质服务。纵看历史，横看现在，在古今中外人们的旅游活动中，大多数旅游消费者不论他原来地位和财力如何，只要他外出旅游，对享受服务都是十分重视的。在实际的旅游活动中，我们经常可以看到旅游消费者最关心的是旅游服务人员的服务态度、服务言语、服务行为、服务举止、服务技术是否对消费者尊重，服务是否到位，服务项目是否一流，是否能使消费者感受到心情愉悦、身体舒适等。旅游消费者对这些方面的体验和服务要求，可以说是所有的旅游消费者的共同一致的心愿。

3. 实现愿望

旅游消费者外出旅游仿佛从束缚中解放出来，其内心都充满着美好的愿望。这些愿望不仅在出游前表现为憧憬和期待；而且对旅途中的方便、舒适、安全和游览中的惬意、愉悦及个人价值的自我实现等充满着极大的信心。正是在期望和信心的驱使之下，人们在旅游活动中才表现出极大的旅游热情和十分的投入，努力实现这些愿望。

第二节　旅游消费过程中消费者的角色心理[①]

一、旅游消费者的性别心理

人的心理本质是社会存在的反映。从旅游消费者的性别心理来看，两性的区分不仅是自然界长期进化的结果，而且更重要的是社会分工所造成的。由于社会的分工，男女在生活空间、与社会的联系和交往以及所接受的教育及千百年所形成的心理定势等因素的影响下，使得男女性别角色心理存在差异。

1. 男性旅游消费者的心理

在旅游消费活动中，男性消费者一般有如下几方面的表现：

---

① 参阅张云著《公关心理学》第49～54页。

(1)独立。在旅游活动中遇到问题时，喜欢独立思考，自作主张，在旅游团里尤其不喜欢受女领队的领导。

(2)粗犷豁达。在旅游活动中往往考虑问题不周，观察问题不细。在一些小事上不计较，不愉快的事情往往很快被遗忘。为人处事比较通情达理。

(3)坚定刚强。在旅游活动中敢于迎困难而上，遇挫折不气馁，具有较强的自我控制能力。

(4)务实。在旅游活动中考虑问题比较实际，不易受情绪的感染。

(5)好表现。在旅游活动中遇事爱出风头，往往在导游员解说之前抢先发表自己的意见，更喜欢在女性面前表现自己等。

2. 女性旅游消费者的心理

在旅游消费活动中，女性消费者一般有如下几方面的表现：

(1)胆怯。在旅游消费活动中，女性消费者办事比较谨慎，缺乏自信，对旅游团所规定的纪律及游览场所的一些规定都能够自觉遵守。

(2)狭窄。女性心胸相对狭窄，气量较小，在旅游活动中与人处事常受不得委屈和讽刺，并且对旅游产品的实际意义和具体利益表现出强烈的要求。

(3)固执。女性消费者有较强的自我意识和自尊心，对外界事物反应敏感。她们常以选择的眼光和消费的内容及消费的标准来评价自己和别人。相信自己所消费的产品是最有价值的。对别人的否定意见很不以为然。对自己已确定的看法很难改变。对一些问题的看法一旦形成，往往不易改变，对他人的劝说易引起反感。

(4)心细。女性的旅游活动中常常联想丰富，办事细致，善于观察，考虑问题比较周详，处事比较严密。

(5)感情丰富。女性的感情丰富并容易受感染。在旅游消费中，由于旅游产品品位、特色、环境气氛易使女性消费者产生消费欲望。如果当她考虑到这种消费对其子女有重要意义时，感情色彩将更加强烈。在旅游过程中，导游人员富有表现的解说，就能激起她强烈的爱憎，即便是美丽的自然风光也易使她动容。

(6)主意变化快。女性主意多变，在众多旅游选择上很难做出决断，往往是朝令夕改，改后又常常后悔。

上述对男女性别心理差异的描述，只是就其一般性和总体性而言的，并非每个男女旅游者都一定有此表现。男女的心理差异各有其长和各有其短，从总体上说没有好坏之分。随着社会的发展，人们思想观念的改变，女性的某些心理特征发生了很大的变化，但由于男女心理差异有些已和生理机制结成了固定的联系，再加上不同社会对男女不同的要求，男女心理特征在总体上仍然是有区别的。另外，男女的性别心理特征只是反映其各自共性的特点，当我们在分析男女旅游消费者心理时，决不应成为一种刻板印象，代替对具体对象的具体分析。同时，当我们在分析男女性别角色时，应该认识到人的社会角色是个复合体，还具有其他社会角色的心理特征。

二、旅游消费者的年龄心理

人的年龄不同，心理特征也不同。人的年龄心理特征和人的生理发展有关。倘若不把年龄和生理关系放到角色和社会关系中，就不能看出年龄角色的实质。由于不同年龄的人和社会联系的广度、深度、强度的不同，年龄角色具有很大差异。

1. 儿童旅游消费者的心理

儿童从出生婴儿到11岁，受一系列外部因素的影响，在生理和心理上变化比较大。表现在生理上从仰卧学会了直立行走；从完全依靠别人照顾到自己照顾自己，并能帮助他人做事情。在心理上，开始了人类的学习过程，逐渐形成了认识能力、意识倾向、求知、兴趣、爱好、意志及情绪等心理品质；学会了思维，在感知基础上能解决简单的问题；行为上逐渐从被动到主动。因此，他们的心理和行为特征在旅游消费活动中常表现出以下主要特点：

(1)从纯生理性消费需要逐渐发展为带有社会内容的消费需要

儿童在旅游活动中的消费主要是满足生理的需要。随着年龄的增长，自我意识的增强，在旅游活动的一些情景因素不断影响下，社会内容的消费需要逐渐表现出来，在旅游消费内容上，如到什么地方旅游，乘坐什么样的交通工具，选择什么样的活动项目等，开始影响父母的购买决策。

(2)消费情绪从不稳定发展到比较稳定

儿童旅游消费者的消费情绪是极不稳定的,易受同龄伙伴和情景因素的影响,易变化。随着年龄的增长,控制感情的能力得到发展,消费情绪逐渐稳定下来。

2. 少年旅游消费者的心理

11～15岁年龄段为少年。人的少年时期是儿童向青年的过渡时期。这一时期少年旅游消费者生理上呈现第二个发展高峰,自尊心、被人尊重的需要、逻辑思维能力等有了较大的提高。在行为上,他们力图表现出独立性,可又摆脱不了对父母的依赖;在处理问题上很想像成人那样,其结果表现得很幼稚。他们的心理和行为特征在旅游消费活动中表现出以下主要特点:

(1)有成人感

有成人感是少年消费者自我意识发展的显著的心理特点。在消费心理和消费行为上不愿听从家长的意见,总认为自己已经长大,不希望家长过多干涉,而要求按照自己的意愿独自处理问题、独立选择自己所喜欢的旅游产品。

(2)旅游购买独立倾向性开始确立,消费行为趋向稳定

少年时期的旅游消费者由于知识的不断丰富,兴趣趋向稳定,随着对旅游活动的认识的提高和对旅游实践的经验的增加,对旅游产品的消费具备了初步的分析、判断、概括能力。因而在旅游购买动机与实现旅游条件的吻合度上更加接近,更趋向稳定。

3. 青年旅游消费者的心理

青年是指由少年向中年过渡时期的人。处于这一时期的消费者,形成了青年消费者群。根据我国情况,青年消费者是指年龄范围在15～30岁之间的人。在旅游消费活动中,有其独特的消费心理和行为。

(1)追求时尚,表现时代

青年消费者最典型的心理特征是精力旺盛、活泼好动、内心丰富、热情奔放、思想活跃、思维敏捷、富于幻想、追求新奇、敢于冒险;在旅游消费心理和消费行为方面追求新颖与时尚,追求美的享受,力图表现时

代特征，领导消费新潮流。

(2)追求个性，表现自我

青年消费者处于少年不成熟阶段向中年成熟阶段的过渡时期。由于自我意识的增强，对事物的情感也越发深沉，在旅游消费的每一言行举动中，都力图表现出“我”的内涵，对能够表现个性心理的旅游产品十分喜爱。

(3)追求实用，表现成熟

目前的青年人有知识、有文化，接触信息多，交流广，对旅游产品的选择与购买基本上不是盲从的。在追求时尚、追求个性的同时，也追求实用性和科学性。由于青年消费者的旅游消费行为是其消费动机(一要反映时代风格，二要符合现代科学技术的要求、美观及实用)的影响所形成的，因此表现出了青年消费者趋于成熟的消费心理。

(4)追求档次，表现享受

青年人追求时尚，好奇心强，感情易冲动，在世人面前又不甘人后。对于那些新款式、新品牌、高规格、高待遇等特色旅游产品和服务有深厚的兴趣，往往以先睹(尝)为快。由于无家庭经济负担，在实际旅游消费中往往是追求高档次(相对的)的享受，在购买时也往往比较果断，很少犹豫。

4. 中年旅游消费者的心理

中年是指由青年向老年过渡时期的人。年龄一般男在30～60岁之间，女在30～55岁之间。在旅游消费中最突出的消费心理和行为是：

(1)注重实用

中年人年富力强，思维敏捷，判断能力强，在旅游消费中对旅游产品和服务质量有综合评价能力。因此，具有求实的消费心理。

(2)注重理性

中年人生理功能趋于稳定、心理素质成熟度高，对旅游产品和服务的购买和消费常常是理智胜过感情冲动，经验重于印象，重视旅游企业的信誉和服务质量。

5. 老年旅游消费者的心理

老年消费者，一般指男60岁以上、女55岁以上的消费者。由于老年消费者具有生理功能衰退而评价能力较强的特点，再加上几十年的生活经历，使得他们具有丰富的消费经验，因此在旅游消费活动中具有不同于其他消费者的消费心理和行为，突出表现在以下几点：

(1)习惯性强

几十年的生活经历使得老年人养成了习惯性的消费，对多年习惯了的消费的东西使得他们的情感很难转移。因此，老年消费者在旅游消费方面就非常偏爱曾经消费过的旅游产品和服务，往往再次进行消费时心情十分激动。

(2)自尊心强

老年人具有丰富的经验，并十分重视自己的经验。因此，在旅游购买中十分坚信自己的选择，十分重视自己的消费。在整个旅游消费过程中，希望得到旅游服务人员的尊重，并对旅游服务人员的态度极为敏感，服务员在服务工作中稍有不慎或言语不当，都有可能伤害老年人的自尊心，引起他们强烈的不满和反感情绪。

(3)怀古忆旧强烈

老年人喜欢纵向比较，对过去的经历十分珍惜。因此，老年人往往有一种怀旧的心理，表现在旅游消费中对过去居住地，对以往的老朋友，对曾经游览过的旅游景点有着特殊的兴趣。那些漂泊海外的老年华侨及曾经在华工作过的外国人，多次回国或来华旅游，就是这种心理支配下所产生的旅游消费行动。

(4)注重方便和实用

进入老年的消费者由于体力的衰退和心理的成熟，十分重视实际。在旅游消费活动中，对能够提供方便、良好的服务环境十分向往；对在旅游消费中安排周到、手续简便、符合老年人需要的服务十分满意。

三、旅游消费者的职业心理

在旅游消费活动中，消费者的职业角色是十分广泛和复杂的。既有脑力劳动者，也有体力劳动者。有各个方面专业的专家、学者、教授、工程师、医务人员、公务人员，也有工人、农民和学生等。职业作为社会阶级的指示器，明显地显示出不同职业角色的人有其不同的社会地位和独特的生活方式。这种不同的社会地位和独特的生活方式反映在其价值观念、人际态度和自我知觉之中会有所不同。因而，不同的职业的人在旅游消费活动中的消费心理和消费行为具有很大的差异。

一般来说，职业地位较高者，如在政府中担任高级行政官员，在大学中任教授，在企业中任董事长和总经理，在军队中任高级将领，在医院中任主任医师，在电台、电视台和报社中任高级记者等职业的人，在旅游消费中享受服务占有很大的比例。此类职业的人，他们大都追求旅游产品和服务的高品位和高标准，在旅游活动中显示成熟感和成就感，强调生活潇洒、文雅，花钱符合自己的身份地位，用词考究，举止大方，喜欢购买艺术品和古玩，喜欢得到他人的尊重等。

在社会中职业地位处于中等者，比如在政府中任职的一般公务人员，企业中的经理和收入较高的职员，建筑承包商，私营企业主等职业的人。此类职业的人一般是事业上的成功者，他们的消费活动指向主要是社会接受性。因此，在旅游活动中对自己的形象倍加关注，对旅游产品和服务的要求不仅注意其质量，而且还追求其情趣和格调；对旅游活动的选择和消费常常表现出十分的自信；在消费形式上看重的多是“经历”，在消费活动中关注的是能否增进自我形象，又能“留下典型记忆”的美好过程。

在社会中职业地位较低的人，比如从事一般商业、运输业、建筑业、种植业、维修业等职业的收入较低的工人、农民等职业的人和待业者。此类职业的人非常热爱生活，因收入较低，很少外出旅游。如果一旦决定外出旅游，他们对安全和保险十分重视，对旅游产品和服务的获得和满足十分迫切。

总之，在游览活动中，不同职业的人对于旅游点的选择和爱好是各不相同的，一般情况是根据各自的专业和兴趣选择旅游景点。如喜爱历史的人，对以往的文化持有特殊的感情和兴趣；最喜欢的是到博物馆、艺术展览馆、帝王古都、名寺古刹、文化遗迹等地参观访问游览；也喜欢会见同行，了解同行的生活、学习、工作等。对旅游产品和服务的期望因其价值观的不同，如前所述具有很大的差异。

第三节 旅游消费心理发展趋势[①]

一、向综合性需要发展

当今世界旅游市场令人眼花缭乱的变化和发展，使身处其中的旅游消费者发生着观念改变，以及由观念的改变带来了心理的变化。单一形态出现的一般化自然景观和人文景观对旅游者的吸引力有所下降，并且越来越明显。而那些具有综合性特征的旅游地和旅游项目（即奇异独特的自然景观同特定的人文景观融为一体的），却使得旅游者产生了浓厚的兴趣。因为这些旅游地和旅游活动项目能够使人们从中获得集知识性、娱乐性、体验性、享受性等为一体的多重满足。这种需要倾向的变化主要取决于以下原因：

1. 旅游资源的不断开发，使旅游者对旅游地和旅游项目有了更多的选择余地。

2. 一些新型传媒的出现，使很多人足不出户就能对很多旅游景点获得大致的了解。

3. 由于休闲生活的越来越受重视，休闲方式的多样化使得很多人对旅游线路、旅游项目的选择都越来越“精挑细选”，对传统旅游动机中的以“到过某名山名水即可为荣”的心理满足已经有所弱化。

4. 旅游行为的普遍化，城市生活节奏的不断加快，人们的平均出游次数增多等，使得旅游者对综合性旅游项目的需求期待越来越高。

5. 在旅游行为的实施过程中，人们普遍期望在单位时间和一定经济支出内能够获得尽量多一些收益。

---

① 参阅张海著《现代旅游市场需求的发展趋势》。

二、向"特色项目"的需求发展

从整个当代世界的范围来看，休闲生活与普遍公众的联系越来越紧密，与此相应的一种重要变化，突出地表现为在休闲方式的多样选择中，个性特征起的作用越来越大。表现在旅游行为方面，则是一些新颖有趣的"特色旅游"，正越来越受到各种旅游者的青睐和偏爱。

所谓"特色旅游"，其实就是旅游者怀抱着某种特定的兴趣和特定的目的，来选择适合自己个性的旅游点，或者旅游方式。诸如这几年悄然兴起的"民俗旅游"、"探险旅游"、"体育旅游"、"自行车旅游"、"摄影旅行"、"考察旅行"、"驾车旅行"等等，都属此类。

这一需求的日益强化，同人们的生活水平总体上提高，以及社会分层的越来越明显相关。人们为了寻求生活质量的提高，拥有某种真正的"业余爱好"，获得某种个性的肯定和自我价值的寻求，这已经成了现代工业社会和都市化进程中一种比较普遍的心理需求。另一方面，各种不同类型的特色旅游的兴趣，实际代表了现代人对模式化传统旅游方式的厌倦和反叛，它是努力追寻个性化生活方式的世界潮流中的一个重要组成部分。

三、向"自然"与"本色"的需求发展

"回归自然"是现代文明中的一大主题，因此，对"自然"和"本色"的追求必然成为现代旅游中的一项基本特征。其原因主要有以下几方面：

1. 构成旅游者主体的城市人，常年生活在日益明显的都市化氛围里，形成了一种期望通过旅游行为使人与自然的距离有所缩短的心理需求的强大动力。因而对各种奇异自然景致的兴趣明显变得强烈起来。

2. 一种较为普遍的旅游文化心理是，偏爱于"本色"而不是过分人工痕迹的东西。一些国外的专家认为，各种旅游资源更应该是一种活生生的东西，在开发中应该设法保留它们的全貌。这个"活生生"和"全貌"很重要。它可以确定人文资源和自然资源本来的生命力和价值的所在。

3. 保护旅游区的生态环境，这是整个世界都面临着的严峻挑战，

也是旅游者越来越看重的问题。从长远看,旅游者偏爱"本色"、热爱"自然",也是关系到人类生存的大问题。

四、由被动到主动,积极参与的需求发展

有关现代休闲和娱乐方式的研究表明,最受欢迎的休闲与娱乐方式,已经不再是那种纯旁观的传统方式。同样,对于作为休闲方式之一的旅游来说,旅游者在其旅游过程中积极参与的愿望比如登山、散步、划船、保健活动、骑马、钓鱼等,正变得越来越强烈。这是积极体验和积极参与的意识在现代人这里不断强化的表现。这一趋势是世界性的,具有相当强劲的势头。

当我们在研究旅游消费者的消费行为时,不能不看到这是一个非常复杂的问题。正如我们在前几章所指出的那样,旅游消费行为是一个由若干要素构成的要素系统,诸如知觉、需要、态度、人格、家庭、社会阶层、社会文化等。每个要素都从不同方面和不同角度对旅游消费行为构成影响。由于各个要素在系统中发挥的作用和性质的不同,因而对消费行为决不具有同样的价值和同样的重要性。因此,在研究人们的旅游消费行为时,要以人的行为的产生和发展的基本规律和旅游消费行为的特殊要求为依据,具体地分析每个要素与实现消费行为之间的关系,明确其影响性质、地位及价值,进而寻求其具体的消费行为规律。

旅游消费行为的研究,不仅为旅游业的服务和旅游企业的管理提供依据,而且还应看到旅游服务与旅游企业的管理工作又是影响消费心理的非常重要的因素。因此,旅游心理学的研究若不对旅游服务心理和旅游企业管理心理进行研究,那将是不完整的。

思考题

1. 在旅游消费活动过程中,旅游消费者的心理状态是怎样一种表现?

2. 在旅游消费活动过程中,不同性别、年龄、职业者的心理有什么不同表现?各有哪些特点?

3. 随着现代社会的发展,旅游消费者的心理倾向出现了哪些变化?请分析其原因。

第三编

旅游消费服务心理

第十章　旅游消费服务的概念与前提

学习目的

通过本章的学习，使学生了解旅游消费服务的基本涵义与性质，以及服务的基础——客我交往，二者是实现优质服务的最基本问题。

基本内容

● 旅游消费服务的含义与性质

旅游消费服务的含义

旅游消费服务是触动旅客感情的服务

旅游消费服务质量体现在主客身心上

旅游消费服务是全方位的动态的服务

旅游消费服务的性质

● 旅游消费服务的先决条件

客我交往的概念

客我直接接触及其策略

第一节 旅游消费服务的含义与性质

一、旅游消费服务的含义

旅游消费服务不同于一般的服务，它是旅游业服务人员通过各种设施、设备、方法、手段、途径和“热情好客”的各种表现形式，在为旅客提供能够满足其生理和心理的物质和精神的需要过程中，创造一种和谐的气氛，产生一种精神的心理效应，从而触动旅客的感情，唤起旅客心理上的共鸣，使旅客在接受服务的过程中产生惬意、幸福之感，进而乐于交流，乐于消费的一种活动。由此可以看出，旅游服务是主客双方相互作用的一个动态过程，在这一过程中以设施、设备、方法、手段、途径和热情好客为中介，表现人与人、人与物相结合的关系行为，追求的是人与人之间接触和交流的气氛，目的是使旅客产生惬意、幸福之感，促进旅游消费。

旅游消费服务，基本上可以概括为三个方面的内容：

1. 旅游消费服务是触动旅客感情的服务

感情在消费服务中是融洽主客关系的润滑剂，是拉近与旅客距离实现优质服务的灵丹妙药。实践证明，主客之间感情融洽，彼此在心理上就容易产生共鸣，从旅客方面来看，也就乐于接受旅游业的服务。从旅游业角度来看，触动旅客的感情，旅游服务人员就必须要研究旅客的消费倾向和个性特点，熟悉主客之间的角色关系、人际关系，针对旅客特点，在旅游消费服务的各个方面和环节上以真情“打动旅客的心”。

2. 旅游消费服务质量体现在主客身心上

旅游消费服务作为旅游业产品的重要组成部分，其质量并非完全固着在有形物体之上，也不能用一个可视的尺度去衡量。它蕴涵在服务人员的动作和思维哲理之中，反映在旅客头脑里。因此，旅游服务质量体现在旅游服务人员的感激、赞誉、赏识、理解、满意、鼓励、喜欢的面部表情里，体现在服务人员表达个人心声、传递企业职业道德和经营作风的言谈话语里，体现在服务人员对服务工作的热忱、对顾客的尊重和依恋之情的身段动作及超前意识里，体现在旅客的内心感受之中。

3. 旅游消费服务是全方位的动态的过程

旅游消费服务涉及的范围比较广泛，从向潜在的旅客提供旅游趋向或设施、设备的咨询和广告信息，到顾客作出旅游决定之后，为顾客筹划线路，办理签证，购买机票、车票，订房，准备有关资料等事宜。然后是具体消费服务和售后服务。从服务领域上看，包括旅行社、饭店和交通等服务。

随着社会的发展，科学技术的进步，人们生活质量的提高，一般性的旅游服务已满足不了旅客的愿望。旅游服务作为一种观念、传统、手段、途径，必然要受到这种不满足的冲击而要努力与之适应。为此，旅游业服务人员在为旅游者提供旅游消费服务时，要以客观、全面和发展的观点看待和适应旅游服务。

二、旅游消费服务的性质

现代社会分工的高度分化决定了服务是社会中人与人之间相互依存的关系。这是在社会分工基础上人与人之间的一种必然的关系，是在特定社会历史条件下，占有不同社会资源的人们所进行的一种合作关系。在这种关系中，各方的工作性质可能会因其是否占有社会稀缺资源而会出现差别和分工以及由此所决定的利益分配比例。但是，各方的工作是达成最终结果的必要条件，其人格地位应该是平等的。否则，人格代价的付出必将阻碍社会生产力的发展，并最终导致一种新型的人与人之间关系的产生。这是人类历史已经证明了的真理。

与其他行业的服务相比，旅游服务具有其特殊性，其特殊性主要表现在以下几个方面：

1. 服务行为的独立价值性

在一般商品中，人在生产中所创造的价值都计算在最终形成的产品或者商品的价值中。然而旅游服务作为一种产品，其服务行为价值是单独计算的。在实际的旅游产品销售过程中，单独列出了“服务费”一项就是明证。

2. 对消费的辅助性功能

在其他行业中，虽然也有现场的指导和示范，或者也渐渐地增加了售后服务的内容，但几乎都无法与旅游业服务人员为消费者提供的帮助更为直接和提供服务时更为亲密。这种“直接”和“亲密”的功能在顾客的成功消费中的作用是巨大的，高级和正规的酒店是不可能只为客人提供房间和一般用品而要求客人自己去清理房间的。

3. 特殊的时间性价值

在其他行业中，虽然也存在着库存积压和商品价值损耗直至完全报废的可能，但是，旅游业的产品是具有更为特殊的时间性价值的。例如，一间客房如果当天没有完全销售，其当天的价值就永远消失了，第二天的销售只能是第二天的价值。当然，我们必须说明，其他产品在库存状态时也是没有实现其价值的，如果永远无法实现销售，那么它的价值也是逐渐消失的。时间价值性是所有商品的属性，只是旅游产品在此方面表现得更为特殊罢了。

4. 标准化、规格化与个性化的统一

现代旅游业的一个最为重要的特征就是其标准化、规格化和个性化的统一。例如，饭店房间的标准是由国家以标准形式确定下来的，有关菜肴的菜谱、制作工艺和标准也是有着明确标准的。服务中的程序是标准化了的，服务中的礼貌用语是标准化的，同时，饭店还为不同的客人提供符合其个性特色的服务，这种个性化服务也在管理中作为高级标准化形式确定下来。没有标准和规格，生产只能在一个人或者极小规模的情况下完成，而无法实现规模化生产。

5. 特殊的转移性

过去，人们一直认为旅游产品具有不可转移的特点，要消费旅游产品，只能到饭店、旅行社、旅游景点中去才能实现。而现实中的实践者早已打破了理论家们的断言，饭店中的“外卖”或“外送”服务、海滨酒店为顾客提供的“客房帐篷”等就是最为典型的例子。而“不可转移性”的论断只能阻碍饭店业的发展和局限饭店实践者们的思维。

6. 生产与消费的时间紧密性

一般来说，其他行业的产品生产和消费的时间间隔是较长的，因为中间的运输、上架等销售前的工作较为费时，而旅游产品生产是在客人提出具体的要求之后才进入实质性运作的。如何让客人等候时间最短，已经成为旅游业服务质量的一个重要的标准，体现出了生产与消费的时间紧密性特点。

7. 可观察性

在其他行业中，生产过程是消费者无法观察的，而在旅游业的产品生产过程中，许多生产活动都是在客人在场的情况下进行操作和表现的，是在客人的直接监督下从事生产活动的。现在，就连过去一直被认为绝对不可让客人观察的餐饮产品的生产，也从后台走到了前台，并且，成为餐饮中的高档消费形式。

第二节　旅游消费服务的先决条件

客我交往是确定旅游服务工作的先决条件，也是旅游业服务人员的一项极其重要的职责。

服务工作是“与人打交道”的工作。要做好服务工作，就必须研究与人打交道的学问。

一、客我交往

客我交往是指旅游服务人员同旅客之间为了沟通思想、交流感情、表达意愿、解决在旅游活动中共同关心的某些问题，而相互施加各种影响的过程。它包含有交际和沟通思想的相互关系，也有交际和活动的相互关系等。它是旅游服务存在的条件和方式，没有客我之间的交往也就不可能有旅游服务。

1. 客我交往的类型和方式

在旅游活动中客我交往是普遍存在的。不论是服务人员独自解决问题，还是同旅客发生联系，对服务人员来说，都包含有交往的因素（明显的或不明显的),决不是孤立的活动。

在旅游活动中客我交往比较复杂,有直接的(面对面的)和间接的(通过设施、设备或技术手段,如各种管道、交通工具、床位、电话等)、互相的(谈话)和单方面的(导游解说)、个人之间的(两个人或两个人以上)和群众性的(在餐厅里、在游览车厢里、在旅游团里)等种种类型。从表现形式上看,有呼应型也有交叉型。呼应型也称应答型,它符合对方心理企求,使交往双方情绪愉快,关系融洽,效果理想。交叉型也称对抗型,这种交往不符合对方的期待,易使对方情绪不快,关系紧张,易中断往来。

客我双方交往,目的在于解决共同关心的问题,为此双方彼此都积极给对方施加影响。常见到的影响有三种。

(1)说服,即讲道理,就是通过给对方讲一系列有关知识和具体实事,使对方形成新的态度,改变其原有的某些观点和行为。从而消除其对劝说者的一些怀疑。

(2)提示,即不需经任何论证而对对方施加影响,也就是说,提示者讲的话可以使人信以为真,不加任何怀疑地接受下来。

(3)诱导,即提供者把旅客的需要变换成易于接待的形式而主动做的工作,它是旅游业方面为了使旅客利用它应该提供的并且业已准备好的东西所进行的活动的总称。诱导的方法最重要之点,就是不强制对方去做,而是让对方自主地去选择。

2. 客我交往的特殊性

在具有人与人关系的旅游服务行业中,旅游服务人员与旅客的关系本应是对等的,但由于旅游服务人员所处的特定角色,以及旅客所处的特定地位,在客我双方的交往中却又是迥然不同,具有其一系列自身的特点。这些特点表现为:个人关系是短暂的;双方都立足于眼前的满足;就主人的知识为一方面和旅客的金钱与地位为另一方面而言,接触的双方是不对称的;对旅客来说环境是新奇的;通常有一种重要的文化上的距离隔开了接触的参加者。由于以上特点,决定了旅游服务与一般的服务不同,其特殊性主要表现为:

(1)不稳定性。旅游服务是人对人的活动,它与一般“商品”截然不同，人走茶凉，具有不稳定的特性。比如人们购买获得好评的食品，结果发现名不副实；去住人们称赞的宾馆或利用某一知名度高的旅行社，结果发现服务并不佳。这两种情况是性质不同的问题。前者食品（商品）相同，评价各异；而后者服务是否相同则是个大问题。如果是做法相同，评价似乎也会有个人的差异。纵然采用相同的做法，但如果接受这种做法的客人有差异，如客人的社会地位、经济利益、文化背景、喜怒哀乐的情绪变化等不同，那服务也就可能成为不相同的事物了。因此在旅游服务中很难形成"人投我以桃，我定报之以李"的互利关系，但却容易出现"1+1=0"这种特殊现象，即一般的旅客接受服务员的一般服务，其结果是没有冲突，也没有美好的回忆。

（2）个体与群体的兼顾性。在交往中，一般情况下旅游服务人员接待的是一些个性心理相异，具有不同消费动机和消费行为的个体旅客，因此，在交往中依据个体旅客的个性消费特征向他们提供服务，就成为交往的主要方面。但旅游活动的复杂与特殊现象，使得一些同一阶层、同一文化、同一经济条件、同一职业的人聚在一起组成同质旅游团，在消费过程中便出现从众、模仿、暗示、对比、感染等群体消费特征。旅游业接待服务人员在与旅客交往中必须注意个体与群体性的兼顾。

（3）有利性。旅游服务人员同旅客的交往不同于与一般人的交往，因为绝大部分旅客的消费动机是十分明确的。比如旅客住宿、就餐、乘坐交通工具、打电话、游览古迹与风光等。又如旅客年龄、性别、职业、国别、民族等，也能为我们与旅客更好地交往提供重要的参考资料和有利的条件。

（4）主观性。由于旅游服务人员和旅客心理上的差异，往往在一些问题上出现不一致的情况，如何处理这些问题，交往主体常常会根据自己的经验和已掌握的资料进行主观假设，这就容易违背客观实践性原则。另一方面，在研究分析一些问题时又可能掺入一些非真实性的东西，也会影响交往的效果。

二、客我直接接触

凡是同人打交道的工作，都要针对具体对象个别进行工作。旅游服务工作当然也不例外。旅游服务人员在与旅客的交往中要想取得理想的效果,关键取决于旅客的特点、旅游服务人员所具有的特点及双方相互配合的效果。

1. 主客双方的心理特点

为使主客交往顺利进行,在服务中,就要调整好主客之间的相互关系,为此必须对双方个性特点有透彻的了解,在一般情况下,要研究每一个人是不可能的,而且也是不必要的。尽管人的特点多种多样,但总能找出相似之处。这样就能根据主要的特征把人们分为不同的类型,从而集中精力去分析各种类型的典型人物。由于主客是处于暂时相互关系中,若以影响旅客消费的个性和其对他人他事一贯的处事态度来把握旅客的心理,显然是比较困难的。依据心理学的研究,如果我们完全抛开与人的行动所同时产生的内心感受,那么就可以把人的心理状态看作是积极性和情绪性的结合。

假设存在某种可以测量人的积极性与情绪性的单位,我们再取单个人的积极性和情绪性的平均值作为读数的起点(即零点),那么,该人的积极性和情绪性的高涨就可以用正数表示,低落用负数表示。为了直观起见,我们将上述情况画成坐标图(见图 10－1 所示),X 轴代表情绪,Y 轴代表积极性。显然,表示情绪和积极性的具体数值在图上总可

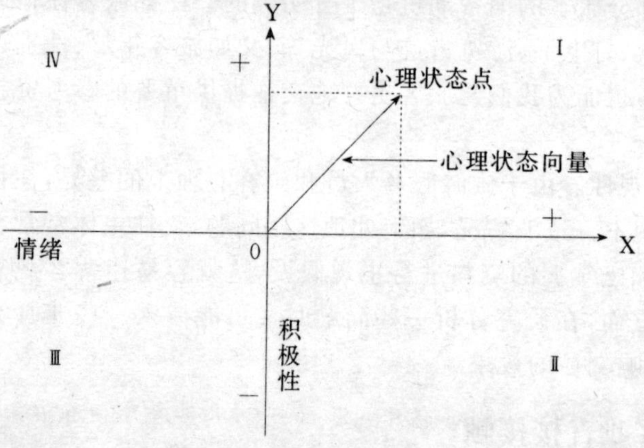

图10－1　心理状态图示

以找到交叉点的。这个交点则表示人的心理状态，它既标志着人的情绪位置，也标志着人的积极性位置。

从图中可以看出，可能出现的各种心理状态基本上分为四种类型，即坐标系划分的四个区域。

Ⅰ区的状况表示情绪很好，积极性也很高。在这种情况下，一般人的表现是心情愉快、积极主动、善于近人。这对旅客来说，意味着游兴浓，兴致高，消费欲强烈，乐于与服务人员接触；对旅游服务人员来说，则意味着热情很高，乐于进取和为他人奉献。但必须指出，人的情绪和积极性的高涨对人的交往并非是永远起促进作用，如果超越了某种最适宜的限度，过于积极和兴奋，就会使人的交往行为杂乱无章而失去明确的目的性。

Ⅱ区（顺时针方向）的状况表示情绪很好而积极性不高。在这种状况下，一般人是沉着冷静，消极被动，礼貌适度，行动缓慢而稳重。这对旅客来说，意味着不慌不忙，小心翼翼，无所苛求，或游兴一般；对旅游服务人员来说，则意味着殷勤适度，缺乏主动，不爱理旅客。

Ⅲ区的状况是情绪不好，积极性不高。处于这种状态的人一向是沉默寡言，冷淡，昏昏沉沉。对旅客来说完全丧失游兴；对接待服务人员来说，心中没有旅客，好像不在岗位上。

Ⅳ区的状况是情绪不好而积极性很高。在这种情况下人们易激动，爱找碴儿，凶狠，好挑衅。对旅客和服务人员来说都失去了正义感，不可能也不想去了解对方。一句话，主客双方若在此状态下交往最易导致冲突。

在实际的旅游活动中，旅游服务人员的情绪和积极性会因时空的变化而变化。但不管时空如何变化，凡是面带微笑或眉飞色舞的人，情绪和积极性都是比较好和比较高的，凡是表情冷淡、眉头紧锁的人，大都是情绪不太好、积极性也不高的人，这种人很可能有心事或有怨气。

2．主客双方的直接接触

假如旅游服务人员与旅客的心理状态出现在不同区内进行交往，交往能否成功，首先要看他们心理状态的方向差别有多大，其次再看他们的心理力量的对比如何。不管怎样，只有积极性的合力呈正号的情况下才有实际意义。一般情况下，合力在Ⅰ区的位置越固定不变，交往的效果就越好，而合力在Ⅳ区的位置越牢固，则交往的效果就越差。如果合力位于X轴下边，则表明主客双方没有进行有效的交往或交往效果平平。下面我们借助图表来具体分析一下主客交往的一些细节。

(1)如果A为服务员，而B为旅客(如图10－2所示)，那么，让消极的旅客积极起来就没有什么必要了。相反，假如A为旅客，而B为服务员，在这种情况下服务员是不称职的，这种昏昏沉沉的服务员会使心情好的旅客变得愤怒起来。

(2)图10－3表明，积极性并不是随时都能用得恰到好处的，服务员M由于消极地对待将要吵架的旅客A，结果使合力OK移到服务效果较好的Ⅰ区，而服务员N虽非常积极，却不能将合力OC移出冲突区Ⅳ区之外。

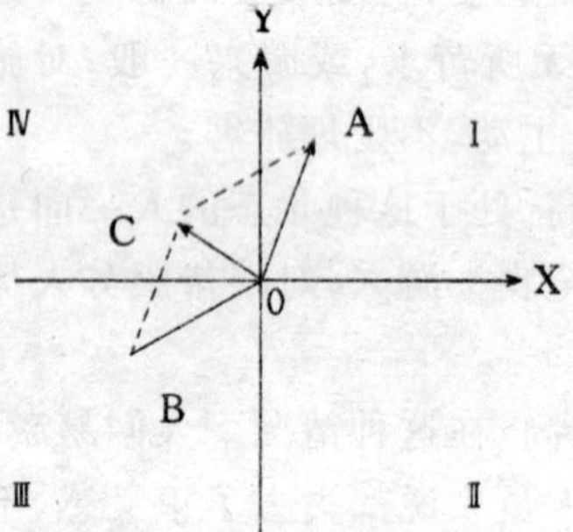

图10－2

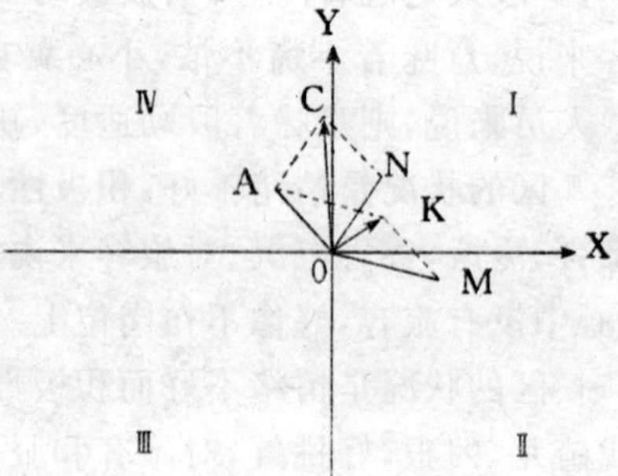

图10－3

(3)为了使冷淡的旅客A积极起来(如图10－4所示)，服务员N只好表现得特别活跃(非常积极)，他的情绪已经提高到“无以复加”的程度。结果他达到了目的：合力OK出现在Ⅰ区。服务员N虽然也采取了积极行动，因努力小了些，他失败了，合力OP在零点以下。

(4)服务员M_1同旅客A(如图10－5所示)在一对一的“战斗”中感受到，尽管他尽了最大的努力，仍不能得到好的交往效果，OP仍在冲突区内。于是，他采取消极的行动M_2，却避免了冲突，OK移出冲突区到Ⅲ区。Ⅲ区虽然不能成交，却不会产生不良的影响。

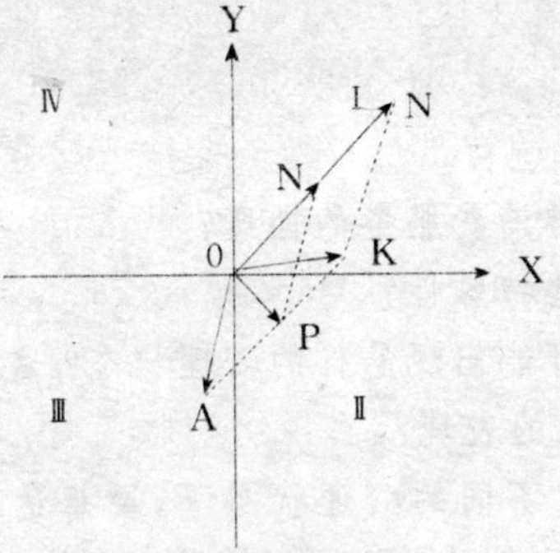

图10—4

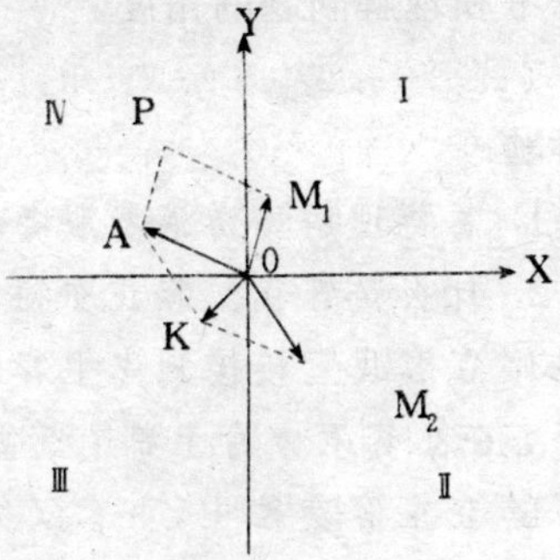

图10—5

3. 主客交往的基本策略

依据上述情况的分析，旅游服务人员在为旅客服务的交往中要想达到较好的交往效果，应遵循如下策略：

(1)投石问路——服务探测策略。即在对旅客还没有形成初步印象之前，言行要谨慎，最好先设法试探，尔后在服务中再判断其心理状态。

(2)先谋后事——服务战略策略。当我们在了解旅客的心理状态的情况下，服务人员究竟应当依据旅客的心理状态先为其提供服务，还是先预防冲突？慎思之后再行动。

(3)借风扬帆——服务心理策略。如果旅客的情绪很好，旅游服务人员应努力发挥自己的积极性。

(4)以退为进——劣势定位服务策略。如果旅客情绪不好，显得激动，又想和人争吵，其言行很难预料时，旅游服务人员应有分寸地限制自己外在的积极性，给旅客提供最大限度的行动自由，服务语言要简洁准确，语气要平和，使旅客有一种安慰之感。

(5)以情感人——柔性服务策略。面对消极冷漠的旅客，改变他们的态度和行为是一件难事，旅游服务人员在充分发挥自己的积极性的同时，行动要谨慎。

总之，主客心理状态充满着许许多多实际的内容，客我交往并非一个简单的过程，旅游服务工作在不同的行业中会有其独特的表观，本章所阐述的仅是一些普遍性的原则，目的在于为以后各章的学习提供一个思考和理解问题的角度。

思考题

1. 怎样理解旅游消费服务和旅游消费服务的性质？

2. 什么是客我？客我交往有哪些特殊性？

3. 在客我直接接触中主客双方可能出现怎样的心理状态？这些心理状态在主客双方身上都有哪些明显的表现？

4. 在主客交往中，主客双方处在不同的心理状态下，要想达到理想的交往效果，旅游消费服务人员应具备什么样的心理状态？遵循哪些基本的交往策略？

第十一章　优质服务与服务心理

学习目的

通过本章的学习，使学生明了旅游服务质量是服务业的基石，关系到旅游企业的知名度和美誉度，决定着旅游消费者对旅游企业的“向心力”和“离心力”。了解服务质量是通过服务态度、服务语言、服务技术等体现出来并掌握在旅游企业每个职工的手中的。

基本内容

● **良好的第一印象，良好的服务态度**

创造良好的第一印象服务人员应具备的素质

服务态度的功能

良好服务态度的确立

● **亲切的服务语言，高超的服务技术**

服务语言的心理功能、特性、表达效果

服务技术的心理功能、提高服务技术水平的途径

● **科学的服务时间，准确的服务时机**

科学的服务时间策略

服务时机的心理作用及把握

● **针对性的对客服务，针对性的人际交流**

人际交流理论分析

人际沟通类型与相互作用分析

●尊重旅客,积极诱导

用姓名称呼客人

保护客人的自尊心

礼貌地接待客人

客人就是上帝

诱导的概念

诱导的条件

●正确处理客人的投诉

投诉心理

投诉对策

第一节 良好的第一印象 良好的服务态度

一、良好的第一印象

创造良好的第一印象对服务工作至关重要,它不仅能在服务工作一开始就给旅客一个好印象,还为以后各阶段的服务打下坚实的基础。在一次与旅客的初次接触中,服务员的一张笑脸,一句亲切的话语会使旅客顿感安慰值得信赖。如果接触时服务员表情冷淡,马上就会使旅客觉得受到伤害。为此,在服务工作中给旅客留下一个良好的最初印象是不容忽视的。作为服务人员必须明白,良好印象的塑造首先要有良好的个人素质和具备一定的条件。那么,为了创造良好的第一印象,服务员应具备以下个人素质。

1. 明确的角色意识

作为服务员必须意识到自己在接待服务工作中扮演的是服务员的角色,即要摆好与客人的位置。服务员是为旅客服务的,不管在什么情况下，特别是在服务的初始阶段更是如此，他必须要尊重客人，要让客人比自己“高一点”。

2．敏锐的观察力和准确的辨别力

由于旅客的职业、身份不同，住宿、游览动机各异，接待服务人员应用敏锐的观察力和准确的辨别能力，在与旅客接触的较短时间内，从客人的着装、表情、物品、口气、气质等方面作出准确的判断。判断是新客还是熟客，是什么身份和地位等，以便做相应的接待和服务。比如，客人是政治家，服务员则将音量放大，使周围的人都能听到他的名字。如果客人是演艺人员，因不愿曝光，服务员就要注意在私下里接待服务。

3．出色的表现能力

服务员与客人的交往是短暂的，不可能指望“日久见人心”。因此，服务员要想在接触的初期给旅客留下好的印象，就必须具有较强的表现能力，把自己对旅客的关心、体贴通过自己的言语、行动和表情表达出来。

4．较强的感染力

服务人员要想在服务初始阶段能在旅客心目中创造一个良好的形象，在情绪上必须持续稳定，精神饱满，时刻保持乐观精神，应酬自然，面部表情和蔼可亲，言语精练，动作轻盈，用真挚的情感去感染旅客。

谁都知道不应该以貌取人。但由于我们和旅客的接触时间极短，旅客决不会用“日久见人心”来确定我们是否可靠、真诚，是否行家里手。因此，除服务员具有良好的素质外，还必须具备如下一些条件以影响客人。

第一，端庄的仪表，优雅的姿态。

第二，和蔼的笑容。

第三，热情、诚恳、耐心、体贴的服务言语。

第四，高效、公正、准时、主动的服务精神。

总之，最简单的做法就是旅客希望你怎样对待他，你就怎样对待他。

二、良好的服务态度

服务态度是服务人员对旅客和服务工作的一种行为倾向。良好的服务态度是优质服务的重要内容，也是旅游业树立企业正面形象的关键因素。它影响旅客的消费行为，影响主客之间的关系，影响企业的信誉，影响企业的经济效益。旅游服务态度是旅游企业家们所关注的焦点，也是广大的旅客所注意的中心。

1. 服务态度的心理功能

由于态度的强度和方向的不同，对旅客的心理和行为的作用和影响也不同，具体表现在以下两个方面：

(1)感召与“逐客”功能

感召功能是指良好的服务态度对旅客所产生的吸引力。“逐客”功能是指低劣的服务态度给旅客造成的心理反感和心理“威慑”。

在旅游活动中，我们常见到如下一些情况，有些旅客对某些景点非常感兴趣，有些旅客非常乐意选住某一饭店，某些旅客特别喜欢接受某一旅行社的服务。这是为什么呢？是景点别致，是饭店豪华，是旅行社有强大的接待队伍吗？都不是。究其原因，人们所回答的大都是因景点、饭店、旅行社服务人员工作热情、主动、服务周动、有礼貌、肯为旅客排忧解难等良好服务态度所吸引。可见，良好的服务态度，犹如粘合剂，会使旅客和服务员更加亲近。它又像催化剂一样，会促使旅客加快实现由消费动机向消费行为的转化。它还像磁石吸铁一样，吸引旅客再次惠顾。它还像美容师，为企业塑造光辉的形象，赢得顾客好评。在实际旅游活动中，我们还可看到另外一种情况：服务人员服务态度低劣，对旅客不尊重，不一视同仁，甚至冷嘲热讽，挖苦斥责，出难题，设障碍。使得旅客心灰意冷，或望而怯步，或另辟蹊径，以至旅客跑掉。这是低劣的服务态度作用于旅客所产生的恶劣后果。

(2)感化功能和激化功能

感化功能与感召功能在心理作用上是相似的，只是在程度上有所不同。感化功能轻于感召功能，它也是服务人员以优良的服务态度对旅客所产生的一种吸引力。感化功能与感召功能相比，虽不能使旅客产生较强的趋向力，但它却能起到化解旅客不满情绪和转变旅客对企业和服务看法的作用。在旅游市场上，我们常见到某些旅客对某些旅游产品并不十分满意，但由于旅游服务员的热情好客、诚恳待人之举，使得这些旅客转变了看法。这就是态度的感化功能所起的作用。

激化功能正好与感化功能相反，它是指在服务工作中服务员本身工作上的不热情、不主动、不耐烦，致使旅客产生情绪波动、理智失控、心理冲突加剧的心理作用。这种作用常常产生不良后果。

2. 良好服务态度的确立

服务态度对作好服务工作具有重要的心理功能，这已成为旅游业界的共识。那么，怎样才能使旅游服务人员在服务中表现出良好的服务态度呢？解决这个问题，是很复杂的，它既涉及服务人员自身意识，也涉及社会和周围的环境条件；既包含服务员自身可控制的因素，也包含服务员自身不能控制的因素。因此，必须综合考虑，多方入手。

(1)自我尊重

自我尊重，这是服务员对自身做服务工作的看法问题。这一问题的解决对做服务工作十分重要。如若服务员不能正确对待自己所作的服务工作，那他就不可能有强烈的服务意识，更不会主动热情地为客人服务。常言说得好，“欲得人重，必先自重”。自我尊重，这是作好服务工作最重要的心理条件。如果一个服务员认为自己干服务工作不光彩，低人一等，他必然因自卑感而厌恶服务工作。当他身感旅客有不尊重自己的迹象时，他会以维护自己的尊严为由，而与旅客翻颜相斥，或据理相争，或态度粗暴，或表现出不耐烦等。因此，要确立良好的服务态度，首先要自重。

(2)自我提高

自我提高，就是要求服务员要提高自己的文化修养、职业修养和心理素质。因为一个人的文化知识与职业知识，能使一个人眼界开阔，理智成分增强，从而影响其职业观念和处事态度。良好的心理素质，如忍耐力、克制力和稳定乐观的心境，能使一个人主动自觉地形成和保持良好的服务态度。

(3)完善服务行为

服务行为常被旅客称为服务态度，为此，确立良好的服务态度，就不能忽视服务员的服务行为。服务员的服务行为常表现在服务表情、服务举止和服务语言三方面。为此，完善服务行为，一是要求服务员有愉快的表情，有发自内心的自然微笑。二是要求服务员站立姿势要挺直、自然、规矩，行走时要平稳、协调、精神。三是要求服务员有良好的语言表达能力“好话常说”、“好话好说”。

(4)改善服务环境

环境影响情绪，情绪影响态度。良好的环境会使服务员产生愉快的情绪，愉快的情绪会使服务员表现出良好的服务态度。如果一个旅游企业环境条件差、设备简陋、用品陈旧，或客流量大、工作无秩序，干群之间不协调、同事关系紧张，必然会使服务人员情绪低落。一旦这种情绪转嫁给旅客，就会形成一种失礼的服务态度。为此，旅游企业就应想方设法改善工作条件，协调人际关系，改进领导作风，密切干群关系，科学地进行企业管理，为确立良好的服务态度创造良好的工作环境和条件。

第二节　亲切的服务语言
高超的服务技术

一、亲切的服务语言

服务语言，是指在旅游服务过程中，服务人员借助一定的词汇、语调表达思想、感情、意愿，与旅客进行交往的一种比较规范的并能反映一定文明程度的而又比较灵活的口头语言。服务语言影响旅客的心理和行为，也影响旅客对服务工作的评价。

1. 服务语言的心理功能

语言具有社会性，对人的心理和行为会产生重要的影响。在旅游服务中，服务言语适当得体、清晰、纯正、悦耳，就会使旅客有柔和、愉快、亲切之感，对旅游企业和服务工作产生良好的反应。反之，服务言语“不中听”、生硬、唐突、刺耳，客人会难以接受。强烈的言语刺激，很可能会引起旅客强烈的不满和“反唇相讥”行为，严重影响企业的信誉和旅客对服务质量的评价。

2. 服务语言的特性

旅游服务语言不同于一般的语言，它具有自身的特点，主要表现为灵活性、时代感强和浓厚的职业特色。

(1)灵活性

旅游服务工作面对的是不同国家，不同地区，不同文化，不同职业、年龄、地位，不同风俗和习惯的旅客，服务语言一定要因人而异。也就是说，见什么客人要说什么样的话。如果只使用机械不变的服务言语，见客人都是“您好”、“欢迎光临”，也就显不出个性服务。见客人都称“同志”，使一些西方人感到费解。见客人都说“谢谢”，使客人会感到你太谦卑、太虚伪。如果使用言语不考虑对象，会使客人产生误解。比如说：“您到哪里去”，中国人感到是你对他的问候，而外国人则认为你干涉了他的私事，等等。因此，服务语言要想达到良好的效果，必须要灵活多变，因人而异。

(2)时代感强

旅游服务语言是一种较高程度的社会文明用语，具有明显的时代特征。在当今社会上常见到的服务用语，如称男士为先生，称女士为小姐、太太，称官员为阁下，称企业家为老板、经理、老总等，如果还使用掌柜、相公、张氏、李氏等，显然已经过时且显得庸俗。

(3)浓厚的职业特色

服务语言是典型的职业用语，它的语言主体大都是由职业词汇构成。一般情况下，导游服务用语多以风景园林、历史典故、建筑风格、地理地貌、名胜古迹、风土人情等词汇为语言主体。宾馆服务用语多以介绍客房设施、设备、床位、电器、中西餐、名酒、菜点等词汇为语言主体。一般迎送服务用语多以“欢迎”、“早安”、“晚安”、“您好”、“再见”、“先生”、“小姐”、“太太”等词汇为语言主体。

(4)声、情、形并茂

好的服务语言应是声音、表情、动作相互烘托，融为一体的。如果只有发音，不以动作、表情相配合，有言无形，有声无色，就会失去服务语言的特色。所以，旅游服务人员在运用服务语言时，应以生动的面部表情、动作和声音这些流露在外表的感情，去表达自己对旅客的体贴和关心，从而去感染旅客，引发旅客积极的消费欲望，促使其消费行动。

3．提高服务语言的表达效果

对以语言交往为主要工作内容的旅游服务人员来说，服务语言如何表达是事关服务质量和服务态度的重大问题。因此，提高服务语言的表达效果就显得更为重要。那么，如何提高服务语言的表达效果呢？

(1)运用动作的力量

动作与语言的表达力和感染力之间的关系是极为密切的。优雅得体的动作，会增强语言的感染力量。旅游服务实践证明，只要配合服务语言的动作明确，意向清楚，语感、声调相宜，就会使旅客的听觉和视觉同时得到良好的“双向刺激”，收到增强语言感人程度的效果。

(2)发挥表情的作用

心理学研究成果表明，当人的视觉和听觉同时进行工作时，听觉收到的信息(语言刺激)与视觉看到的映象是相互作用的。二者既互相促进——有效地烘托语言与映象的感染力，又互相制约——抵消和削减乃至破坏语言或映象的效果。因此，旅游服务人员在使用服务语言时，一定要与表情相配合，使旅客在听觉和视觉上同时受到刺激，使大脑兴奋起来，迅速产生共鸣，从而使服务语言达到最佳效果。同时还要针对旅客的情绪变化，随时调节自己的表情，使服务语言产生强大的艺术感染力，以此打动旅客。

(3)注意说话技巧

为使旅游服务语言达到良好效果，服务员在与旅客交谈时，语言应准确精练，想说什么，想表达什么意图，应紧紧抓住“中心”，绝不能虚虚飘飘，使人不知所云，影响旅客的情绪。如果为追求语言美而乱用词汇，或使用冷僻字，将会使服务语言失去“重量感”或出现误解现象。另外，要注意语法修辞。语言中语法错误，修辞不当，也会使旅客产生误解。服务语言最基本的出发点就是尊重客人。因此，服务员说话一定要因人而异，符合旅客要求，使旅客有亲切、自然、顺耳、满意之感。

(4)讲究说话艺术

旅游服务语言具有鲜明的职业特点——服务性。从事旅游职业的服务人员必须要讲究说话艺术，才能使服务语言在提高旅游服务质量方面发挥重大作用。一般说来，服务语言艺术的标准是相当明确的，如主动热情说服务的话，耐心周到地做服务的事，文明礼貌地当好旅客的“向导”，设身处地地给旅客当好“参谋”，让旅客得到物质和精神上的满足。为此，旅游服务人员在与旅客讲话时，就要注意多使用恭敬和谦让、道歉和致谢、赞扬和祝愿、理解和安慰、顺耳且亲切等富于人情味的言语。

4. 典型的服务语言范例[①]

千万别这么说：

(1)还要什么？

(2)这我可受不了。

(3)不行。

(4)不可能。

(5)绝对不行。

(6)那是您的事儿，不是我的事儿。

(7)人家可不是雇我来干这个的。

(8)我不知道。

(9)您以为我专干这事儿？

(10)您自己瞧着办吧。

(11)您以为这是哪儿？

(12)我不能为您效劳。

(13)您找错地方啦。

(14)您要我重复多少遍？

(15)我们不能只伺候您一个。

(16)别以为您了不起。

---

① 选自汪家荣、史美珍译：《西方企业的服务革命》，旅游教育出版社 1989 年版，第 30～36 页。

(17)有是有,就是贵。
(18)对您来说肯定太贵。
(19)过一阵儿再来吧。
(20)写信给老板去告呀。
(21)您写吧,会有人答复您的。
(22)也得让人休息啊。
(23)行啦,没别的办法啦。
(24)我不用您来摆布。
(25)这可不合我们这里的规矩。
(26)请排队。
(27)您就不能像大家那样排队吗?
(28)下班了,我跟您说了!
(29)没有零钱可找。
(30)您听了可别不高兴,这都是一种价。
(31)您到别处去瞧瞧吧。
(32)您想把我怎么样?
(33)我们不能只顾让您满意就改变我们的规章制度。
(34)我就是这个模样。
(35)这不是我的过错。
(36)算您走运,这是最后一件……
(37)您瞧您要错过机会了。
(38)左边第一个门。
(39)没货了。
(40)您没看布告吗?
(41)您知道这卖多少钱?
(42)我就挣那么点儿钱……
(43)这儿不是问讯处。
(44)别碰!
(45)这是为了什么?
(46)您想干什么?

(47)我可顾不上……
(48)以后再打来。(指电话)
(49)不是这儿,这座儿有人订了。
(50)过后又该赖我啦。
(51)我忙不过来。
(52)不是时候。
(53)这下子可倒霉透顶了。
(54)我可决定不了。
(55)这不关我的事儿。
(56)再见。
(57)完了吗?(指电话)
(58)对我都一样,无所谓。
(59)有人会管的。
(60)您能书面确认吗?

现在请把下列句子和前面的那些句子作一比较。

最好这么说:

(1)我还能为您做点儿什么吗?
(2)这事儿我管不了,请您最好……
(3)也许行,不过还得等一阵儿。
(4)这样的事儿,我们以前还从来没有发生过。
(5)这样事儿,我们过去从来没做过,不过为什么不能试试呢?
(6)我们共同研究解决吧。
(7)这不属于我的职责范围,不过我可以为您代劳。
(8)我去问问。
(9)请稍等,我来帮您办。
(10)真不巧,不过要是您能稍等一下……
(11)我们对这可不在行了。
(12)愿为您效劳。
(13)请您找我的同事,在那儿。
(14)您需要我再向您解释一下吗?

(15)问题既然已经提出,那我们就尽力而为吧。
(16)这很正常,我们是干这行的。
(17)我们这儿是按质论价的……
(18)这就看您准备花多少钱了。
(19)这也许不太着急吧。
(20)我们的董事长是有信必复的。
(21)我们对每封来信都很重视。
(22)那时我将去度假,可我的顶班会帮助您的。
(23)既然这能使您高兴……
(24)我听您的吩咐。
(25)我们没这方面的经验,咱们一块儿研究解决吧。
(26)已经有人在排队等候了。
(27)要是您没时间排队,请您最好改日再来。
(28)很抱歉,我们已经关门了,明儿见。
(29)您恐怕不会一点儿零钱也没有吧?
(30)很难使每位顾客都满意,不过我们愿意尽心去做。
(31)您或许可以在……商店买到。
(32)我理解您,可是……
(33)我很乐意让您满意,可是……
(34)我可实在没别的办法了。
(35)可惜这事儿实在跟我无关。
(36)恰好还有一件……这是为您留着的。
(37)您找哪一位?我马上给您接过去。
(38)我领您去。
(39)(具体日期)……以后就有货。
(40)已经贴出布告了,不过我可以把内容告诉您。
(41)顾客一定考虑到了,这是一笔可观的投资。
(42)好吧,就看在您的份儿上。
(43)我回答不了您的问题,请您找……(人)问问。
(44)我尽量帮助您,可这事我得和……(人)打个招呼。

(45)我们没这个规矩。对不起!

(46)我们都很忙,不过我们会关照的。

(47)您能稍过一会儿来吗?

(48)您知道,我不能一个人说了算。

(49)请原谅,这座儿有人订了,您还喜欢哪个座儿?

(50)请留言,会有人给您回电话的。

(51)这事儿我真的管不了。对不起!

(52)我能帮助您吗?

(53)有人招呼您了吗?

(54)我在这儿就是为您效劳的,您要我帮忙吗?

(55)请您找……(人),她比我了解得更清楚。

(56)再见,谢谢您使用本公司的电话。

(57)要是您有别的问题,请尽管再来电话。

(58)谢谢您给我们提出宝贵意见。

(59)我一定亲自处理。

(60)我已经作了详细记录,我来办必要的手续。

二、高超的服务技术

服务技术是服务人员对服务知识和操作技能掌握的熟练程度。它同服务态度、服务语言和服务项目一样关系到整个企业形象,影响着旅客的消费行为,也是优质服务的极其重要的因素之一。

1. 服务技术的心理功能

服务技术有高低之分,内容涵盖有知识和操作两个方面。一般说来,服务员技术水平高者,不仅有娴熟的加工制作技巧,超群的服务技艺,而且还有丰富的知识和信息。在旅游服务方面,被称为"百事通"、"活字典"、"服务标兵"、"服务模范"、"先进工作者"、"高级厨师"、"高级导游员"等称号者多具有上述技术水平。凡具有上述技术水平者,一般是服务时间短、效率高、动作麻利、指向性准确、成果非同一般,易使旅客产生一种安全、可靠、欢乐、美好享受和继续消费的心理和行为。反之,如果服务员信息和知识贫乏,操作加工粗略、笨拙,会给旅客以失望感，影响其消费。

2. 提高服务技术水平的途径

高超的技术水平，是向旅客提供优质服务和满足消费需要的坚实基础。为此，努力提高服务员的技术水平，是十分重要的事情。

服务技术水平的提高涉及方方面面。从服务人员来说，应努力提高自身的文化素质，端正对提高服务技术水平的态度。从旅游企业来说，应努力完善各种规章制度，创造良好的环境条件。

服务员的文化素质表明服务员在经过接受教育对文化知识的熟练掌握后所达到的心理水准及由此所产生的心态，这是服务员学习服务知识、掌握操作技术的必要心理条件和基础。服务员对提高服务技术的态度，是服务员对提高服务技术水平和服务质量的内在准备。一般情况下，服务员态度端正，一心想着旅客，有事业上的进取心，就会有提高服务技术的热情和持久的内在动力。

旅游企业方面的种种因素是制约服务技术提高的重要因素。比如旅游业对服务员技术水平的考核、奖惩制度，旅游企业领导的重视程度，企业日接待旅客的人数，旅客对服务技术高低的反应强度，旅游企业设备的新旧程度，以及企业服务人员对提高服务技术的紧迫程度与气氛等，都对服务员技术水平的提高产生重要影响。

第三节 科学的服务时间 准确的服务时机

一、服务时间的心理影响

在旅游活动中，服务员的工作和旅客的游览、参观、进餐、住宿都有一个时间过程。这一过程都存在着各自的“起始点”和“终结点”。这样，服务工作的“起始点”和“终结点”能否和旅客对服务需求的“起始点”和“终结点”相一致，对旅客的消费心理和消费行为的影响是大不相同的。

一般说来，如果旅游服务时间和旅客的消费希求时间基本一致，旅客就会感到便利和满足，在此时间里旅客就会愉快地接受服务，进行消费。如果旅游服务时间和旅客的消费时间的希求不一致，旅客就会感到不便和失望，在行动上也就很难接受其服务，处于无奈的旅客，即便是接受了服务，在情绪上也会是不愉快的，后续行为会受到很大影响。

其实，服务时间不仅直接影响旅客的心理和行为，而且旅客的消费心理和行为还会受到服务时间的间接影响。服务时间的间接影响是通过服务人员在利用服务时间上表现出来的。服务员的身体是有极限的，在服务过程中，由于旅游旺季旅客较多，劳动量增大，或因天气变化，车辆、飞机出现故障，旅客贪玩、贪怀、留恋景点延长了服务时间，都会使服务人员产生疲劳，工作热情减退，进而影响服务表现，服务员的这种服务表现自然也会影响旅客的消费心理和行为。

二、科学的服务时间策略

服务时间问题是一个严肃的问题，主客双方对此都十分关注。从旅游业角度考虑，服务时间安排得是否合理，直接关系到企业的经营效益。从旅客本身考虑，服务时间安排得是否符合自己消费的需要，直接影响着实际的消费行为。为此，如何科学地安排服务时间，则是旅游业的一个重要课题。那么，如何安排服务时间呢？

1. 正常服务时间稳定不变

在正常情况下，旅游服务时间是固定的有保证的。旅游有计划的活动也都依服务时间长短来安排，从而保证活动在时间序表中顺利进行。但在特殊情况下，服务时间问题就要特殊安排，否则，服务时间与旅客的需求不符合，则会影响客人的消费行为。

2. 特殊情况服务时间的安排要有灵活性

服务时间的稳定性是相对的，但在季节变化、客流量变化以及节日的情况下，服务时间就必须作适当的调整。比如，在旅游旺季或节日期间客流量增大，饭店的整个服务时间就要延长。在季节变化情况下，冬天和夏天白天时间是不同的，如果夏天的服务时间和冬天的服务时间没有区别，那么，夏天里将有较长的时间不能被利用，客人是不会满意的。因此,服务时间的灵活安排,则是满足旅客需求的上策。

3. 各种服务项目、服务时间的安排要多样性

旅客兴趣的广泛性是不一样的,对各种服务项目的要求在顺序上也有先有后。因此,在支配消费时间上彼此都存在着较大的差异。在此情况下,如果各种服务项目的服务时间"起始点"和"终结点"都相一致,那么,就极大地限制了旅客对不同活动项目的消费要求,客人自然不满意。为此,各项服务项目的服务时间应针对这一特点实行多样性策略。

三、服务时机的心理作用及把握

服务时机是指服务人员为旅客提供服务的"火候"与"机会"。它对旅客的消费心理和行为有较大的影响。

在旅游服务工作中,常常发生这种情况,尽管服务员满腔热情地为旅客提供服务,但旅客有时不仅不领情,反而流露出厌烦或不满的情绪。是旅客不通情达理吗?当然不是。这里有一个很重要的原因,那就是服务员没掌握好服务的时机。

在实际的服务过程中,常常发现旅客对服务的"适时"非常满意。"适时"即恰到好处,会使旅客产生愉快的心情。如果服务时机"超前",旅客会产生厌烦情绪。如果服务时机"拖后",旅客会产生不满情绪。那么,如何把握服务时机呢?

服务时机的把握不是机械地靠时间、靠秒表所能做到的,它凭的是服务员的直觉或感觉,往往是需要多年丰富经验的积累,以及个人的才智和灵性才能悟到的。从某种意义上说,它是服务员在服务工作上的主动进取精神的表现。

服务时机的把握可分为主动把握和被动把握两种,并且这两种情况常常是并行的。主动性把握就是服务员主动自觉地去"寻找"和发现接待服务时机,以便提供相宜的服务。被动性把握就是旅客一旦提出某种合理的需求,服务员就应立即帮助其解决,毫不拖延地为其提供服务。应当指出,在为旅客提供服务中只要服务员有寻找服务时机的意识,就可以从中发现旅客新的服务需求,从而"变被动为主动"。

寻找或发现服务时机,首先,服务员要掌握旅客特点,并留心观察

旅客当时的体态表情。心理学研究认为,一个人的真实本性、真实自我是始终一致的,在大多数情况下旅客会作出符合本性的反应。旅游服务人员若能广开视听,尽量观察旅客当时的举止表情,并将所得到的印象归纳成对自己有利的具体线索,就能发现旅客直接或间接表现出来的真实自我。其次,注意分析旅客的交谈言语或自言自语。古人说得好,“言为心声,语为人镜”,旅客的自言自语能够反映出旅客的需求趋向。再次,正确辨别旅客的职业身份。旅客的职业身份不同,对服务工作会有不同的需求。最后,注意旅客所处的场所。因为环境不同,人们的心境也不同,对服务的需求也会有差异。以后四点概括起来,就是通过举止看需求,考虑环境场合察心境,把心境和需求结合起来定时机。

第四节 针对性的对客服务和人际交流

一、针对性的对客服务

在旅游活动中,旅客都希望服务员能针对自己的需要提供服务。从经验上看,如果能对旅客提供针对性服务,就能使旅客满意,并能获得良好的评价。但对服务员来说,旅客往往是一个缺乏稳定,有着各种各样要求、爱好的集合体。因此,完全的针对性服务是不现实的,也是旅游业不应取的态度。那么,这就要求服务员采取“灵活多变”的方针,根据旅客的性格特点在一般意义上设计服务标准。

一些经济学家依据旅客的言谈举止,把旅客分成八种类型:

1. 多虑型。这种旅客谨小慎微,有时过分小心。他们十分重视服务和知名度,很容易满足于能消除其顾虑的服务。

2. 文静型。这种旅客的特点是寡言少语,生性腼腆,说不清自己的需要是什么,在旅游活动中有些无所适从。他们喜欢置身于良好的环境和融洽的服务气氛,对一般的迎送和寒暄不感兴趣。

3. 多话型。此种类型的人与文静型相反，说起话来总是滔滔不绝，对热闹的服务感兴趣。

4. 不拘礼节型。此类人不拘小节，漫画家们常把此类客人作为嘲弄的对象。一般来说，服务员与这类客人打交道常感头痛。但只要对他们表现出友好、殷勤、适度，他们也会作出友好的举动。

5. 深思熟虑型。此类人在对某一服务作出评价或提出个人要求之前常考虑再三。他们经常举棋不定，主意多变。他们最赞赏考虑周全、安排细致的服务。

6. 性情急躁型。这类人与深思熟虑型正好相反，这类人总是不满意，并要求马上为他服务，甚至在他未提出服务要求之前，服务员就应该快速而周到地接待他。

7. 友好型。大多数旅客是此种类型，表现友好，反应机敏，通情达理。在接待中只要提供上乘服务便能使他们成为忠实的顾客。但从另一角度看，这类旅客对服务质量的要求也许是最高的。

8. 无所不知型。这类人常表现得自命不凡，盛气凌人，偶尔还会故意找碴儿。在服务中特别要注意方式方法，优质服务会消除他们的傲气。

另外，从市场营销角度看，一些专家从旅游者的消费动机、言行、职业特征等因素，将旅游者又划分为四种类型：

1. 封闭型。这种旅客外出旅游的主要目的是休养生息。喜欢家庭式的生活，喜欢有条不紊的组织工作，希望有舒适的环境并享受到与其消费相应的服务。

2. 半封闭型。这类人除休息外，还要探索。他们的旅游动机以文化为主，对每种体育活动都想试试，喜欢拍照和参观古迹，重视与其他人的接触交往，常把舒适度放在首位。

3. 开放型。此类人要求改变社会与文化环境，在游览中愿一字不漏地听导游讲解，喜欢各个国家的美味佳肴，尤其乐于品尝地方风味，对观看民俗民情表演有浓厚的兴趣，喜欢拍照，喜欢购买有异国情调的纪念品，赞赏真诚而随和的服务工作，并时常与他涉足过的其他国家进行比较。

4. 活动型。喜欢寻求与大自然以及当地居民的实际接触。有强烈的求知欲望，勇于探险，喜欢特种兴趣旅游，并要亲自体验改变环境的甘苦。他们非常喜欢民俗民情和有地方特点的烹饪，如果有机会下榻于有地方色彩的旅馆，甚至投宿于当地居民家中，更会兴致盎然。服务工作者能满足于这种高雅的旅游动机则会受到赞赏。

法国一家机构对旅游者的心理特征作了认真的研究，他们先是抽样调查，尔后采用了先进技术分析旅游者的动机（对游览、饭店所持态度等），把旅游者分为七大类，从中可以看出不同的心理特征对服务的要求也是不一样的。

1. 爱交际者（占被抽样调查总人数的19%）。在旅游中他寻求与别人交往、结识新友的机会，因此他希望能创造真正的交征条件。此类人对服务的质量与环境很敏感。

2. 生性腼腆者（占被抽样调查总人数的17%）。此类人经常寻求能打消其顾虑，能弥补其孤独感的服务。服务员的好客，饭店经理的热情友好和高质量的服务能消除其不安情绪。

3. 炫耀身份者（占抽样调查总人数的16%）。这些人旅游的主要动机是炫耀其社会名望，显示他是属于某一特权阶层的。此类人对舒适度和设施的质量要求很高，他们大都下榻于知名度高、地理位置优越、特别是人们频繁光顾的饭店。重视接待规格，重视服务员是否对他尊重。

4. 深居简出者（占抽样调查总人数的13%）。此类人外出旅游，常为离开了所熟悉的日常生活环境而惋惜，甚至不时地暗自犯愁，怕找不到住处，怕离开熟悉的文化和情感环境而无所适从，对家庭成员内外的人际关系持冷漠态度，对那些起不到保护作用的饭店一点儿不喜欢，不主张人际间有更多往来等。面对此类旅游，只要安排好舒适的房间，就会使他满意，用不着去营造热烈的气氛。

5. 探奇者（占抽样调查总人数的13%）。此类旅游者在旅游途中热情高昂，对什么都有浓厚兴趣。在寻找交往和乐趣的同时，他不忘密切家庭关系。他们对接待和气氛尤其重视，而且对其他旅客有无个性、是否乐观非常注意。他们希望提供人际交往的各种有利条件，根据别人的推荐，选择乡村小客栈。在小客栈里，在物质与情感上都放心听从店主的安排。

6. 巡游者(占抽样调查总人数的12%)。此类人的心理状态可以用几个字概括:活动性,自由性,行动迅速,善于周旋,无忧无虑。在一家饭店或其他旅游设施里,这些人只作短暂的停留,来不及鉴赏和享受便匆忙上路了。在人际交往方面常采取简单的方式。对服务质量要求高。

7. 个人主义者(占抽样调查总人数的10%)。此类人非常注意保养自己身体(休息、体育锻炼、美食营养),恢复自己个性(松弛、彻底放松)。他们讨厌各种束缚和繁杂的礼仪。住宿条件要舒适惬意,对于接待持无所谓的态度,但对美食接待感兴趣和表示赞赏。

二、针对性的人际交流

1. 人际交流的理论分析

相互作用分析理论(Transactional Analysis,简称"TA"理论)是当今世界上流行较为广泛的一种专门分析人际交流的理论。这一理论是加拿大著名心理学家伯恩博士(Dr. Eric Berne)在其著作《大众的游戏》(Games People Play)一书中提出的,后经他的合作者哈瑞斯博士(Dr. Thomas Harris)、詹姆斯(M. James)和钟华德(D. Jongeward)等人的进一步研究,逐渐使这一理论成为分析人际沟通或交流的非常有用的理论。

相互作用分析理论,是以心理学中的"自我状态"(Ego State)理论为基础的。心理学中的"自我状态"理论认为,每一个人在人格上存在着三种自我状态,即"父母自我状态"、"成人自我状态"和"儿童自我状态"。

(1)父母自我状态的特点及其行为表现

父母自我状态是通常意义上的父母对待子女的那种状态,以权威和优越感为标志。其行为模式一是命令式,二是慈爱式。其心理和行为特征表现为:

①心理上的居高临下、权威感、责任感。

②举止与表情上保持庄重和严肃。

③语言上以教导、分析、下结论、提警告、批评、指责为主要内容。

④在对人处事上往往以宽容的态度关心人、爱护人。

在旅游业的服务中，服务人员的父母自我状态的表现机会是不多的。这种自我状态中的权威部分几乎是不能显露的。如向客人说："我所说的是绝对正确的，您必须相信。"这种语言方式就很可能引起客人的反感。

教训、指责、批评等方式是被禁止的。如向客人说："您难道连这样的常识都不懂吗？""这样简单的事情你都弄错了，真是没用！"等等。这样的一些话属于服务中的禁语，是在服务中绝对不能使用的。

只有"慈爱"这种态度常常可以适当的方式得以表现，如客人遇到麻烦时对客人的安慰、同情和理解，但不能以父亲对子女的口气表现出来，更应像朋友一样表达这种感情。如向客人说："先生（小姐），请不要着急，我来帮您询问一下。"或者说："先生（小姐），请您先冷静一下，好好想一想，是不是放错了地方？""请您先回房间等一下，我来找人帮您解决，我会及时把消息告诉您的。"

（2）成人自我状态的特点及其行为表现

成人自我状态是以成熟的成年人的思维和行为方式为特征的，其标志为客观和理智。在心理与行为上表现为：

①遇事不慌、沉稳、想办法为基本特点。

②举止表情上以老练、胸有成竹、经验丰富、沉着冷静为基本标志。

③语言上以稳重、语言逻辑性强、侧重分析判断、耐心询问、安慰、提供建议为主要风格。

成人自我状态的典型的行为模式可以归为以下八种：

①询问式。表现为着重在于了解某个客观事实或探明某个问题的原因所进行的问话和交流。如客方："请问，你们这里有咖啡厅吗？请问电话在哪里？"又如主方："请问先生，你需要为孩子加床吗？"等等。

②回答式。表现为对询问的回答。如客方："等我们商量一下再答复你吧！谢谢！"又如主方："我们可以为您联系一下，很快就会将消息告诉您。"

③提议式。表现为一方向另一方提出建议。如客方："你看，这个事情较为复杂，我们一时决定不了，明天我们给你答复，好吗？"又如主方：

“您看这样好吗？先生，我们先为您订到本周日，一旦有空房我们会及时地与您联系。”

④赞同式。表现为对提议的赞同。如客方：“好的！就先这样吧！”又如主方：“可以，我们会及时与您联系的。”

⑤反对式。表现为对某项建议或安排的否定。如客方：“我不愿意住临街的房间，因为我喜欢安静。”又如主方：“这个问题，恐怕我们这两天解决不了，等后天房间有空余时才可能调整。”

⑥道歉式。属于为不能答应对方要求或占用了客人较长时间等情况而表示的歉意。如客方：“对不起，我们希望几个房间能在同一楼层，请帮我们调整一下好吗？”又如主方：“实在对不起，您的四间房在近两天只能将三间房调到一个楼层，另一间房只能在后天才能调到同一楼层。因为现在客人较多，其他房间都住着客人。您看这样行吗？”

⑦确认式。表现为对双方经过简短的协商达成的结论进行总结或重复确认。如客方：“好的，就这样吧，后天我们来办调房手续。”又如主方，如客人点完菜后，为了保证不漏记、不错记，服务员要向客人复述一遍点菜内容，以便确认：“先生，您要了一份罗宋汤、两份公司三明治、两听嘉士伯啤酒……”

⑧破坏式。表现为不十分友好的某些举止和言谈。如客方：正当一个客人准备进餐厅用餐时，另一个客人拦住他说道：“这个餐厅卫生太差，菜的味道又不好，我们到别的地方去吃吧。”又如主方：“我们马上就要停止营业了，现在不接待新客人。”

(3)儿童自我状态的特点及其行为表现

儿童自我状态是一个人最初形成的自我状态，以自我中心、感情冲动为特征。它常常是想干什么就干什么，完全是“跟着感觉走”的行动者。其典型的行为模式有两种：

①自然式。即无拘无束的行为，或者是天真的、任性的行为。它没有道德观念，不受理智或逻辑思维推理的原则的支配，不承认价值观念，对现实是陌生的，唯一的兴趣是不惜一切代价来满足本身的需要。它百分之百地接受“享受原则”或“快感原则”的支配。例如一旅客见到大海时欢呼、跳跃的表现。

②服从式。与天真行为相比它是一种拘谨的行为。它缺乏主见和独立判断能力等，使得其易于接受权威的影响，许多时候表现为对权威的绝对服从。如个别捣乱的客人，在遇到公安机关出面裁决时，表现出不得不接受的态度：“好吧，就算我倒霉！谁让我住你们这里呢！”

2. 人际沟通类型与相互作用分析

TA 理论认为，人们在实际的沟通过程中，会因情境和个人身份、涉及事物等情况的不同，而以不同的自我状态出现在沟通交流过程中。常见到的沟通形式有六种：

(1)“P——P”型。这种类型的典型特征就是双方均以父母自我状态与对方交流。见下图：

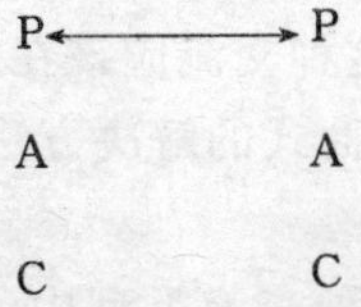

在这种交流类型中，双方的态度都是比较武断的。如主方：“你只能在我们现在提供的房单中进行选择。”客方：“我是顾客，顾客是上帝，我为什么只能接受你的要求。”双方表现为各自强调自己的道理，互不让步。当然，在实际的服务过程中，主方，即服务人员一方，是绝对不应以这种状态与客人进行交流的。

(2)“A——A”型。这种交流类型表现为双方均以成人自我状态出现在交流的过程。见下图：

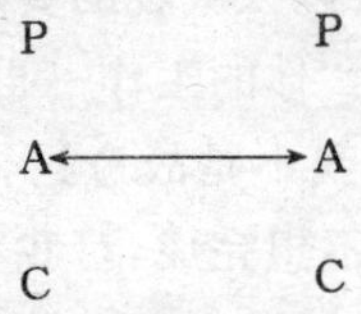

在这种交流类型中，双方均是以比较理智、现实的态度对待对方。例如，主方：“您看将您的房间暂时安排在四楼西侧可以吗？”客方：“既然你们现在在东侧没有房间，就先暂时这样吧，等你们一旦在东侧有了空房，就请及时为我调整一下。”

(3)"C——C"型。在这种交流状态下,双方感情都比较冲动,交流中的论理性较差,是一种正在发生冲突或即将发生冲突的交流类型。见下图:

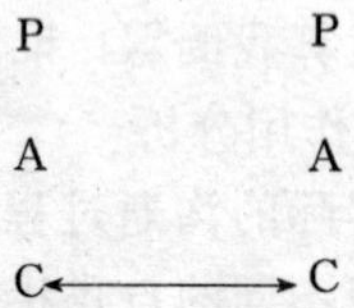

在这种交流类型中,双方均已失去了应有的理智和解决问题的态度,已经演变成了冲突或准冲突的交流状态。如主方:"我们已经三次通知你来交款,你却一直拖着不办。"客方:"我根本就没有接到过你的什么通知,你还诬蔑我赖账?"这种交流应该在旅游服务中避免发生,而应理智、冷静地寻找现实的、协商式的解决方法,否则,冲突升级就会给饭店形象带来损失。

(4)"P——C"型。在这种交流类型中,一方是以权威者的口气讲话,另一方也能服从或者表现为任性。见下图:

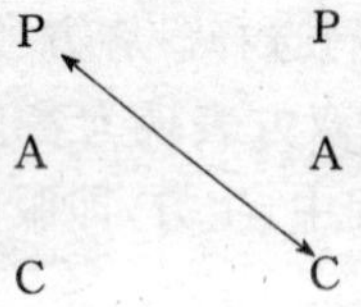

这种交流类型一般都是发生在上下级之间,尤其是当上级对下级的工作不满意时,上级多半会以权威者的姿态对下级讲话。下级要么服从,要么表现出任性。如上级:"你的工作一再拖延,照此下去,你的工作什么时候才能完成。"下级:"我不是故意这样做的,我一定在今天彻底完成。"或者下级:"我又不是不想完成,可我有什么办法?"

这种交流类型是不能发生在对客服务过程中的,一是旅游企业的员工不能以父母自我状态对待客人,二是当客人以父母自我状态对待员工时,旅游企业的员工既不能一味地听从,也不能简单应付。

(5)"P——A"型。在这种交流类型中,一方以权威者的姿态出现,另一方则以成人自我状态出现,表现为权威式的指责、批评与理智的解释、说明相互作用的方式。见下图：

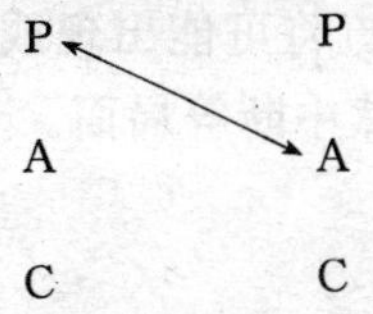

这种交流类型常见于上下级之间、同事之间、服务的主客体之间。如上级："这件事情你应负完全的责任。"下级："请您听我解释，这件事情的实际情况是……"同事之间，同事甲："你可真让人无法信任！"同事乙："你先不要着急，事情是这样的……"在服务的主客体之间，客方："怎么我预订的房间竟然已经卖给别人了？你们就是这样干服务工作的吗？"主方："您先不要着急，我们要求客人的预订需要变更日期时要提前通知我们，否则，就取消预订，您的情况有点特殊，让我们想想办法，好吗？"

(6)"A——C"型。在这种交流类型中，一方是以成人自我状态出现，表现为行为上的理智、解决问题的现实态度，而另一方则以儿童自我状态出现，表现为思维的幼稚和行为上的任性。见下图：

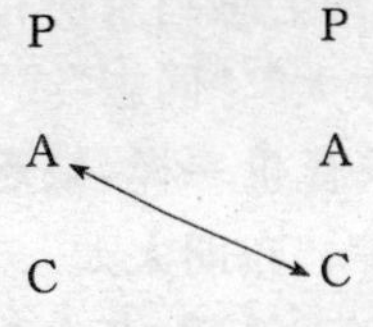

这种交流类型常见于上下级之下、同事之间、服务主客体之间。如上级对下级："根据目前情况和我们刚才的分析来看，你应该选择更加可行的办法才能使你的工作质量得到进一步的改善。"下级对上级："我还是觉得无从着手，就先这样，以后再说吧！"又如服务主客体之间的交流，主方："你不要着急，我们来帮您想办法。"但客方却说："反正已经这样了，谁帮忙也没有用了。"

除此之外，按照交流双方相互期望的方向还可以划分出几种交流类型，如"PC——AA"交流型、"PC——PC"交流型。这些类型要说明的是双方对对方的期望状态出现了不一致，在图上则表现为交叉。通常在期望状态能够使双方互补时，交流更加可能深入和持续，而一旦出现期望状态的非互补状态时，交流将可能出现或演变成冲突、不愉快，交流达不到期望的目标，交流突然中断等局面。

第五节 尊重旅客 积极诱导

一、尊重旅客

旅客的国别、民族、性别、风俗习惯、经济状况、体型容貌、兴趣爱好等，是其人格、权力和利益的表现，他们都要求受到尊重。服务员对客人的尊重是通过许多方面表现出来的。

1. 用姓名去称呼客人

“树有名，人有姓”，用姓名去称呼客人属于人之常情。在世界上，不论什么人，都不讨厌别人承认自己。在旅游服务中，客人的名字被称呼后，可能会感到奇怪，但内心却会感到亲切和非常满意。如果我们在服务中只用“先生”、“小姐”、“太太”、“同志”或“您好”、“欢迎光临”等之类的套话，难免过于呆板，像录音机一样，缺乏人情味，使客人感到一般化。如果服务员用“琼斯先生”、“布朗太太”、“玛沙小姐”、“张同志”、“李经理”或“娜娜女士”来称呼客人的话，客人在无形中就被“突出”了。尤其在初次见面之后，就能用姓名来称呼客人，会使客人感到他是一个“举足轻重”的人。同时，也会使客人感到自己在这个地方并不是陌生的，有一种“宾至如归”的感受。特别是那些自我为中心的人，服务员用姓名来称呼他，他更有被承认、受重视感，更感到个人价值的存在，从而有一种亲切、友好的感受。但也应看到，用姓名称呼客人并非在任何地方都使客人感到受尊重，而要因人、因地点而异。因为有些客人是不愿意在某一个地方让他人知道自己姓名的。

2. 保护客人的自尊心

自尊心就是人们在受到威胁时所产生的自卫心理。尤其在人的价值遭受贬低，人格尊严受到伤害时，自尊心更为明显地表现出来。在旅游服务中只要不让客人有失身份和伤脸面的地方，就是保护了客人的自尊心。保护了客人的自尊心实质上就是对客人的一种尊重。

客人的虚荣心实际上也是自尊心的一种表现。虚荣心尽管不好，但对服务员来说也应给予保护。在服务工作中，常见到一些有虚荣心的旅客，本来经济不富有，但遇到有好的菜品、好玩的活动项目、好看的东西时，却以冠冕堂皇的话说自己“不喜欢吃”、“不愿意玩”、“不想买”等来掩饰内心的欲望。其实，在服务员眼里都能够明确地看出是旅客的财力不足所致。在此情况下，服务员若以“吃不起”、“玩不起”、“买不起”把客人不愿说的话说出来，或变相说“这个菜便宜点”、“那个项目价不高”、“这个商品价更低”等，等于揭穿了客人的老底，客人会不满意的。因此，对服务员来说，能看穿，但不要“说穿”。如果服务员再巧妙地用“这个菜更合适您的胃口”、“那个项目更有利您的身体”、“这个商品更好看”之类的话为旅客解脱，客人会感谢你保住了他的面子，而用别的话或在其他场合对你表示感谢，即便不表示感谢，他也会对你的服务留下一个好印象。

在服务中，也常发现客人会“出洋相”，如把洗手水当作茶水饮，把麦苗当韭菜，把山羊当作小毛驴等，在这种情况下，无论客人出什么洋相，服务员决不能去嘲弄他。否则他会找借口去发泄他的怒气，即便不发泄，他也会心怀不满。但也不要当面议论或指出，而应当装作没看见，否则客人会感到你不尊重他或羞辱了他。

在服务中，如果见到一位服饰漂亮或衣着奇特的旅客，服务员千万不要当面议论，最好是表示羡慕或把他（她）引到引人注目的地方就坐，以满足其心理愿望，他（她）也会感到你尊重他（她）。

3. 要礼貌地接待客人

对客人的礼貌就是对客人的尊重，对客人的尊重是通过服务员的言行和在各个服务环节上表现出来的。比如说客人来了，接不接行李，打不打招呼，让不让坐；进客人的房间，敲不敲门，要不要得到客人的允许；对客人的风俗习惯和宗教信仰要不要尊重；对客人的客人要不要热情接待；对客人的询问要不要耐心倾听和重视等，都能表现出对客人的礼貌和尊重。

在旅游服务中，服务员要有礼貌地接待客人，表示对旅客的尊重，就必须要加强自身修养，做到临辱不怒，自重自爱。

临辱不怒，即要求服务员面临急难时，不变脸发火，沉着大度，能以妙语应粗俗，用豁达胜愚昧，以文雅对无礼，从而摆脱尴尬，维护企业的声誉。

自重自爱，即要求服务员在服务操作时要稳重、规范而不失态，态度要平静、热情而有分寸，语言不乱有份量，论理处事有理有节。

4. 客人就是上帝

“客人就是上帝”，这是对客人的最高尊称。服务员要真正做到尊重“上帝”，就必须对“上帝”有一个正确的认识。

“上帝总是对的”，这是旅游业提出的一个较为响亮的口号。这一口号表示了服务员对客人的一种尊重。客人是否总是对的呢？当然不是。“人非圣贤，孰能无过？”客人也有不对的时候。如果客人真的“总是”对的，旅游业也就没有必要提出客人总是“对的”了。旅游业提出“客人总是对的”这一口号，并不意味着“服务员总是错的”，而是要在“客人不对自己对”的时候，服务员要尊重客人，把“对”让给客人。

旅客外出旅游，从其实质来看，不只是为了领略湖光山色而来，也不单纯为了品尝美酒佳肴而来，在很大程度上多是为了在人际交往中获得友情和显得高贵而来。因此，在服务工作中，只要客人感到自己已经受到了尊重，其余的不足之处都能得到他的谅解。如果在某一件事情上让客人感觉到自己被轻视、被贬低，其他的努力也就会被否定。

在旅游服务中，把“对”让给客人的方法是很多的，比如说服务员包容客人的过错，自己把责任主动承担起来的做法；或大事化小，小事化了地让；或对客人的言行从好的方面解释性地让；或在某项服务中还不能肯定是谁对谁错的时候，先假定是自己的错，然后再去进一步核对事实，以求找到有力的证据的保留余地地让；或从企业声誉和长远利益着眼，得理也要让等等。但服务员必须明白，把“对”让给客人是有条件的：当他是“客人”的时候，他“总是对的”。如果他的行为已经严重“越轨”时，就不能把他当作客人来看待，那就另当别论了。

“上帝是平等的”。每一位客人都是上帝的化身，对旅游服务人员来说，决不能因“上帝”肤色的不同、金钱的多寡、权力的大小及外宾内宾之别，分高低贵贱。作为旅游服务人员一定要牢记，旅游事业所赖以生存的基础就是来自各个阶层、来自国内外的宾客，我们的上帝是没有高低贵贱和国籍之分的，都必须一视同仁。

我们强调“客人总是对的”，强调服务员应当尊重客人。这并不是说服务员不应当受到尊重，或由于“强调”而使人产生客人与服务员是不平等的等等。这一问题若不弄清楚，服务员心理存有“疙瘩”，在行动上就会很难对客人表现出尊重。在许多服务人员当中就流传着这样一些话：“客人坐着你站着，客人吃着你看着，客人玩着你干着”等，好似确实存在着多么的不平等。

社会心理学研究认为，在社会交往中，人与人之间有着双重关系；一方面是人们所充当的社会角色之间的关系，另一方面是充当角色的那些人之间的关系。

在旅游接待服务工作中，双方只考虑对方是什么角色，一般不考虑对方是张先生、李先生、格林先生、布朗先生或是怀特先生。这说明社会角色是“非个性”的。社会角色非个性，是指不管充当某种角色的人是谁，不管他有什么样的个性，只要他充当了这个角色，他就必须按照社会角色所赋予的角色规范去行动。作为服务员这一社会角色，他就必须恭恭敬敬地为客人服务，对客人要尊重，服务员为客人服务，尊重客人，这是社会角色的规定，是合理的。如果认为这是“不平等”，这就否定了社会的存在，否定了服务，否定了主客之间的关系。但还应当看到，服务员与客人之间这种角色的不平等，并不意味着充当这两种角色的人是不平等的。应当说充当这两种角色的人在人格上是平等的。那么，为什么一些服务员会产生不平等感呢？关键在于一些服务员不能够正确理解和处理角色与角色之间的关系，以及充当某种角色的人与角色之间的关系。因此，在“服务员”与“客人”这两种角色关系中，服务员若不尊重客人，实际上也不尊重自己。

尊重客人的服务是表现在许多方面的，除上述几个方面外，旅游服务设施的豪华与普通兼有，灵活的服务策略和一般的服务手段并存，全面服务与重点照顾并重，客人有反映意见和选择服务内容的自由以及活动的安全，环境的整洁、舒适，服务员仪表美、语言美、行为美等都能体现出对客人的尊重。

二、积极诱导

旅游服务人员对旅客行为的积极诱导，体现了服务的根本精神，是旅游服务过程中的一项重要服务。

所谓“诱导”，是一种把旅客的需要变成服务一方便于接待的形式而进行的工作。也可以说是旅游业方面为了请旅客利用它提供的并已准备好的东西进行活动的总称。比如说，在旅游活动中，我们随处可见到旅游地的墙壁、地面，景区的树木和建筑物上，人们随意留字的现象。依其内容，我们对留言的行为和心理进行分析，基本上是三种类型：雁过留声型(是旅客为了留下一个纪念，证明自己曾“到此一游”)、随帮唱曲型(是看见别人写留言自己也写)、调皮捣蛋型(是在不该、不能、不允许涂写的地方使用硬器涂写内容不雅、语言不文明的文字)。这三种类型，从内在动机看，前两种多属“纪念性”、“交流性”、“创造性”的目的。而后一种则属“恶作剧”性质的。当然，也有出自个人其他目的而写的。这里，把“恶作剧”除外，为了不让乱写乱画，而给那些“爱好者”们创造其他动机和与之有关的行为能够站得住脚的条件，如旅游地经营者给旅客盖纪念章，让旅客种纪念树、照相，卖纪念品，设来访者名簿或留言本等其他代替物的工作，这便是诱导。

诱导的重要之点，是不强制人们去做，而是促成人们自发选择。就旅游服务而言，服务员不能单纯地给旅客强加限制，或单纯地将“已经准备好的东西”强加给旅客，而是要有意识地使之成为“被选择的东西之一”，使之生辉增色，使之产生魅力。

为了对诱导有一个正确的理解，现将诱导的基本概念整理如下：

1. 诱导是一种能适应旅客需要的活动

诱导成立的基本条件就是旅客有这种行为的愿望。如果没有需要，行为便不会发生，一旦发生，那么，必是强制的。所谓能诱导的需要，基本上是日常没有充分得以满足的东西，以及那些在潜意识方面也没有被意识到的东西。用马斯洛的需要层次理论来说明，就是“高层次的需要”。这类需要包括以下内容：

(1)解放感；

(2)生理的或精神的新的经历；

(3)创造性地发挥；

(4)社会的相互作用，新的交往；

(5)确认社会对自己的评价；

(6)为社会做贡献。

2. 在创造“环境”的基础上提供活动

诱导追求的是自发行动，所以必须创造出一种环境气氛是至关重要的。诱导活动，基本上具备下列条件才是可取的：

(1)尊重自主性；

(2)创造兴趣，引发趣味性；

(3)有参加的愿望；

(4)能建立新的交往；

(5)与时间条件和空间条件很协调；

(6)愉快感。

3. 诱导是发挥服务员个性的活动

对旅客进行怎样的诱导，是各有差别的。它表现在服务人员的观念和态度上，它与服务活动的性质有关。当规范化比例较高时，诱导要采取有组织、有计划的方式进行，以获得较完整而全面的印象。当个性化比例较高时，服务人员的个性发挥更具有市场。

4. 在风土人情和国民特性基础上进行的活动

诱导，无论从内容还是方法都必须具有各国各地区的特色，这是服务体现魅力的所在，是一股极大的能量、一种极宝贵的资源，它是建立服务的区域特色的重要基础。

总之，旅游服务的一个重要任务，是用社会所承认的方法充分满足人们的需要。它可以通过诱导来改变旅客消耗精力的方向，从而达到向旅客提供服务的目的。

第六节 正确处理客人的投诉

一、客人投诉的原因

客人的投诉是指旅客将他们主观上认为由于服务工作上的差错而引起的麻烦和烦恼，或者损害了他们的利益等情况，向服务人员提出或向有关部门的反映。

客人的投拆对旅游企业具有重要意义，在某种意义上是对企业优质服务的褒贬，是企业服务质量提高的动力，必须要处理好。

客人的投诉原因是多方面的，一般说来多为服务员对客人不尊重，态度不好，工作不负责任，价格高，技能低，设备质量差，设施不配套，服务项目种类少，交通不便，与他人纠纷等原因。

二、客人投诉时的心理

求尊重的心理。旅客采取投诉行动，总希望别人认为他的投诉是对的和有道理的，渴望得到同情、尊重，向他表示道歉并立即采取相应的行动等。

求发泄心理。旅客利用投诉的机会把自己的烦恼、怒气、怒火发泄出来，以维持其心理上的平衡。

求补偿的心理。希望能补偿他们的损失。

三、对旅客投诉的对策

对旅客投诉的处理，一般要经过耐心倾听、弄清真相，以诚恳态度向客人道歉和征得旅客同意后恰当处理三个过程。

1. 耐心倾听，弄清真相。大自然赋予每人一根舌头和两只耳朵，所以听的应当比说的多两倍，听意味开始赢得了一个同盟者。因此，客人投诉时应有礼貌的接待，绝不能辩解和反驳。一般而言，客人投诉心中有愤怒，不通过发泄，他们心中就不舒服。作为接待服务人员，为了弄清客人投诉的真相，一定要耐心倾听。倾听时一般要做到少讲多听，多保持沉默，不要打断对方的讲话；设法使交谈轻松，使投诉的人感到舒适，消除拘谨不安情绪；表示出有聆听的兴趣，不要表示冷淡与不耐烦；尽量排除外界干扰；站在投诉者立场上考虑问题，表示出对投诉者的同情；要绝对有耐性，不要插话；控制情绪，保持冷静；不要与投诉者争论；提出问题以示你在充分倾听和求得了解，不要计较投诉者口气的轻重和意见是否合理。

2. 以诚恳的态度向客人道歉。客人向我们投诉，切忌置之不理和与之发生争吵。客人投诉是相信我们能处理好这件事，想请我们帮助或让我们改进工作。因此，无论客人的动机如何，客观效果上有利于我们做好工作。我们应当热情地以诚恳的态度，以自己是企业的代表去接待客人，欢迎他们投诉，尊重他们的意见，向他们表达歉意。这样客人会觉得我们重视他们的投诉，满足了他们的自尊心，为圆满处理他们的投诉铺平道路。

3. 区别不同情况，作出恰当的处理。对一些看来明显是我们服务工作的过错，应马上道歉，在征得客人同意后作出补偿性的处理。

对一些较复杂的问题，在弄清真相之前，不应急于表达处理意见，应当有礼、有理，在客人同意的基础上处理。

对待一时不能处理的事，要注意让客人知道事情的进展情况，以示我们的重视，避免客人误会，以为我们将他的投诉搁置一边，从而使事态扩大。

四、正确对待旅客投诉要牢记 50 条建议①

每次和顾客的接触都是一段“真实的时间”。为了更好地感知它，牢记 50 条建议不是无益的。

(1)对待任何一个新接触的人和对待顾客一个样。

---

① 选自汪家荣、史美珍译：《西方企业的服务革命》，旅游教育出版社 1989 年版，第 193～195 页。

(2)没有无关紧要的接触或不重要的顾客。
(3)投诉不总是容易辨认清楚的。
(4)没有可以忽视的投诉。
(5)一份投诉是一次机遇。
(6)发牢骚的顾客并不在打扰我们,他在行使他的最高权利。
(7)处理投诉的人一定被认为是企业中最重要的人。
(8)迅速判明投诉的实质。
(9)用关键词限定投诉内容。
(10)每当无理投诉出现高峰,应该设法查明来源。
(11)在采取纠正行动之前,应立即对每份投诉作一礼节性的答复。
(12)要为顾客投诉提供方便。
(13)使用提问调查表以方便对话。
(14)组织并检查答复投诉后的善后安排。
(15)接待不满的顾客时要称他的姓,握他的手。
(16)处理投诉应因人制宜。
(17)请保持轻松、友好和自信。
(18)让顾客说话。
(19)要作记录,可能时使用一份印制的表格。
(20)告诉顾客他的问题由你负责处理,并切实去办理。
(21)要答应采取行动,还要设法使人相信你的许诺。
(22)要证明投诉登记在案后你即开始行动。
(23)告诉顾客他的投诉是特殊的。
(24)不谈与顾客无关的私事。
(25)防止露出羡慕、烦躁或偏执等情绪。
(26)既要让人说话,又要善于收场。
(27)学会有效地发挥电话的功用。
(28)要像对待你的老主顾那样对待不是你的顾客。
(29)决不要在地位高的顾客和棘手的问题面前胆怯。
(30)要核实别人向你传递的消息。
(31)要让别人听你的话,扯着嗓门叫喊是徒劳的。

(32)复述事实莫带偏见。

(33)切忌轻率地作出判断。

(34)想一想有否立即答复的可能,问一问顾客希望您做些什么。

(35)别急于在电话中商讨解决问题的方案。

(36)请留下您向顾客所作的任何诺言或保证的书面记录。

(37)如您当场爱莫能助,不妨先宽宽他的心。

(38)在对话交谈时对方未说完之前,切莫打断。

(39)一俟对话完毕,立即开始行动。

(40)写一份意见书,投给作为你的顾客的某个企业。试探一下别人对待你的方式。

(41)千万别对顾客说:“您应该……”

(42)凡是收到和寄出的一切都得签注日期。

(43)要结识那些多次不满的顾客。

(44)除非万不得已,不用电话答复书信。

(45)尽快索取你可能需要的补充信息。

(46)若情况许可,就用幽默致歉。

(47)受过你服务的顾客可能成为你的朋友。

(48)总是由顾客说了算。

(49)用典型模式提高服务速度。

(50)时刻为顾客着想,为顾客工作,如同你是顾客一样。

思考题

1. 如何确立良好的第一印象?

2. 什么是服务态度?服务态度有哪些功能?如何确立良好的服务态度?

3. 什么是服务语言?服务语言有哪些特点?如何提高服务语言的表达效果?

4. 如何提高服务技术?

5. 在旅游服务中如何安排服务时间?如何把握服务时机?

6. 在旅游服务中怎样针对性为旅客服务?

7. 怎样运用相互作用分析理论进行主客之间的交流？
8. 怎样才算是对旅客的尊重？
9. 你是怎样理解服务员与旅客之间的关系的？
10. 怎样对旅客进行诱导？
11. 如何正确处理客人的投诉？

第十二章　旅游服务人员的心理素质与职业意识

学习目的

通过本章的学习，使学生了解旅游服务人员的职业心理素质是旅游服务员从事旅游服务工作，提高服务技术水平，获取工作成就的决定因素。旅游服务人员的职业意识是旅游服务人员应该具备的基本职业素质核心。并进一步了解旅游服务人员应具备哪些职业心理素质和职业意识。

基本内容

- **旅游职业对服务人员心理素质的要求**

  旅游职业对旅游服务人员气质、性格、情感、意志、能力的要求
- **旅游服务人员的职业意识**

  旅游服务人员的角色、形象、服务、信誉意识

第一节　旅游职业对服务人员心理素质的要求

一、旅游职业对服务人员气质的要求

气质实际上是指某个人典型的表现于心理活动过程的速度和稳定性（如知觉的速度、思维的灵活程度、注意集中时间的长短）、心理活动过程的强度（如情绪的强弱、意志努力程度）以及心理活动的指向性特点（如内倾或外倾）等动力方面的特点。它对人的实践活动有重要影响。

在旅游服务工作中，旅游这个特定职业对服务人员的气质有特殊的要求，主要有三点：

1. 感受性、灵敏性不宜过高或过低

感受性是指外界刺激达到多大强度时，才能引起人的反应。灵敏性是指人的心理反应的速度和动作的敏捷程度。

在旅游活动中，旅游服务人员的服务工作是处在一个经常变换的活动空间，同时又处身于复杂而变动的旅客当中，与各种类型的旅客发生着频繁的人际交往，试想旅游服务人员感受性如果太高，稍有刺激就引起心理反应，势必会造成精力分散，注意力不集中，影响服务表现。相反，如果感受性太低，对周围发生的一切现象熟视无睹，这将会怠慢旅客，导致主客之间矛盾的发生，降低旅游服务人员在旅客心目中的形象，使旅客对服务工作及整个旅游业产生不满。为此，在旅游服务工作中服务人员的感受性不能过高，也不能过低。而为了保证旅游服务人员能处在一个热情饱满而有序的工作状态之中，旅游服务人员面对复杂多变的旅客，还必须具有一定程度的灵敏性。如果灵敏性太低（反应速度太慢）会延误服务时机，使客人感到受冷落。如果服务员过于灵敏（反应速度过快），又会使旅客对服务员产生不稳重或过急的感觉。因此，旅游服务人员的灵敏性不宜过低，也不宜过高，应保持正常的灵敏性。

2. 忍耐性和情绪兴奋性不能低

在旅游服务工作中，旅游服务人员所从事的工作与一般工作不同，不管是导游服务，还是饭店服务、交通服务，客人总是处在不断变化之中，然而服务员的服务工作基本上是长年不变的。按照单一性需要理论，过分持久的单一性工作必然会使人产生厌倦，使人难以再继续承受这种工作。然而企业和服务员角色对服务工作的要求，一批批新顾客的期望，都要求服务员的工作是出色的和优质的。这就要求服务员必须具有克服巨大心理压力的本领和较高的忍耐性及情绪兴奋性。

3. 可塑性要强

可塑性是指服务人员对服务环境中出现的各种情况及其变化的适应程度。

众所周知旅游服务工作没有固定模式，总是因人因事而异。这是因为不同国家、不同地区、不同民族有不同的文化习俗和要求。在旅游服务工作中如果只提供同一种服务，不同国家、不同地区、不同民族的人就很难接受这种服务。在“客人是上帝”、“客人总是对的”服务宗旨下，优质服务就是体现在满足各类客人的需要上。为此，服务人员若没有较强的可塑性就很难适应不同客人的需要。

二、旅游职业对服务人员性格的要求

良好的性格与情感的结合，是造成旅游服务人员能够满腔热情为旅客服务的重要心理条件。在旅游服务工作中，服务人员具有谅解、支持、友谊、团结、诚实、谦虚、热情的良好性格特征，就能够与旅客建立和谐的人际关系，保持最佳的服务状态，使旅客感到亲切，乐意接受服务。如果服务人员对人冷淡、刻薄、嫉妒、高傲，就容易导致人际关系紧张，使工作热情降低，使客人产生不满。在服务工作中，服务人员有独立、适应、事业心、责任心和恒心的性格特征，一般说来，独立性强的人抱负水准高，适应能力强的人有开拓精神和应变能力，有事业心、责任心和恒心的人工作勤奋，效率高。相反，依赖性强的人缺乏自信，也不可能创造性地做好服务工作。如果只凭小聪明，没有好的性格品质，工作决不会出现高效率。

在实际的旅游服务工作岗位上，具体工作不同，其性格要求亦有差异。一般说来，导游服务员应具有乐群外向、有恒负责、冒险敢为、幻想、自立、当机立断等性格特征。客房服务员应具有缄默孤独、有恒负责、自律严谨等性格特征。餐厅服务员应具有热情外向、顺从、敏感、安详、沉着有自信、当机立断等性格特征。从事材料保管工作的服务员应具有负责、自律、严谨、现实、合乎成规、心平气和等性格特征。

为了塑造良好的性格，服务人员应不断加强个人的心理素质修养。其途径主要有三：第一，努力提高文化水平，加强职业道德修养，保持乐观的心境。第二，努力学习别人的长处，诚心接受别人的帮助。第三，积极参加社会实践，在工作中检验自我修养的结果。

三、旅游职业对服务人员情感的要求

情感是人的心理生活的一个重要方面，它是人对客观事物与人的需要之间关系的反映。在日常生活中，当需要被满足采取肯定态度时，人们会产生热爱、满意、愉快等情感体验；当需要不能满足采取否定态度时，人们会产生憎恨、不愉快、痛苦、羞耻等情感。一般说来，积极的情感会产生增力作用，消极的情感会产生减力作用。不管是积极情感或是消极情感，都会对人的整个思想行为产生影响。依据旅游职业的要求，服务人员的情感应具备以下四方面的内容：

1. 要有良好的情感倾向性

情感倾向性是指一个人的情感指向什么和为什么而引起。比如，同是热情，它指向旅游业本身或服务对象，这是高尚的情感；如果指向的是损害国家利益、企业利益或是能为自己提供私利的中间商，这将是卑微的情感。我国是社会主义国家，我们的每一个旅游服务人员都是国家的主人、国家的代表、民间大使、友好的使者。因此，服务人员良好的情感倾向，应指向全心全意为国家、为旅客服务上来，要与“两个文明建设”的宏伟目标相一致。在旅游服务工作中，只要旅游服务人员具有良好的情感倾向性，就可以焕发出对本职工作的热爱和对旅客的尊重。

2. 要有深厚的情感

深厚的情感是指旅游服务人员对旅客和服务工作的浓厚情感。具有深厚情感的服务人员是情感倾向性高尚的服务人员。他们在服务工作中的热情不是凭偶发的因素，他们对旅客的热情也不是靠一时的冲动，他们的热情服务能够在服务工作的方方面面表现出来。

3. 要有稳定而持久的情感

稳定而持久的情感是与情感的深厚性联系在一起的，是在相当长一段时间内不变化的情感。具有稳定而持久的情感的旅游服务人员，常常会把积极的情感稳定而持久地控制在对服务工作的热情上，控制在为旅客服务上，他们积极的工作态度始终如一。

4. 要有较高的情感效能

情感的效能是指情感在人的实践活动中所发生作用的程度，它是激励人们行为的动力因素。情感效能高的服务人员，能把任何情感转化成促其积极学习、努力工作的动力。而情感效能低的服务人员，尽管有时对工作也有强烈的欲望，但往往是挂在嘴上而缺乏具体的行动。为此，对旅游服务工作要求主动、热情、耐心、周到的企业组织来说，对服务人员的情感效能性要求更高。

四、旅游职业对服务人员意志的要求

意志是人们为了实现预定目标而自觉努力的一种心理过程。旅游服务工作是极其复杂的工作，需要服务人员不断地克服由各种主客观原因造成的心理障碍，不断地发挥主观能动性。只有不断地增强意志力，才能做好服务工作。对旅游服务人员来说必须具备的意志品质有四种：

1. 自觉性

坚强的意志品质具有自觉支配自己行动，努力实现既定目标的特点。一个自觉性较强的旅游服务人员，在服务工作中会在自己意志调节和控制下，自觉支配自己的行动。他会始终不渝地为提高自己的业务水平努力奋斗。同时，也能正确地对待自己的成绩与进步，虚心向他人学习，改正自己的不足，勇于克服各种困难，战胜各种挫折。相反，一个缺乏意志自觉性的人，就会在工作中忽东忽西，盲目从事，一事无成。

2. 果断性

果断性是指一个人善于迅速地根据情况的变化，采取相应措施的意志特点。在旅游服务工作中，情况千变万化，各种矛盾复杂多变，服务人员必须具有驾驭整个事态的能力，在变化的事态中，能全面考虑，权衡利弊，恰到好处地利用一切可以利用的条件，不失时机地正确地处理问题，使事态能沿着预定的目标发展，达到预期的效果。

3. 自制力

自制力是一种对个人感情、行为的自我约束力。自制力强的人，能够控制自己的情绪，有谦让忍耐性，无论在什么情况下，都能镇定自若，善于把握自己的言语分寸，不失礼于人。同时，还能克制、调节自己的行动，遇到困难、繁重的任务不回避，对工作不挑拣，不感情用事。

4. 坚韧性

坚韧性是指一个人针对外部障碍的排除所产生的一种锲而不舍的意志特点。对旅游服务人员来说，如果缺乏意志的坚韧性，就难以应付旅游环境的复杂和变化，也就很难在旅游服务工作中作出突出的贡献。

五、旅游职业对服务人员能力的要求

人的能力都是借助于某个或某几个基本条件而形成的。这些条件，第一是智力，它标志着人的大脑对客观事物的认识、领会和作出反映的心理水平，是能力形成和发展的先天条件。人的灵敏笨拙、接受能力的强弱，都是由此决定的。第二是知识技能，它是人们通过学习和训练掌握的实践经验的结晶，是能力形成和发展的后天基础。第三是实践的机会，实践机会越多，能力提高就越快。第四是个人的勤奋程度，它是造成能力差异的重要原因之一。

服务人员的能力是直接影响服务效率、服务效果的重要心理特征，也是影响企业服务水平的主要因素。从旅游服务角度来看，服务人员应具备以下一些能力：

1. 敏锐的观察力

在旅游活动中，人们经常将自己真实的自我隐蔽起来，如果服务人员没有敏锐的观察力，旅客偶然表现出来的真实自我便悄然失去。因此，旅游服务人员具有敏锐的观察力，是保证实现优质服务的重要前提条件。

旅游服务人员的观察能力主要表现在对旅客和事件、事态的评价上。而这些评价主要来自旅游服务人员用自己的观点和旅客的观点甚至包括具有某些担心或偏见的旅客的观点对旅客、事件、事态的体察。体察旅客的内心世界，了解事件、事态的发生发展变化趋势并非易事，除客观地运用自己和他人的观点外，还与服务员自身对服务工作兴趣的强弱、注意力的稳定程度和当时的心境有密切关系。众所周知，兴趣在一个人的生活实践中具有极其重要的作用，它可以激励一个人积极地去获取知识。兴趣范围大，观察范围广；兴趣稳定，易获得系统而深刻的知识，保证观察的效果。注意力稳定，观察问题易集中。服务员心情舒畅，有利于各种感官正常发挥作用，保证观察能取得良好的效果。

2. 良好的记忆力

在旅游服务工作中，服务工作本身和服务对象方面的内容复杂多样。这些内容能否依服务工作和旅客的需要而及时显现，事关服务质量的优与劣。而这些内容的显现与否，关键取决于服务人员的记忆力。对于旅游服务工作来说，要做到优质服务，服务人员必须具有良好的记忆力。良好的记忆力不仅是优质服务的智力基础，而且也是服务人员回答旅客疑难问题的心理支柱。因此，强化服务人员的记忆力，是提高服务能力的一个重要方面。

怎样强化旅游服务人员的记忆能力呢？心理学研究认为：第一，要明确记忆目标。记忆目标是良好记忆的首要条件。第二，要精力集中，力求理解。理解是记忆的前提。第三，要培养广泛的兴趣，促进记忆力的提高。第四，注意运用各种记忆方法。例如，在识记之后要及时复习以加深记忆痕迹，利用新旧材料的联系进行记忆，抓住材料的特点进行比较帮助记忆等。

3. 稳定而灵活的注意力

注意力是指人的心理活动指向和集中在一定事物上的程度。平时人们说的“全神贯注”、“侧耳倾听”、“冥思苦想”都是人们在从事某一活动时所表现出来的特有的注意程度。注意在人们的实践活动中具有重大作用，它是人们掌握知识的必要条件。俄国著名的教育家乌申斯基曾说:“注意是一个唯一的门户,外在世界的印象,或者较为挨近神经机体的状况,才能在心里引起感觉来。如果印象不把我们的注意集中在它身上,那么,虽然它们也可以影响我们的机体,但我们是不会意识到这些影响的。”注意是一座门,凡是外界进入心灵的东西,都要通过注意,不打开注意这道门户,外界的一切都不能进入心灵,人们就不能认识世界。在旅游服务活动中,只有集中注意力,才能保证人们感知的形象清晰、完整,记忆效果良好,思考的问题得以解决,服务质量才有保证。

旅游活动变化万千,旅客的行为复杂多变,为保证旅游服务质量,服务人员在工作岗位上注意力必须相对集中稳定、适时灵活转移,克服过分集中与分散的弱点。试想在服务岗位上服务员控制不住自己的注意力,要么过分集中,同时应酬多位旅客的能力差,致使工作效率低;要么注意力过度分散(抗干扰能力差),致使在对待客人时漫不经心,使客人觉得受到慢待。这都是不符合优质服务要求的。

作为旅游服务人员,要想培养稳定而灵活的注意力,首先要有强烈的事业心和责任感,这样才能把最关心的问题摆到注意中心位置上来。其次要有坚强的意志,在坚强意志的支配下,养成因时、因地、因事的改变而灵活分配自身注意力的良好习惯。再次要有敏捷的思维能力,这是灵活分配自身注意力、增强应变能力和提高服务效率的基础。

4. 提高掌握、执行政策的能力

旅游服务工作也是一项民间外交工作,是一项政策性很强的工作,尤其是对不同国家、不同地区、不同民族的政策要十分清楚、明白,要认真掌握,坚决执行。否则,就容易出问题,就会给我国外交工作和旅游工作带来不应有的损失。

5. 较强的业务实施能力

在旅游服务工作中,不论是导游服务、饭店服务还是交通运输服务,都有自己独特的业务范围和工作程序。旅游服务人员对有关业务范围、工作程序实施的熟练程度直接影响着服务工作的质量和水平。因此,旅游服务人员业务实施能力的强弱是服务工作的关键。

6. 较强的交际能力

在旅游服务工作中,主客之间的交际是频繁的。交际是主客之间解决问题的关键,是实现服务工作的主要途径。对于旅游服务人员来说,交际能力是搞好服务工作必备的能力,交际能力是服务员综合利用各种才干进行人际交往的本领。那么旅游服务人员的交际能力应注意哪些问题呢?

(1)应重视给旅客的第一印象。旅游服务工作中,主客之间的接触时间是短暂的,在短时间的交往中,很难通过"日久见人心"来达到情感相融的目的。但在初次的接触中,服务的态度、办事的效率、仪表所产生的第一印象效应会对后续交往行为产生重要影响。尤其是仪表美,更是交际中的重要的吸引因素。

(2)要有简捷、流畅的语言表达能力。语言是服务人员与旅客交往的主要工具,这是交际能力的重要表现。在旅游服务过程中,要想达到良好的交际效果,服务人员的语言所要表达的内容一定要言简意赅、准确联贯、有理有据,发音要清晰,语气要柔和,速度要适中,用词要准确,必要时要辅以表情和动作。切忌故弄玄虚、卖弄词藻、哗众取宠。特别要提及的是外语表达能力一定要高,因为在旅游服务工作中,服务工作的对象中相当大一部分是国际旅客,对于这类旅客服务人员若没有一定程度的外语表达能力,主客之间的交流便无法进行,服务工作也很难实现。

(3)要有妥善处理各种矛盾的应变能力。在旅游服务过程中,由于主客双方各自的利益关系,矛盾和冲突在所难免。在这种情况下,作为旅游服务人员能否驾驭各种态势,在不影响企业声誉又能维护旅客情面的情况下,妥善地把各种问题处理好,这是旅游服务人员必须具备的应变能力。

妥善处理各种矛盾的应变能力并非难事,作为旅游服务人员首先要认清自己的角色,端正自己的态度,客观地考虑旅客的利益,适当地作一些必要的让步。在此基础上,再弄清旅客的动机,善意地加以疏导。同时,在处理矛盾和问题时,旅游服务人员应注意最大限度地控制自己的情绪,强烈地限制外表的积极性,尽可能地为旅客提供最大限度的行动自由和提问的自由的环境和条件,并简洁、准确地回答旅客提出的各种问题,这样与旅客的矛盾便可比较容易地化解。

(4)要有对旅客的招徕能力。服务人员对旅客的招徕能力,就是要求服务人员要有与旅客融洽感情的本领,要有满足和诱导旅客需求的功夫,要有展示本企业服务优势来吸引旅客的技巧,要有促使旅客主动消费的招法,还要有使旅客再次光临本企业的谋略。

第二节 旅游服务人员的职业意识

一、旅游服务人员的角色意识

在旅游服务工作中,不管是旅行社的翻译、导游人员,饭店的迎宾员、前台的接待员、电话员、客房的服务员、餐饮服务员、卖品部服务员、会议服务员,交通运输部门的售票员、司乘员,旅游景区的接待员和服务员等等,对旅客来说他们都是服务员。然而有不少旅游服务人员认为服务员低人一等,是伺候人的,与旅客(这是另一种社会角色)相比,感到不平等,内心很不平衡,于是产生自卑感,尤其是当客人在言语与行动上稍有不当时,或当在社会上听到一些不正当的议论时,不平衡的心理便更不平衡,甚至与旅客发生冲突。造成这一现象的原因,关键是服务员不能够正确理解和处理角色与角色之间的关系,以及充当角色的人和角色之间的关系。社会心理学研究认为,社会角色"非个性",意指不管任何人,也不管他有什么样的个性,只要他充当了某种角色,他就须按照角色所赋予的规范去行动。因此,作为旅游服务人员必须意识到自己在旅游服务工作中扮演的是服务员的角色,要摆好与客人的位置,要恭恭敬敬为旅客服务,对旅客要尊重,同时还要正确认识社会角色的不平等是合理的不平等。正是由于这种不平等的存在,社会才存在,旅游服务才存在。

二、旅游服务人员的形象意识

旅游服务人员的形象是刻在旅客头脑中的商标,它反映的是旅游企业的信誉和旅游企业的服务质量。为此,旅游服务人员必须在心理上有一个清晰、强烈的形象意识,方能做好服务工作。

仪表指服务人员的外表,包括服务人员的容貌姿态、着装修饰和行为风度。对于旅游服务工作来说,服务员的仪表如何,不仅代表着自身的形象,而且还代表着企业、甚至国家的形象。为此,旅游服务人员的仪表应该是:

1. 体型容貌要给旅客以健康、精神的感觉

人的先天姿色与体态虽是一种客观的、自然的形象,但具有表现表情的社会功能。它在一定程度上反映出一个人的心理特点,表现出一个人的神韵和风采,并对他人产生深刻的影响。一般来说,旅游服务人员容貌端庄、自然,体格健壮,卫生清洁能给旅客以安全、愉快的感觉,旅客也乐意接受服务员的服务。

良好的体型容貌虽与先天素质有关,但重要的是可以通过后天的锻炼和修饰来获得。修饰能弥补缺陷,但要注意符合国情、民意、时代的风貌、职业特点,要注意自然美与修饰美的适度结合。如果不顾主客观条件刻意浓妆艳抹,会使客人望而生厌,把客人吓跑。

2. 服饰穿着要给旅客以舒适、端庄的感觉

在现代社会中,服饰是表现自我的重要手段。穿着整洁合体、美观大方,与环境相和谐,与旅客需要相适应,与特定职业相符合,就能够给旅客以清新、明快、朴素、稳重的视觉印象,缩小与旅客之间的差距;也易使旅客由此联想到该企业是有成就的企业,是可信的企业,因而服务工作易获得成功。

3. 行为风度要给旅客以稳重、文雅、亲切、潇洒的感觉

服务员的风度是指服务员在待客接物时所表现出来的站立、行走、动作姿态。从字面上看,“风”必然是动态的,从来没有静止的风。但只有“风”,易给人一种漂浮不定的感觉。因此有“风”还要有“度”,“度”就是适度、限度。对于一个服务人员来说,在行为动作方面应该是蓬勃向上,又不失稳重,自然得体。在旅游服务工作中,服务人员的行为风度能体现出服务人员的性格和心灵,反映出服务人员的文明程度和心理状态。它是旅客评价服务人员态度和企业面貌的重要标志之一。服务人

员的行为风度大方文雅、热情庄重，就能在与旅客接触时使旅客内心深处产生良好的感觉，促进旅客的消费。

三、旅游服务人员的服务意识

在现代旅游企业中，都把“一切为旅客着想”、“客人总是对的”这些口号作为旅游业服务的宗旨。其实质就是要求旅游服务人员要全心全意为旅客服务。因此，作为旅游服务人员必须有这种意识。旅游服务人员是否有全心全意为旅客服务的意识，关键看他在为旅客服务时是否真诚和一致。

1. 真诚

真诚是旅游服务人员待客服务的信条，是全心全意为旅客服务的最基本原则。真诚主要表现在以下三点：

(1)诚恳而友善

诚恳而友善是待客服务的重要思想基础，是旅游服务人员实现优质服务的重要前提。所谓诚恳，即以诚相待，表里如一，而不能虚情假意，心口不一。在旅游服务工作中，待人诚恳会赢得客人的信任，很快被客人所接纳，消除人际之间的陌生感、隔膜感，在短时间之内能融洽主客之间的感情。所谓友善，即与人为善，从善如流，同客人保持友好相处的人际关系状态。在旅游服务工作中，旅游服务人员若能以善良的愿望同对方诚恳相处，以友好的姿态主动去理解和尊重客人，就能够得到客人的尊重和信赖，促使旅客接受服务。

(2)热情而亲切

热情好客、待人亲切是旅游业服务工作的最基本的并且贯彻始终的行为规范。它既是旅游业服务人员满腔热忱地搞好服务工作的职业道德的体现，也是旅游业服务的对象——旅客对旅游业服务人员的职业道德要求。旅游服务工作是需要旅游服务人员付出大量智力和体力劳动的非常艰辛的工作，旅游服务人员若没有极大的热情，没有全身心的投入，是不可能搞好服务工作的。在旅游业服务工作中，更多的是与旅客打交道的工作，服务人员只有笑口常开、语言亲切，才能产生良好的服务效能。待人亲切是热情好客表现在情态上的具体要求，它是向旅客发出的热情友好信息，也是尊重旅客人格的体现。待人亲切必然会得到旅客和睦友好的回报与合作。

(3)主动而周到

旅游业服务人员诚恳而友善之心，热情而亲切之意，必然同主动而周到的服务联系在一起。主动是指处处自觉地为旅客服务，周到则是指服务工作面面俱到、完善妥帖、细致入微。主动、周到之美，正是旅游企业的真诚形象在服务人员身上的具体体现。

2. 一致

所谓一致是指在旅游服务工作中，服务人员言行一致、表里如一。

(1)言行一致

言行一致，即在旅游服务工作中说话和做事要统一，作出的承诺和达成的契约一定要设法兑现。在现代社会中，旅游服务工作一定要遵时、守信。遵时，就是遵守规定或约定的时间，不违时不失约。众所周知，在讲求效率的时代，时间是十分宝贵的，遵时就是不浪费客人的时间，这不仅是对客人的尊重，也体现了自身的工作效率。在旅游服务工作中，违时失约会造成难以挽回的不良影响。守信，就是讲信用。“言必行，行必果”是我国古代就确认的道德传统，是对自身人格的尊重与珍惜；言而无信，说了不做，不仅降低了自身价值，也损害了企业的信誉和声誉。这对旅游服务人员来说也是对旅客不尊重的一种失礼行为。

(2)表里一致

表里一致，即旅游业服务人员在为旅客服务中不要耍嘴皮子、玩花架子，形式与内容要统一，使旅客在服务员的服务中实实在在地享受到所提供的服务。即景点能看得见，形象能感受得到，活动能亲自参加，而不是虚无飘渺的东西。对于旅游服务人员来说，会心的微笑应当是热情、真诚的心灵闪光，表情与体态的动人变化所表现的应当是真实的内心世界。这样的旅游服务才能为旅客所接受。

四、旅游服务人员的信誉意识

信誉对于个人来讲是第二生命，对于一个企业组织来说则是它得以生存和发展的基础。因此，在旅游服务工作中，旅游服务人员是否讲信誉是事关个人和企业生存、发展的大问题。众所周知，旅游市场现已发展到由买方市场来决定。对旅游企业来说，谁的旅游产品过得硬，服务水平高，赢得旅游消费者的信赖，谁就能在市场上站稳脚根，并不断扩大市场占有率，使企业永远立于不败之地。从另外一个角度看，信誉又是个人形象和企业形象的基础。没有良好的信誉，绝对不会有完美的形象。由此可以说，旅游服务人员要想在服务工作中作出优异的表现，就必须有信誉意识做基础。

思考题

1. 怎样理解气质？旅游职业对旅游服务人员的气质有哪些特定的要求？

2. 怎样理解性格？旅游职业对旅游服务人员的性格有哪些特定的要求？

3. 怎样理解情感？旅游职业对旅游服务人员的情感有哪些特定的要求？

4. 怎样理解意志？旅游职业对旅游服务人员的意志有哪些特定的要求？

5. 怎样理解能力？旅游职业对旅游服务人员的能力有哪些特定的要求？

6. 怎样理解职业意识？旅游服务人员应具备什么样的职业意识？

第四编

旅游企业管理心理

第十三章　旅游企业活动中的人力资源发挥

学习目的

通过本章的学习，要求学生了解在旅游企业活动中，旅游企业职工本身就是资源。职工的个别差异是客观存在的，为了调动旅游企业职工的积极性，就必须了解其差异，充分地运用激励理论，正确地控制其情绪，正视并积极地矫正其行为。

基本内容

- 旅游企业职工的个体差异与管理

  认知差异与管理　能力差异与管理　气质差异与管理　性格差异与管理

- 旅游企业职工的工作动机的激发

  动机激发的含义

  激励理论

  动机的激励方式

- 旅游企业职工的情绪的控制

  情绪与工作积极性　情绪的控制

- 旅游企业职工问题行为的矫正

  职工问题行为产生的实质　对待职工问题行为的基本原则

第一节 旅游企业职工的个体差异与管理

一、认知差异与管理

认知，就是认识和理解客观事物的过程。认知作为认识过程，包括感觉、知觉、记忆、思维和想象等各个环节。认知上的差异就表现在这些环节上。认知上的差异是影响职工个体行为差异的重要心理因素之一。

1. 知觉的个体差异

职工的知觉差异，主要表现为知觉类型差异和知觉深度差异。

(1)知觉类型差异。在旅游企业职工中，常见到一些职工在观察了解旅客或某些事件、景物时，很少被情境因素影响和干扰，而是凭自己已有的知识和经验去进行判断和分析，这是主动知觉型。但也有一些职工，由于知识的缺乏、态度上的依赖、性格上的软弱，在知觉事物时常常受客观环境的影响和作用，这是被动知觉型。

在观察和了解一些旅客活动和一些事件时，有些职工明显地表现出只把握其轮廓而忽略其细节，而有些职工却非常精细，从不放过旅客的任何一个细微动作和表现及事物发展变化的任何一个过程，哪怕是极不明显的过程。前者我们可称其为粗略型知觉，后者可称为精细型知觉。

在观察了解某些活动和事件时，我们也常见到有些职工，对事物观察全面、具体，并能在观察后对该事物进行详尽的描述，但不善于分析和解释事物。相反，有些职工，观察事物时不仅全面、具体，而且还善于分析和解释事物，说明事件的发生过程和原因，对前者我们称描述型知觉，后者称解释型知觉。

(2)知觉深度的差异。在旅游企业职工的活动中，由于职工实际活动的广度和深度不同，知觉能力也就表现出差异。例如，熟练而技术高超的厨师能够辨别出食品香味、颜色变化、温度高低的微小差异等。

2．思维的个体差异

在旅游企业里工作的任何一个职工，都要动脑筋分析问题和解决问题，即要思维。但每个人的思维各有其特点，这就是思维品质的差异。思维品质的差异表现在思维的广阔性、深刻性、独立性、灵活性和敏捷性方面。

思维广阔性的人，善于抓事物的广泛范围，在不同的知识和实践领域中进行观察、分析，创造性地思考问题。思维深刻性的人，善于抓事物的本质和规律，深入地思考问题，并能预见事物的发展进程。思维独立性的人，善于独立思考，善于发现问题和解决问题，他在分析问题和解决问题时，只根据客观事实，较少受感情或他人的暗示作用。思维灵活性和敏捷性的人，在处理重大问题或突发事件时，能当机立断，及时作出抉择。作为旅游企业的管理者，了解职工思维品质方面的差异，对合理安排职工的工作是极为有益的。

3．记忆的个体差异

记忆是人类最基本的心理能力之一，它不仅是完成各项实践活动的必要条件，也是其他心理活动的基础。

心理学研究认为，记忆的个别差异主要表现在两方面：类型差异和品质差异。

(1)类型差异。记忆的类型差异主要是指记忆的表现形式，一般有四类：①记得快忘得慢。②记得慢忘得快。③记得快忘得快。④记得慢忘得慢。

(2)品质差异。品质是指衡量记忆能力的指标。一般有四种品质：①记忆的敏捷性，指记忆的速度。②记忆的持久性，指记住的事保持时间的长短。③记忆的准确性，指再认或回忆时的准确程度。④记忆的准备性，指记忆中保持的东西当需要时能否及时地回忆出来。

在企业管理中，了解职工记忆的个体差异，可以根据职工记忆的特点，安排不同的工作或进行针对性的培训。

4．注意的个体差异

旅游企业职工是生活在人际事件层出不穷、工作情况瞬息多变的环境之中的，对他们来说，良好的注意是成功完成各种任务必要的条件。但由于客观环境条件的不同和自身特点的不同,人与人在知觉时的注意状态也有所差异。差异主要表现在注意的稳定性、集中性、范围和分配四方面。

(1)注意的稳定性,是指在一定时间内把注意保持在一件事物或一个对象上,以使个人在一定时间内坚持有效地从事某项工作。

(2)注意的集中性,是指注意指向一定对象而离开其他对象。它是有效地学习和解决问题的重要条件。

(3)注意的范围,是指在单位时间内所能知觉客体的数目。一般而言,注意范围大,工作效率高。注意范围的大小能反映出一个人智力水平的高低。

(4)注意的分配,是指在同一时间内把注意分配在两个或两个以上的对象上。在现代的旅游企业里,先进的设备、多项的工作要求,如果没有很好的注意分配能力,是很难在旅游企业里工作的。

二、能力差异与管理

人的能力高低不一,这是客观存在的事实。在旅游企业管理工作中,要充分发挥人力资源,就必须要考虑到职工能力的个体差异,根据每个职工能力的大小、高低、优劣安排适合的工作,使职工能尽其才,才能尽其力,各得其所,保证企业目标的实现。

在实际的生活和工作中,职工的能力差异主要表现在三个方面:能力发展水平差异、能力类型差异和能力表现早晚差异。

1. 能力发展水平差异

能力发展水平差异是指能力的发展程度差异。任何活动都是复杂和多方面的,它对人的智力和体力提出了不同的要求,它要求多种能力的结合。如果一个人能力的某种结合符合于活动的要求,那将是高水平的。如果这个人不具备活动所要求的能力,则说明他的能力是低水平的。在实际的活动中,某个职工能全面、概括、准确又迅速地知觉,其注意集中、稳定、灵活、范围较广,记忆迅速、准确、巩固,想象丰富、新颖,思维的广度和灵活性异常突出,这说明他能力水平是高的。相反,知觉速度缓慢,范围狭窄,内容笼统、贫乏,记忆差,再现有误,缺乏概括力或概括材料特别困难，这就反映出其职工能力水平是低的。

2. 能力的类型差异

能力的类型差异是指能力的发展方向差异。在旅游企业职工中，能力类型的差异也是较突出的。对同一事物，不同的职工其知觉、表象、记忆、言语和思维具有很大的差异。例如言语和思维差异：有形象的、情绪的和生动的言语类型，有概括的、逻辑的言语类型。

能力类型差异还表现在同一活动中能力的不同结合方面。例如，有一些反应速度并不突出的服务员，他依靠自己高度的观察力和感觉因素结合，正确估计情境及时作出动作来完成接待服务任务。而有些服务员依靠自己的责任心、事业心及坚强的意志的结合来搞好接待服务工作。

3. 能力表现早晚的差异

能力表现早晚的差异是指能力发展的年龄差异。早在我国三国时的刘劭就指出："夫人不同，成有早晚。有早智而速成者，有晚智而晚成者，有少无智而终无所成者。"

管理心理学研究认为，人的能力确实存在着个体差异，那么，在旅游企业管理工作中如何注意和运用这些差异呢？作为企业的管理者，首先应意识到企业任何工种和任何职能部门的工作内容都是复杂和多方面的，每种活动和工作对职工的精力、智力、体力都有不同的要求。为了有效地发挥企业职工的能力，必须注意以下三点：

第一，要有自己选人用人的能力标准。每个职能部门，每个工种都有自己相对独立的工作内容特性，当然也要有自己相对独立的对任职者的要求。因此，各级管理人员均要确定自己选人用人的能力标准。例如，对译导人员来说，语言表达能力、组织接待能力、应变能力就是任职的重要能力因素。对餐厅服务人员来说，敏锐的观察力和推销能力当然是主要的任职能力。对总经理来说，组织能力、指挥能力、决策能力是任职必备的能力。

就管理者自身来说，业务能力、管理能力和人际关系能力是管理者必须具备的三种基本能力。但由于不同层次的管理者，他们的工作任务、管理范围不同，被领导者的组成不同，对上述三种能力要求的水平也就各不相同(如图 13－1 所示)。对上层管理者来说,管理能力要求较高,业务能力要求相对较低。对基层管理者来说,业务能力要求较高,管理能力要求则相对较低。但无论哪一个层次的管理者,都必须具有人际交往能力。

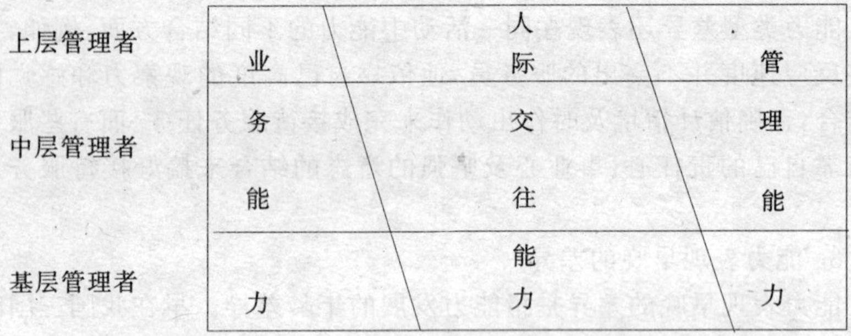

图 13－1 不同层次管理者基本能力的分布

第二,要注意用人之长,避人之短。管理工作应尽可能做到人尽其才。但在企业中样样精通、十全十美的人是少见的,而擅长于某一方面的人,适合于某项工作的人则不少。这是一个客观事实,管理者应注意扬长避短发挥其优势。

第三,努力寻求各种职务、工种之间的相关关系。管理心理学研究发现,在各种职务、工种之间存在着三种关系:正相关、零相关和负相关。在正相关的职务与职务之间、工种与工种之间,具有相近或相似的工作内容,这就对任职者的知识与能力有相类似的要求。管理者对各种职务、工种间相互关系的研究,就可以在人力的安排上做到科学、合理,使职工在工作岗位上充分发挥作用。

三、气质差异与管理

巴甫洛夫曾指出:“气质是每一个个别人的最一般的特征,是他的神经系统的最基本的特征,而这种特征在每一个人的一切活动中都打上了一定的烙印。”这说明气质差异是普遍存在的。心理学研究认为,各种气质都有积极和消极两面。如果人们能够从事较适合其气质特征的工作，就能扩大气质型积极的一面，缩小消极的一面。这样就能更好地发挥人的积极作用。

在旅游企业中，人的气质特征与职业对人的气质要求往往成为“互补”和“相互适应”的关系。

1．互补性

互补性是指人有一种不自觉地自动调节的功能，即人们会用自己的长处来弥补自己的短处，从而适应其工作。例如，对旅游企业工作人员来说，服务工作既要求他具有注意稳定、观察力敏锐等特性，又要求他具有注意转移速度快的特性，以便高效率地为旅客服务。但在实际工作中，一般服务员是很难同时兼具这两种相互对立的气质特征的。因此，不少服务人员是靠运用互补来适应服务工作的。粘液质气质的服务员运用自己注意力稳定的长处来弥补注意力不易转移的缺陷。多血质气质的服务员则以他灵活、敏锐、快速的优点来弥补他注意力不够稳定的不足。

2．相互适应性

人的气质特征与职业的相互适应是圆满完成工作任务重要的前提条件。在旅游企业里，有些工作要求反应速度快，有些工作要求与更多的人交往，有些工作要求要局限在一定范围内……如果当一个人的气质特点符合工作要求时，他的工作速度就快，困难少，兴趣也高。反之，如果气质特征与工作要求不相适合时，他要达到某一水平，就必须付出更大的努力。因此，管理者在对职工进行管理时，必须根据职工的不同气质特征，采取不同的管理方法。要“一把钥匙开一把锁”，即具有针对性地管理。例如，粘液质气质的职工，冷静、稳重，反应速度慢，性格内向，不善社交，思想状况往往不易被人了解。管理者就要注意平时多与他交往，在相互了解中取得他的信任，掌握他的思想脉搏，遇事要给他思考时间，不要急于逼他表态。

总之，管理工作者应当应用气质的差异妥善地安排人们的工作。在一般情况之下，在人机关系问题上，要选择或安排对工作有胆量、有忍耐力、有强度、有速度、有灵活性气质特征的职工去从事这些工作。在人际关系问题上，要选择或使用外倾性明显，好与人交往，人际关系较好的职工去从事这方面的工作。工作就能取得较好的效果。

四、性格差异与管理

心理学的研究指出，人的性格差异是普遍存在的。它表现在性格特征的各方面。

1. 性格的态度特征

性格的态度特征表现为对工作是勤恳或懒惰，认真或马虎，细致或粗心，进取创新或墨守成规等程度的不同。

2. 性格的意志特征

性格的意志特征表现为果断或犹豫不决，勇敢或怯懦，坚定性或动摇性，纪律性或散漫性，沉着冷静或鲁莽从事等差异。

3. 性格的表情特征

性格的表情特征自古就有“百人百性百脾气”之说，在喜怒上，在眼神上，在身段动作上，在言语上，在声音上，不同性格的人有不同的表现。

在企业管理工作中，各级管理者在分析某一个职工具有某种性格特征时，根据性格的形成特点，就可预见他在某种情况下将要怎样去行动，依此作为管理的依据。同时，还要注意培养职工的性格，积极创造条件，让职工的性格向着健康的方向发展（如表13－1所示）。

表13－1 根据不同的性格特征采取不同的工作方法示范表

性格特征	具体表现	管理工作方法
开朗直率	心胸坦白，有啥说啥，兴趣较广泛，但爱发议论，不拘小节，易在言语、行为上被人误解。	表扬为主，防微杜渐
倔强刚毅	能吃苦，不怕困难。但有时在工作中缺乏灵活性。对领导交办的工作，不理解时易发生对抗，好顶牛。	经常鼓励，多教方法
自尊心强	有上进心，在工作和生活中对自己要求比较严，怕别人说不是，“脸皮薄”，挫伤自尊心后好生闷气。	一点就透，正面引导
温和顺从	心地善良，有同情心，听从命令，服从领导。但有时感情脆弱，遇事缺乏主见。	开展批评，多给任务

续表

性格特征	具体表现	管理工作方法
心胸狭小	好动脑筋，但心眼小，遇到不顺心和涉及个人利益的事情时，爱斤斤计较。	典型引路，开拓胸怀
毛毛愣愣	工作有热情，干活快，但性急，粗枝大叶，工作缺乏计划性。	经常提醒，警钟长鸣
粗暴急躁	求胜心强，但容易感情冲动，“点火就着”，心中容不下事，好“放炮”。事后又常常后悔。	避开锋芒，坚持疏导
沉默寡言	少言寡语，但生产技术较好，工作能够任劳任怨，但在有些问题上，可能分不清是非。	不宜指责，多讲道理
疲疲沓沓	“扎一锥子不出血”，大错不犯，小错不断，经常好迟到早退，工作拈轻怕重。	启发觉悟，注重治本
傲慢自负	反应比较快，过分相信自己，爱表现自己，好发议论，虚荣心强。	看准问题，严肃批评

第二节　旅游企业职工的工作动机的激发

一、动机的激发①

旅游企业管理的首要问题是对广大职工的工作动机的激发，从而调动其工作积极性和创造性，使每个职工的聪明才智得到最大限度的发挥，为实现企业的目标而努力工作。

心理学家詹姆士(W. James)在实地调查中发现，按时计酬，职工一般只发挥20%～30%的能力，如果能够充分地调动其积极性与创造性，他的潜力可以发挥到80%～90%。他认为，一个人平常表现的工作能力与经过激发可能达到的工作能力和水平之间存在着大约60%左

① 参阅林秉贤著《管理心理学》第103～135页。

右的差距。可见职工工作积极性和创造性的发挥在企业管理工作中是一个多么重要的问题。众所周知，职工积极性和创造性的发挥，除了必须加强政治思想工作以外，还必须注意到心理的因素——动机的激发。旅游企业职工的工作动机一般说来取决于职工从工作与服务中获得些什么（即外在的物质的满足），还取决于管理人员所作出的工作安排与外在报酬的内在满足（心理需求的满足）两个方面。因此，对旅游企业职工的工作动机的激发，就必须掌握外在满足和内在满足这两方面的因素。

1．工作与外在满足

在旅游企业职工中，工作与外在满足主要体现在从工作中获得工资待遇、奖金津贴等的满足。工作与外在满足是满足生存需要的重要手段。一般说来有了工资等收入，不仅生活有保证，还是社会地位、角色扮演、受人尊敬及个人成就与权力的象征，而且具有很深刻的心理意义。

具有物质意义的工资与奖金能否对职工工作有激励作用，则是因人而异的。对高层次需求的职工，最好的办法是在工作中向他们提供能够满足成就以及提高能力的机会，这样就能够激励他们的工作积极性和劳动热情。对低成就动机的人来说，往往比高成就动机的人容易被金钱所激励。对于一个经济背景比较富裕的职工来说，一般说来物质刺激对他的激励作用不大。当然，还应看到工作本身的性质对一个人工作积极性的影响也是比较明显的。如果工作性质和职工心理需要相一致，且有助于个人的自我实现，他就会更加努力工作，从工作中获得心理满足的欲求。

从管理工作角度来看，如果工作安排能够使高成就导向的人感到更多的内在满足，他会尽力工作而不计较或很少计较物质和工资待遇。而低成就动机的人，他的工作积极性则会随着物质和工资福利的提高而增高。一旦物质和工资福利下降，他的工作积极性则会降低。

2．工作与内在满足

除前所述外，在旅游企业职工中还有相当一部分职工把工作当作寻求社会满足和得到社会尊敬的途径，当作表现自己能力、施展抱负、行使权力、获得成就及发挥创造能力的机会。

心理学的研究发现，职工工作动机的强弱，工作热情的高低，在很大程度是取决于职工对工作满足感的期望上。职工工作的满足感来自管理人员所提供的外在报酬和工作的内在满足。如果工作能够提供满足自主、能力、成就以及创造等高层次需求的机会，就可以更好地激励职工的工作热情和工作潜力的发挥。

二、激励理论

激励理论是关于如何满足人的各种需要、调动人的积极性的原则和方法的概括。长期以来，世界各国的许多心理学家、管理学家曾从不同角度提出了各种各样的理论，来解释人的激励问题。把这些理论归纳起来，可划分为内容型激励理论、过程型激励理论和行为改造型激励理论三大类。

1. 内容型激励理论

人的一切实践活动，都是为了满足自己的某种需要，这样，需要不仅是人的本能，而且又是人的一切行动的出发点和内部原因。内容型激励理论就是针对激励的原因与起激励作用的因素的具体内容进行研究的理论。对旅游企业来说，就是要了解职工的各种需要，确定需要的主次顺序和结构，以及满足职工何种需要才会导致最大的激励等问题。属于内容型激励理论的有马斯洛的“需要层次理论”、奥德弗的“E·R·G 理论”、麦克利兰的“成就需要理论”和赫兹伯格的“双因素理论”等。

(1)马斯洛的“需要层次理论”

美国人本主义心理学家马斯洛，在 1943 年出版的《调动人的积极性的理论》一书中提出了需要层次理论。该理论把人的需要分为生理需要、安全需要、社交需要、尊重需要和自我实现的需要五个层次。马斯洛突出地强调了需要对激励的重要作用。他认为需要本身就是激发动机的原始驱动力，一个人如果没有需要，也就没有什么动力了，佛教宣扬“四大皆空”，看破“红尘”，舍弃“七情六欲”，视功名利禄如尘土，似乎无所追求，其实，正因为存在着最强烈的信仰需要，信徒们才受宗教信仰的驱使作出了常人难以忍受的牺牲，克服了人们难以想象的困难。唐玄奘西域取经能经历八十一难，达摩参禅面壁长达九年，可见需要对人的激励作用。

需要是人的一切行为的起始点，这一理论在研究人的行为方面起到了“开路”、“奠基”作用。同时，该理论第一次系统阐述了人的需要与行为之间的关系，把人的需要看成是多层次的动态系统，反映了人的需要由低级向高级发展的趋势，并明确地指出了人的优势需要的支配作用。马斯洛的需要层次理论在企业管理中的应用主要有以下三个方面的启示：

①马斯洛认为，低层次的需要只有得到部分满足以后，高层次的需要才有可能成为行为的重要决定因素。因此，企业管理人员应当把关心职工低层次的需要放在一个较为重要的位置上，使职工物质生活有一个基本的保障。在考虑职工福利问题时，首先要“雪中送炭”，尔后才能谈“锦上添花”。

②马斯洛认为高层次的需要比低层次需要更有价值。因为高层次需要能使职工产生持久的工作动力。它能使人们孜孜以求，奋斗终生。因此，企业管理者绝不能只想到职工的低层次需要，而忽视职工的高层次需要。

③马斯洛认为，人的需要结构是动态的、发展变化的。人在某一特定时期会有某种优势需要，在同一时期，不同的人也会有不同的优势需要，优势需要会对人的行为有更大的推动作用。因此，企业管理者要想有针对性地调动职工的工作积极性，就必须了解不同职工在不同时期的需要层次是什么。

在旅游企业管理活动中，作为管理者应根据职工的需要，找出相应的激励因素并按照人的需要规律（如需要的层次性、主导性、斗争性），去采取相应的组织措施，引导和控制人的行为，实现企业目标。

(2)奥德弗的“E·R·G 理论”

E·R·G 理论是生存—相互关系—成长需要理论的总称。它是由美国耶鲁大学教授奥德弗提出的。他认为，在管理中职工的需要有三类：生存的需要(E)，类似于“需要层次理论”中的生理的和安全的需要；相互关系需要(R)，类似于“需要层次理论”中的社交和尊重的需要的一部分；成长发展的需要(G)，类似于“需要层次理论”中的某些自尊需要和自我实现的需要。该理论认为，各个层次的需要得到的满足越少，越为人们所渴望；较低层次的需要越是能够得到较多的满足，对较高层次的需要就越渴望得到满足；如果较高层次的需要一再遭受挫折得不到满足，人们会重新追求较低层次需要的满足。在此，E·R·G理论不仅提出了需要层次的"满足—上升"趋势，而且也指出了"挫折—倒退"的趋势，这对旅游企业管理工作很有启发意义。

奥德弗还认为，每个职工的不同需要会导致不同的工作行为，不同的工作行为决定了他们有不同的工作结果，而工作结果可能满足他们的需要，也可能满足不了他们的需要。因此，在管理工作中，管理人员要控制职工的工作行为。这首先要了解职工的需要，然后通过控制他们的工作结果，来控制他们的工作行为，使工作结果能满足他们的需要，这样就能使职工积极地工作。

(3)麦克利兰的"成就需要理论"

20世纪50年代，美国哈佛大学心理学家大卫·麦克利兰提出了"成就需要理论"。他认为，在人的生存需要基本得到满足的前提下，成就需要、权力需要和合群需要是人的最主要的三种需要。其中成就需要的高低对一个人、一个企业的发展起着特别重要的作用。因而他的理论被称为"成就需要理论"。

麦克利兰将成就需要定义为：根据适当的目标追求卓越、争取成功的一种内驱力。他认为，成就需要强烈的人事业心强，喜欢那些能发挥其独立解决问题能力的环境。他敢于冒风险，又能以现实的态度对待冒险。他强烈要求对其工作有明确的和不断的反馈。在管理中，只要对他提供合适的环境，他就会充分发挥自己的能力。

麦克利兰指出，权力需要是影响和控制别人的一种欲望或驱力。他认为，权力需要较强的人喜欢"负责"点什么事，喜欢竞争，并且能够取得较高社会地位的工作，喜欢追求和影响别人。麦克利兰强调指出，权力欲望是企业领导者有效管理的必要条件。

麦克利兰指出，合群需要是人们追求他人的接纳和友谊的欲望。他认为，合群需要强烈的人渴望获得他人赞同，高度服从群体规范，忠实可靠。为此，在管理工作中恰当地安排有这种需要的职工的工作，对生产效率和工作会产生间接的影响。

(4)赫兹伯格的“双因素理论”

双因素理论是美国心理学家赫兹伯格20世纪50年代后期提出来的理论，这一理论是研究满足人们需要的目标或诱因对人的动机作用的理论。赫兹伯格研究认为，造成职工非常不满意的原因大都属于工作环境或工作关系方面的，表现在公司的政策、行政管理及职工与监督者之间的关系上，职工与上级之间的关系上，职工与下级之间的关系上，表现在工资、工作安全、个人生活、工作环境和地位上等。他还发现，当上述条件不具备时，即低于职工可接受的水平时，会引起职工的不满情绪。然而即使具备了这些条件，也不能使职工感到激励。因此，赫兹伯格称这些没有激励作用的外界环境因素为“保健因素”。赫兹伯格还认为，能够使职工感到非常满意的因素，大都属于工作内容和工作本身方面的，如工作富有成就感，工作成绩得到领导和同事承认，工作本身具有挑战性，工作责任感，个人发展的可能性等。这些因素的改善，能够激发职工的热情和积极性。赫兹伯格把这一类因素称为“激励因素”。以上观点称为“双因素理论”。

在旅游企业企业管理中，管理者首先应该注意满足职工的“保健因素”，防止职工消极怠工，使职工不致产生不满情绪；同时要注意利用“激励因素”，尽量使职工得到满足的机会。另外，管理人员应帮助职工进行工作再设计，以使工作中有更多的激励因素。如，能尽快得到直接反馈的工作；通过学习新的有意义的知识与技能，使人感到自己在成长、在前进；能按自己的时间和方式自行安排和支配的工作；为了做好工作，能打破等级层次，自己进行直接沟通的工作；工作本身有质量管理的责任等。在工作再设计中，必须要注意工作的多样性、完整性、重要性、自主性和效绩的反馈，从而激励职工的工作热情和积极性。如果这两种因素能够合理使用，就能在企业管理工作中创造出一个良好的工作局面。

2. 过程型激励理论

过程型激励理论是研究从人的动机产生到最终采取行为的心理过程的理论。它的主要任务是找出对行为起决定作用的某些关键因素，弄清它们之间的相互关系，以预测和控制人的行为。有关过程型激励理论很多，这里主要介绍弗鲁姆的“期望理论”和亚当斯的“公平理论”两种。

(1)弗鲁姆的“期望理论”

期望理论是美国心理学家弗鲁姆于1964年在《工作与激励》一书中提出来的，他认为，一种激励因素的作用大小取决于两个方面：一是人对激励因素所能实现的可能性大小的期望；二是激励因素对其本人效价的大小。这两方面结合起来考虑，即激励力量等于期望值和效价的乘积：

激励力量＝期望值×效价

所谓“期望”，就是指根据过去的经验，判断获得某种结果的概率。当人们有了某种需要，这个需要就会引起人们用行动去实现目标。当目标还未实现时，人们认为这种预期目标有实现的可能性，这种需要就是人们的一种期望。

所谓“效价”，就是指此人对这个激励因素的爱好程度，即对他的工作所要达到目标的意义的估价。一般来说，激发对象对目标的价值(效价)看得愈大，对实现预期的目标估计得愈高(期望概率高，有可能实现)时，激发力量就愈大。否则，如果预期的目标(期望值)很小，目标就很难实现，激发力量就不大了。对一般人来说，期望值太小了，使人感到可望而不可及；期望值太大了，又使人感到不用费力气就可以实现。这两种情况对激发对象的激发力量都不大。

这里，期望之所以能够影响一个人的积极性，从心理学上解释，乃是因为“目标价值”(效价)的大小，直接反映并影响着一个人的需要和动机，影响着实现目标的情绪和努力程度。另外，“期望值”本身也直接影响着一个人的行为动机和实现一定目标的信心。如果实现目标的期望值小了，经过努力仍达不到目标，就会削弱人们的动机强度。因此，在管理工作中应用期望理论时，第一，要科学地设置目标，使目标给人以期望，使人产生心理动力；第二，要提高期望水平，只要目标正确，就要对职工进行教育，使其端正态度，改变看法，提高人们对目标的重要意义的认识，这样就会提高效价；第三，正确处理好期望与结果的关系，期望并不等于结果，二者之间可能会出现大于、等于和小于三种情况，特别当结果小于期望时，职工易出现悲观失望的心理，此时管理者要教育职工正确归因，稳定情绪，总结教训，提高勇气，改进措施，化消极情绪为积极行动。

(2)亚当斯的“公平理论”

公平理论是美国心理学家亚当斯于1967年提出来的。它是研究人的动机和知觉关系的一种理论。该理论认为，知觉对于动机的影响在于：一个人对他所得的报酬是否满意，不是只看其绝对值，而是进行社会比较和历史比较，看其相对值。两种比较结果相等时，就公平；公平就能激励人。如果察觉到不平衡时，即别人的收入比自己高，或现在比过去所得报酬下降了，就感到不公平；不公平就产生紧张、不安和不满情绪，影响工作积极性的发挥。

心理学研究认为，为预防不公平感的发生，从个人来讲，要努力完善自己，切实改进自己的“收入”条件。同时，还要全面衡量别人和自己的“收入”和“支出”，不要简单与人相比，因为每个人的机遇不同，具体条件也不同。从管理角度讲，要加强对职工的思想教育，防止在工作评定中贬低别人，抬高自己，拨弄是非，左右舆论，制造矛盾等不良倾向。同时要尽量减少职工在工作评定中“比”的机会，在条件相同情况下，尽量做到客观和公正。

3. 行为改造型激励理论

人们要实现预期的目标，必须保持行为与动机的一致，但由于认识水平的局限和外界环境中的不可控制因素的影响，使行为达不到预期目标。行为改造理论正是研究如何改造和转化人们的行为使其达到目标的一种理论。关于这方面的理论较多，下面我们介绍亚当斯的“挫折理论”、斯金纳的“强化理论”和海德的“归因理论”。

(1)亚当斯的“挫折理论”

挫折理论认为，人的行为是在动机的引导下指向一定目标的。但在导向一定目标的过程中，并非总是一帆风顺，有时会受到阻碍。有些阻碍经过努力可以克服，有些阻碍人们努力后仍然不能克服，此时，由于目标无法实现，动机或需要不能满足，就会产生一种情绪状态，这就是“挫折”。

几乎人的行为都有受挫折的可能，但挫折心理的实际发生有三个必备条件：第一，个人所期望的目标是重要的、强烈的；第二，个人认为这种目标有可能达成；第三，在目标与现实中存在难以克服的障碍。事实上，如无这些条件，目标就会实现，挫折就不存在了。

挫折理论的研究认为，关键是要采用正确的战胜挫折的方法，这对企业职工和企业的管理者来说都是极其重要的。作为旅游企业职工个人，要以正确的态度对待挫折。须知挫折也可以给人带来好处，它能加快一个人的成熟进程。俗话说的"寒门出贵子，逆境出人才"，"自古雄才多磨难，从来纨绔少伟男"，就是这个道理。所以，人们应该勇敢地向挫折挑战，百折不挠，终能达到胜利的彼岸。对旅游企业管理人员来说，在管理工作中，一要教育职工树立远大的目标，不要因为眼前的某种困难和挫折而失去前进的动力；二要正确对待受挫者，要设身处地地为受挫者排忧解难，使其产生自信心，尽快从挫折情境中解脱出来，继续前进；三要积极改变情境，避免受挫者"触景生情"，并向受挫者提供情绪释放的机会，以免造成心理疾病和越轨行为。

(2)斯金纳的"强化理论"

强化理论是研究行为对动机的影响的理论。该理论是美国哈佛大学教授斯金纳在巴甫洛夫条件反射理论的基础上提出来的。强化对于人的行为(反应)来说，就是指能加强人的行为的一种刺激。心理学研究认为，人的行为的结果对动机有反作用，如果行为是好的结果，则就能对动机起正强化作用，即能使人的行为得到加强或重复；如果行为的结果使动机得到削弱，则就对动机起负强化作用，会使人的行为削弱或消失。可见，强化对人的行为有定向控制和改造的功能。

在企业管理工作中，运用强化理论来影响、加强或改变职工的行为时，要注意采用以下几种方法。

第一，要按照职工的不同需要，采用不同的强化物。强化物是一个广泛的概念，它包括奖金、奖品、权力、责任、名誉、肯定等。由于职工自身的特点和背景条件不同，这些强化物对不同的职工的作用大小也是不同的。因此，有效的强化手段一定要因人而异。

第二，及时的信息反馈。及时的信息反馈能使职工及时知道自己的行动结果，结果是好是坏都有强化动机、鼓励行为的积极意义。好的结果能鼓舞人心，促其努力；坏的结果能使人冷静分析原因，及时自我纠正。因此，信息的及时反馈是影响和改造人的行为的重要环节。

第三，奖惩结合，以正强化为主。奖惩的目的是一致的，只是手段不同。对于职工的正确行为必须给予肯定和鼓励，否则积极性会消退，工作难于继续下去。对于不好的行为也应当给予惩罚，惩罚既是制止不良行为，也是好行为的开始。问题的关键是惩罚要恰如其分。在管理者的思想上，一定要坚持以奖（正强化）为主的同时，适当运用一些惩罚，这样，会收到更好的效果。

(3)海德的"归因理论"

归因理论是美国心理学家海德于 1958 年在社会知觉的实验研究中提出来的。该理论是关于人的某种行为与其动机、目的和价值取向等属性之间逻辑结合的理论。

归因可分为两类：一是情境归因，二是个性倾向归因。情境归因是把个人行为的根本原因归为外部力量，如环境条件、社会舆论、企业的设备、工作任务、机遇、天气的变化等。个人倾向归因，是把个人行为的根本原因归结为个人的自身特点，如能力、兴趣、性格、习惯、信仰、努力程度等。

任何人的行为都是有原因的，都受一定的动机驱使。管理者要想在管理工作中做出正确的决策，必须了解人们行为的真正原因，只有这样，才能够激发人们良好的工作动机，帮助改造和矫正某些职工不理智的工作行为。在日常工作中，职工自己对自己行为的原因所做的归因判断，都会对后来的工作态度和积极性有重要影响。

人们对成功或失败的归因，常可归结为四种因素：努力程度、能力大小、任务难度和机遇。从归因分类来看，努力和能力属内在原因，任务和机遇属外在原因。从性质上看，能力和任务是稳定性因素，努力和机遇是不稳定性因素。这四种因素对一个人来说，努力程度和能力是可以控制的，而任务难度、机遇是不以人们的意志为转移的。在归因过程中，如果某个职工把成功原因归于内在因素（努力、能力），他会感到非常满意和自豪，从而更加努力；如果他把成功归于外在因素（任务容易和运气好），他会产生惊奇和感激心情。同样，如果他将失败归因于稳定性因素（能力差、任务难），他就会降低积极性；如果把失败归因于不稳定因素（不够努力、运气不佳），则可能会提高工作积极性。因此，管理者要及时了解职工的归因倾向，才能帮助职工正确总结经验教训或进行归因训练，使职工胜不骄败不馁，严格要求，发奋努力。

三、动机的激励方式

在作好对职工情况的了解与工作动机的分析后，旅游企业管理人员应发挥自己本身的聪明才智，针对不同职工，运用有关激励理论，采取不同的激励方式，对旅游企业职工实施激励。在旅游企业管理工作中常见的激励方式有以下几种：

1. 目标激励

心理学研究认为，目标是引起行为的最直接动机，设置合适的目标会使人产生想达到该目标的成就动机，因而对人具有强烈的激励作用。

作为旅游企业的管理者，要调动企业职工的工作积极性，就不能只是向职工交代在一定工作岗位上的工作任务，而要让他们知道自己的工作岗位应当达到什么样的目标。如果企业的职工不知道自己的任务，不知道自己具体的责任和职权，那么其积极性就很难谈起。因此，当企业管理者在给职工设置工作目标时，特别要注意以下四点：

(1)个人目标与企业目标的一致

个人目标与企业目标的一致有两方面的含义。一方面要提倡主人翁精神，要让每个职工都胸有全局，都能把自己的工作看成是实现企业目标的必不可少的一个环节。另一方面，把工作目标与职工的个人利益挂起钩来。

(2)目标的具体性

目标的具体性即指目标能精确观察和可以进行测量。因为目标越具体越能使人明确努力的方向。

(3)目标的难度

目标的难度也即实现的难易程度。因为较困难的目标能带给人以成就感。

(4)目标的可接受性

目标的可接受性是指人们接受和承诺目标或任务指标的程度。许多研究表明,在设置目标的过程中,让职工参与,有利于职工把该目标变成自己的目标。其实参与的本身就会给职工带来自豪感和成就感。同时,在目标设计过程中,管理者还应考虑到目标与职工的能力、特长相适应,并尽可能地为职工排除在实现目标道路上的干扰因素等。大量研究表明,在管理工作中,管理者在目标的设置上注意到以上几点,职工的信心就会树立起来,这正是调动职工积极性的基础。

2. 奖金激励

奖金激励,目前在旅游企业里是被普遍采用的激励方法之一。如前所述,一个人金钱的多少不仅能够显示自己的地位与成就,而且还能使自己的安全系数增高,还可以使自己许多梦想的东西变成现实,所以提薪加奖在当前条件下仍然有着极大的激励作用。但由于各个企业的具体情况不同,管理者对员工的情况分析不同,究竟建立何种奖励制度,采取何种奖金激励方式,各有不同。但有一个最重要之点,那就是正确处理好奖金与工作绩效、奖金与满足人们需要的关系,并且还要建立稳定的奖励政策和贯彻这种政策的严肃性。这样职工的工作干劲就能被鼓舞和保持下去,积极性才能被真正调动起来。目前,在我国的一些旅游企业里,最常见的是采取绩效薪金制的激励办法。所谓绩效薪金制,就是采用计件工资、工作奖金、利润分成、纯利分红,也就是把报酬同绩效相结合。这里指的绩效可是以个人绩效、部门绩效、组织绩效。不难看出,绩效薪金制贯彻的是多产多得,它是把工作绩效与奖金、奖金与满足需要紧密联系在一起的。因此,在管理工作中要使激励达到最大程度,奖金就必须与工作绩效和职工的满足需要紧密联系在一起。

3. 强化激励

所谓强化激励,就是对已经表现出工作积极性的职工给予物质的或精神的鼓励,使其表现出来的工作积极性,由于物质的或精神的奖励而增加其重复出现的概率。这对于旅游企业管理者来说,意味着他可以通过各种强化手段,就能有效地激发职工的积极性。

在管理实践中,积极强化、消极强化、惩罚和消退是最常用的四种强化手段。

(1)积极强化(也称正强化)

它指对某种行为给予肯定和奖赏。例如,对工作表现出色的职工表扬、加薪或提升,以期望该职工保持工作积极性,并进一步做出优秀的成绩。

(2)消极强化(也称负强化)

它所使用的是一种撤除消极的行为后果的方式。例如,对不能如期完成任务的职工,在管理工作中对他进行经常性的监督,一旦有如期完成任务的表现,对他的监督随即放松。这实际上是鼓励职工如期完成任务。从根本上讲,消极强化仍是一种奖励。

(3)惩罚

是指当某种行为出现后给予某种带有强制性、威胁性的不利后果,以期减少这种行为出现的可能性或消除这种行为的方法。例如,对没有做好工作的职工管理者施以不利的回报(如批评、减薪、罚款等),以杜绝以后类似情况再次出现。

(4)消退(也称衰减)

它指撤消对某种行为的积极强化,以终止该行为或降低该行为出现的可能性的方法。例如,对喜欢打小报告的人,管理者采取故意不理会的态度,以使这类人自讨没趣而放弃这种不良行为。

以上四类强化手段,前两类可归为奖励性措施,后两类可归为惩罚性措施。在管理工作中,奖励和惩罚都可以作为激励职工的有效手段。但由于两者的性质不同,对人们的心理产生的影响也很不相同。为此,为了达到预期的激励效果,必须遵循如下原则。

(1)奖励与惩罚相结合的原则

在旅游企业管理中,采取奖惩结合的原则是正确的,因为对职工正确的行为给以肯定,对有成就的个人或群体给予奖励,这不仅使被肯定者、受奖者本人看到自己的努力与成绩受到企业和社会的肯定,从而更加努力工作,同时又能使周围的人得到鞭策和鼓励。同样,对不良行为者给予惩罚,不仅可以使本人从中吸取教训,也可以使周围的人受到教育。基于这两点,人们只能努力工作,不能放松,始终保持高度的积极状态，这正是奖惩结合所带来的双重激励效果。

(2)以奖为主、以罚为辅的原则

奖惩并用，不等于奖惩并重。因为惩罚有时会造成不良行为，过分惩罚会使人产生挫折感，且惩罚又不能罚出人的觉悟和自觉性。因此，惩罚只能作为辅助手段来用。

(3)及时正确强化的原则

及时强化能给人以鼓励，使职工增强信心，并迅速地激发工作热情。积极的效果是以正强化为前提的，乱赏乱罚绝对不会产生激励效果。

(4)奖人所需、形式多变的原则

要使奖励成为真正的强化因素，就必须因人制宜地进行奖励。因为每个人都有各自的特点、个性和需要，其优势需要各不相同，因此，针对职工的不同需要，奖人所需、形式多变是调动职工积极性必须遵循的一条原则。

4. 关怀激励

关怀激励强调的是管理人员不仅要关心职工的工作，而且要“关心人”，不仅要为职工的工作质量操心，而且要为他们的生活质量操心。在这个问题上，管理人员必须付出极大的感情投入。比如说，管理人员经常把职工的工作问题、住房问题、未婚职工的婚姻问题、已婚职工的夫妻分居问题、健身防病问题、丰富业余生活问题、学习提高问题、思想政治上的求进步问题等挂在心上，并想法帮助其解决，自然对职工就会起到极大的激励作用。

对于旅游企业来说，职工家属是企业的重要的内部公众。关心企业的职工家属，实际上是对职工本人的一种关怀。因为旅游企业是服务性行业，职工工作十分繁忙，家庭方面的问题很少顾及，职工对家庭的牵挂是自然的事。相反，职工能够在企业里安心工作，没有职工家属的大力支持也是不可能的。因此，企业管理人员对职工家属的关怀实际上也是对职工本人的关怀，这对职工的工作积极性无疑是有相当大的鼓舞作用的。

5. 榜样激励

榜样激励即通常所说的典型示范，以典型带动一般，以先进推动后进。榜样，实际上是给职工树立了一个方向和目标。如前所述，方向和目标不仅对职工的行为具有规范作用，而且还具有导向作用。这对旅游企业来说，利用企业内部先进人物进行激励时，一定要注意其真实性、代表性和可学性，以对广大职工产生强有力的说服力和感召力。这实际上是一种榜样激励。

6. 领导行为激励

领导行为激励是指领导者的模范行为对职工的感染、鼓舞和示范效应。在旅游企业活动中，领导者在领导作风、领导水平、领导方法等方面对自己提出更高要求，在工作中以身作则，自觉遵章守法，不搞歪门邪道，这本身对职工就会产生一种效仿作用。

7. 情感激励

对旅游企业管理者来说，情感激励就是对职工进行感情投入，以情感人。感情需要是职工最基本的心理需要。在旅游企业活动中，管理人员对职工的感情投入，不仅可以增强职工与企业之间感情上的联系，而且还能使职工产生较为持久的内聚效应和强大的工作积极性。

8. 反馈激励

在旅游企业活动中，管理人员若能把职工的业务成就和其工作效果及时地反馈给职工本人，同时做出客观的评价和奖赏，这必然能够使职工看到自己的工作效果，从而增强工作信心，更加积极努力工作。

9. 工作设计激励

工作设计激励是指变更工作内容以满足职工高层次的需求。工作设计之所以对职工具有激励作用，乃是因为它能增强职工的工作动机。变更工作内容主要是使职工的工作丰富化。工作丰富化是一种纵向的扩大工作范围，即向工作的深度进军的工作设计方法。这种方法主要集中在改造工作本身的内容，如让职工执行更加有趣而困难的工作，让职工增加自我责任感及自我判断和控制的机会。同时上级管理人员还要经常培养与增强职工的自尊感；发挥创造力，使其聪明才智得到充分发挥；从明确的工作标准不断得到自己工作成就的回馈，增强自我定向能力。工作丰富化最简单的方法是重新安排工作（工作再设计）。一般说来，工作丰富化一可以横向（水平）扩大工作范围和内容，二可以纵向

(垂直或深度)扩大工作范围和内容。当然这些内容是具有挑战性、责任和成就性的。这些内容扩大之后,必然能够恢复职工的内在潜力,满足职工高层次需求,使职工的积极性和创造性得到发挥。

第三节 旅游企业职工的情绪的控制

一、情绪与工作积极性

情绪是衡量职工工作积极性的特征指标。情绪的变化反映一个人工作积极程度的变化。一个人工作积极性高涨时,情绪状态必然好,而当他的工作积极性受到挫折时,就会常常“闹情绪”,闷闷不乐,工作懒散。可见,情绪与工作积极性有着密切的关系。情绪对职工工作积极性的影响主要体现在以下几方面:

1. 情绪的感染性

情绪能够影响一个人的精神状态,提高或降低一个人的工作效率。同样一个人,在高兴、愉快、喜悦的情绪状态下的工作效率,肯定要比他在忧愁、悲伤、痛苦的情绪状态下的工作效率高得多。情绪为什么具有这种神奇的作用呢?这主要来自它的感染性。在旅游企业中工作的职工,由于受到企业内部和社会环境中各种因素的影响,必然会引发各种各样的情绪。不管何种情绪,只要一经产生,便会影响其在整个工作过程中的表现,使一切都感染上情绪色彩。情绪积极时,工作也积极;情绪消极时,工作也消极。

在旅游企业里工作的职工,一般说来受到欢悦、愉快、乐观等积极情绪的感染,工作情绪往往容易高涨,干劲容易持续。心理学家们把这种能够提高身体机能、增强工作效率的情绪,称为“增力的情绪”。“增力的情绪”对人有很大的激励、鼓舞和推动作用。相反,不良情绪状态,如暴躁、烦恼、懈怠、萎靡不振等,都是压抑人们积极性的一种内部障碍。受到这类情绪感染的人,往往会感到心神不宁,干什么都提不起精神,工作效率必然得不到提高。因此，只有对自己的工作充满热烈的激情，以工作为乐，不断从工作中享受胜利的喜悦的人，才能激励自己克服各种困难，不断取得胜利。

2. 情绪与工作效率

情绪状态与人的工作积极性有密切关系。对旅游企业管理者来说，如何利用适当的刺激，来激活企业职工的积极的情绪状态，以满足职工适应性活动的需要，从而提高管理效能和工作效率，是一个非常重要的问题。心理学研究认为，工作中的情绪状态与活动效率之间关系是很复杂的。由于情绪状态有不同程度的兴奋水平，工作任务也有简单与复杂之分，因此，很难说清楚情绪状态与活动效率之间关系的一般模式。

心理学研究指出，人们要完成一项工作任务，必须有一个适当的情绪激活水平为背景。心理学家赫布(Hebb)研究了情绪激活水平与工作效率之间关系，提出了两者之间假设关系曲线(图 13—2)。

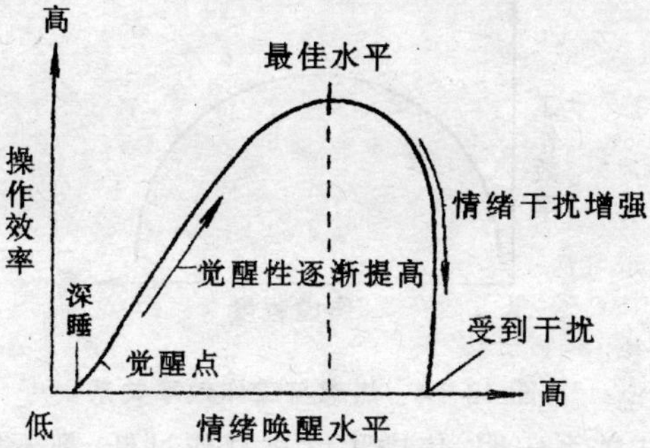

图 13—2　赫布曲线

该曲线告诉我们：①情绪激活水平很低(深睡、昏睡)，工作效率极低或等于零；②觉醒性逐渐提高，工作效率随之提高；③情绪唤醒到一定程度(最佳水平)，工作效率达到最高水平；④情绪激活水平继续提高，情绪开始干扰，工作效率则开始下降，直至过渡到情绪紧张，使工作效率降低至最低水平。

完成不同性质的工作任务，同一水平的情绪唤醒是否会取得同样效果呢？心理学家叶克斯和多德森研究了这个问题。研究认为：不同性质的工作，取得最大效率所要求的情绪激活水平不同。在一定的情绪背景下，任务越复杂，取得最高效率所需情绪激活水平越低。这就是叶克斯—多德森法则(图 13—3)。

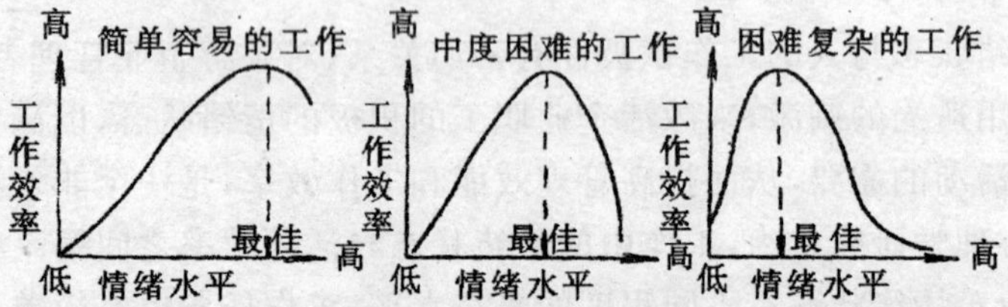

图 13—3 叶克斯—多德森法则

焦虑是一种不愉快的情绪，很多心理学家研究了焦虑情绪与工作效率的关系后认为，工作效率与焦虑程度是呈倒“U”曲线关系(图 13—4)。

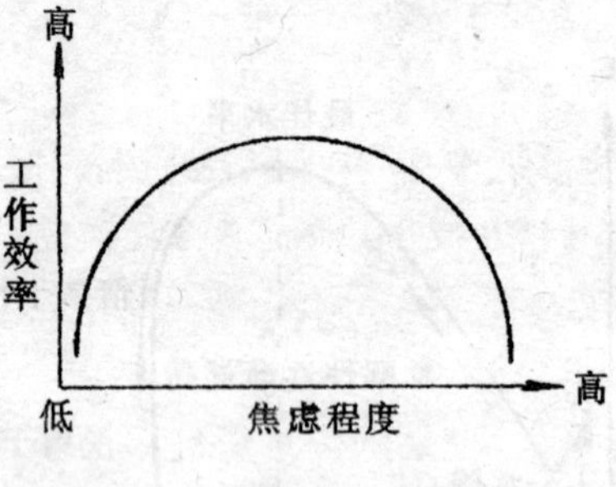

图 13—4 焦虑与工作效率关系

倒“U”曲线关系表明，焦虑程度过高或过低，都不能表现出好的工作效率，只有中等焦虑程度，才能发挥最高的各种效率。

二、情绪的控制

现代心理学研究认为，人的情绪感情一般受三种因素的制约：环境因素(刺激因素)、生理状态(生理因素)和认识过程(认知因素)。而其中认知过程可以对人的情绪进行控制和调节。在企业管理工作中，管理者应充分利用情绪三因素的相互作用和认知因素在情绪、情感产生过程中起决定作用这一心理环节，对职工情绪进行认真而有效的控制。

情绪由环境中的刺激所引起。对旅游企业职工来说，这里所指的环境包括职工自身的内环境与自身以外的外环境（社会环境、企业环境等）两个方面。因此，旅游企业管理者就应该特别注意内部刺激的变化与外部刺激的控制。

1. 加强对职工情绪修养的教育，控制不良情绪的发生

内部刺激的变化是情绪发生的一个重要方面。然而在相当一部分职工的心目中意识不到这一点，很少对情绪进行有意识的控制和调节。结果，积极的、健康的情绪得不到很好的保护，消极的、不良的情绪得不到及时的排解。因此，要想获得稳定的、健康的、欢快的情绪，排除消极的、不良的情绪，必须要有一种坚强的、旷达的、高尚的个性素质。比如正确的人生态度，宽广的胸怀，顽强的适应能力，良好的性格素质，以及自我节制情绪的能力等。只有有了这些素质，人们才能在得意和失意、欢乐和痛苦、胜利和失败的起伏沉浮中，保持健康和稳定的情绪。

（1）确立正确的人生态度

人们的情绪活动，首先是建立在一定人生态度基础上的。一个职工若能够把“报效祖国，振兴中华”作为自己一生的追求，那他就获得了一种精神支柱。有了这种精神支柱，他就能够在遭受挫折、打击和失意时，依然“心有所恃、情有所依”，保持顽强的精神和健康的情绪。

（2）开拓宽广的胸怀

度量宽宏，心胸豁达，也是保持情绪健康的基本条件之一。要做到度量宽宏，心胸豁达，作为旅游企业职工就应具有宏大的抱负、远大的志向，不要只津津乐道于眼前琐事。这样，在看问题的时候就会想到全局和长远，就能做到不因个人得失成败而时冷时热，不因暂时的不利境遇而烦恼沮丧，不为那些微不足道的蝇头小利而大动感情。

（3）增强适应生活的能力

情绪问题，通常都是由一定的客观原因造成的。但在同样客观条件下，有的人不管生活怎样起伏变化，始终不改愉快、乐观的精神面貌；而有的人在生活的变动面前，情绪会随着起伏动荡，时喜时怒，时悲时愁。这其中有一个适应能力存在的问题。所谓适应能力，首先就是接受生活现实的能力。比如说，青年人的主体情绪是激情性，那些高兴的、满意的

现实容易接受，那些扫兴的、失意的、倒霉的现实就不容易接受。其实，现实还是现实，并不因为你不接受，它就不存在。工作失误，恋爱失败，成果被否定等，你就是痛苦得肝肠碎断，也还是改变不了这些客观现实。聪明的办法是接受现实，设法解决它。当然，适应能力还应包括正确、客观地估价自己。一个职工不能接受现实，会引起对生活和工作的不适应；同样，不能正确客观地估价自己，也会引起对生活和工作的不适应。比如说，对自己的能力估计过高，追求过高的目标难以达到，就容易产生挫折感和失败感，引发消极的情绪。

(4)注意性格的锻炼

情绪的波动与人的性格有密切关系。性格不同的人，在情绪活动特征上也会有很大的不同。性格坚强的人遇到失意和伤心的事能挺得住；相反，性格软弱的人遇到失意和伤心的事往往容易被不良情绪所征服。可见，保持健康的情绪状态，必须考虑到自己的性格特征。

(5)加强对情绪的控制

保持健康的情绪状态，每个职工的头脑里都应装上一个控制情绪活动的“闸门”，让情绪活动听从理智和意志的节制。凡是理智和意志有效地节制情绪的人，也都能基本保持情绪的平衡和稳定。一般地说，人在良好的心境状态下，情绪活动比较容易受理智节制，因为良好的心境易使人发生兴趣，呈现轻松愉快的状态，有利于保持整个身心的稳定和平衡。因此，培养良好的心境是有效地节制情绪活动的重要途径之一。

2. 改变旅游企业的工作环境和氛围，引发积极情绪的产生

环境对人的情绪起着重要的影响和制约作用。素雅整洁的工作场所，光线明亮，颜色柔和，易使人产生恬静、舒畅的心情；相反，昏暗、狭窄、肮脏的环境，往往给人带来憋气和不快的情绪。安谧、宁静的环境，使人心情松弛、平静；而乱杂、尖利的噪音，使人烦躁焦急。因此，改变环境，也能起到调节情绪的作用。对于旅游企业管理人员来说，改变工作环境和气氛可包含两种方法，其一是让职工摆脱原来的工作和生活环境，到新的工作环境中去；其二是改变环境气氛，创造适宜的条件，使情绪低落的职工能够发挥其主动性和创造性。其实，对旅游企业职工来说，外部环境中的刺激很多，除物理性与化学性的刺激之外，还有社会

性和心理性的刺激。所有这些刺激对职工的情绪影响都比较大。因此，管理者要注意运用一些有效的刺激来引发职工积极的情绪反应，避免或防止消极情绪反应的产生，从而提高职工的工作积极性。

第四节　旅游企业职工问题行为的矫正①

一、职工问题行为产生的实质

我们把旅游企业中职工各种“成问题的”行为统称为问题行为。从心理学角度可以把问题行为分为两大类：攻击性问题行为和退缩性问题行为。攻击性行为是外向的，有明显的破坏性，而退缩性行为是内向的，主要表现为消极、冷漠和疏远。一些调查研究表明，这些行为的存在不仅不利于职工工作积极性的正常发挥，而且对国家、企业和职工本人也会造成危害。因此，在旅游企业管理工作中，必须对此行为进行预防和矫正。要预防和矫正职工的问题行为，首先要了解问题行为是怎样产生的。从心理学的研究发现，问题行为的产生主要有以下两个原因：

1．个人需要

心理学的研究认为，人的一切行为（包括问题行为）都是以人的需要为基础的，都是为了满足人的某种需要。但是，人的需要既可以用合理的、正当的方式来满足，也可以用不合理、不正当的方式来满足。例如，职工为了满足社会荣誉的需要而努力工作，积极地为企业和国家作贡献，这是合理的、正当的需要；相反，如果弄虚作假，骗取荣誉，那就是不合理、不正当的。问题行为之所以成问题，并不是因为人不应该满足自己的需要，而是因为人不应该用不合理、不正当的方式来满足自己的需要。

职工有各种各样的需要，当职工通过他们的所作所为来满足这些

---

① 参阅屠如骥主编《旅游心理学》第240～259页。

需要的时候，必然有一个如何处理个人利益、集体利益和国家利益关系的问题，如何处理个人眼前利益和长远利益关系的问题。问题行为的实质就在于某些职工不能正确地处理个人利益、集体利益和国家利益的关系，以及个人眼前利益和长远利益的关系。这是造成问题行为的实质所在。

2. 挫折

人的所作所为都是为了满足人的需要，但是人的所作所为实际上并不一定能够满足人的需要，遭受挫折的情况便会经常发生。挫折一经生成，会扰乱人的内心世界，破坏人的心理平衡，往往使人出现一些不理智的举动。这是造成问题行为的一个常见的原因。

当一个人用正当的方式去满足自己的需要而遭受挫折以后，他可能转而采用不正当的方式来满足这种需要，也可能放弃这种需要，压抑这种需要，显出无动于衷的样子，用这种方法来免除内心的痛苦，恢复由于遭受挫折而被打破的心理平衡。这也是造成问题行为的一个比较常见的原因。

挫折易使人产生愤怒、怨恨和不满，由此可能引起攻击行为，也可能因为“敢怒不敢言”而引起退缩行为。但必须指出，挫折虽然很容易引起问题行为，并不是必然要引起问题行为。挫折可能使人“退化”，也可能使人“升华”。一个人如能正确地对付挫折，就能在对付挫折的过程中变得更加成熟，更加坚强。

二、对待职工问题行为的基本原则

为提高旅游企业广大职工的工作积极性，旅游企业管理工作者，必须对职工的问题行为进行预防和矫正。从心理学角度来看，预防和矫正职工的问题行为必须遵循以下基本原则：

1. 强调正面性

做人的工作要强调正面性，这就是说，企业的管理者要把自己的注意力放在职工的好的表现上。强调正面性能使管理者在职工的心目中树立一个良好的形象，有利于开展工作。同时，也能够使职工受到鼓舞而去追求成功。追求成功是职工积极向上的一种工作态度。有了这种态度，人们不会因为仅仅是“没有失败”而满足，为了追求成功，他们并不害怕暂时的失败，也不会影响工作积极性。因此，就预防职工的问题行为而言，强调正面性应当说是一个最好的办法。

2. 实事求是，全面分析

对待职工的问题行为不能简单化，这就好比治病不能只是针对表现出来的症状采取“对症治疗”而必须弄清病理、查明病因一样，应该弄清造成职工问题行为的原因究竟是职工个人原因还是环境、管理者的问题。只要实事求是、全面地分析原因，在职工的心理上就会产生一种实在感、信服感，从而使职工的行为不越出理性支配的轨道。

3. 全面关心，预防为主

根据对问题行为的心理分析，我们知道职工的问题行为是不能用合理的、正当的方式来满足自己的需要而产生的。那么，一个人如果能够用合理的、正当的方式来满足自己的需要的话，他就不至于采取不合理、不正当的行为方式，就不至于出现问题行为。因此，作为企业的管理者，想方设法帮助职工解决各种实际问题的时候，实际上他是在做防患于未然的工作。

根据对问题行为的心理分析，我们知道遭受挫折往往导致问题行为。帮助职工正确地对待各种挫折，就可以避免许多问题行为的发生。因此，当职工情绪低落时，与同志发生纠纷时，遇到困难时，调动工作时，逢年过节时，生病住院时，家庭出现矛盾时，办婚丧事时，发生天灾人祸时，及时给职工以关心和帮助，是预防问题行为发生的较为有效的措施。

4. 因势利导

俗话说：“人往高处走，水往低处流。”往低处流，这是水的“势”；往高处走，这是人的“势”。治水要因势利导，做人的工作也要因势利导。

在日常生活和工作中，人的心理活动和行为虽然千变万化，但也像水的流动一样，有其固有的趋势。比如说，人要追求满足、合理以及满足与合理的统一。当遭受挫折时，内心就会产生压力。如果压力过大而又长时间不能排除，就会损害人的身心健康，使人在心理上、生理上和行为上出现种种失常现象。因此，管理者在处理职工的问题行为时，就要顺应心理活动和行为的发展变化所固有的趋势，即顺应人对合理满足的追求。

5．正确运用惩罚

做人的工作强调正面性并不意味着可以废除惩罚。对于问题行为的预防和矫正，惩罚是一种必要的手段。但在对职工问题行为进行惩罚时，管理者应当把惩罚当作预防问题行为的手段来使用，而不是当作矫正问题行为的手段来使用。因为运用惩罚的主要目的是让职工为了免受惩罚而不犯错误，并不是让职工在犯了错误以后去体验受惩罚的痛苦。另外，无论把惩罚作为预防问题行为的手段，还是作为矫正问题行为的手段，都不是单独使用就能奏效的，惩罚只能起到辅助的作用。

6．讲究批评艺术

企业的管理者对犯了错误的职工给予批评，目的是让有问题行为的职工解决问题，纠正行为，为企业多做工作，为国家多做贡献。因此，为了使批评收到预期的效果，管理者应当研究批评的艺术。从心理学角度来看，批评的艺术有以下几个要点：

(1)批评要把握时机。职工有了错误，及时找他谈，他会认为这是提醒他，帮助他。拖的时间长了，自己不大好开口，被批评的人也会认为是故意翻老账。

(2)一般应当就事论事，不要新账老账一起算。如果把对方的缺点错误集中起来数落他，这样一来，就会把对方描绘成一个一无是处的形象，使有问题行为的职工难以接受。

(3)尽可能通过个别谈话提出批评，不要轻易在大庭广众之中批评一个人。须知“人有脸，树有皮”，一个在个别谈话中能够承认错误的人，在大庭广众之中很可能为了保全自己的面子而拒不承认。

(4)批评谁就说谁的事，最好不要拿他和别人比。俗话说：“人比人，气死人。”在批评一个人的时候拿他和别人比，效果往往不好。

(5)批评人要开诚布公。开场白太多，绕的弯子太大，反而使人怀疑你别有用心。

(6)要注意控制自己的姿势和表情。对职工要语重心长，不要疾言厉色、倾盆大雨。否则，使人难以接受。

(7)不要以为批评人就是“我说你听”,要让被批评的人说话,甚至要鼓励他说话,并且还要耐心地倾听,不要急于作出反应。否则易增加对立情绪。

(8)一旦发现对方已经在考虑批评意见了,就要适可而止,不要指望一下子就把别人的思想扭转过来,要给他一段时间,让他自己去思考。

(9)不要计较对方气头上的话。因为人在气头上思想偏激,难免会一时糊涂,说一些过头的话。管理者应把注意力集中在实质性问题上,绝不要听到一两句刺耳的话就沉不住气,反唇相讥,以至离题万里,那不仅达不到预定的目的,而且有失身份,有损形象。

总之,职工问题行为的矫正和对问题行为的转化工作涉及诸多心理学问题,但最重要的是理解和尊重。正如一位教育评论家在谈到如何对待失足青年时所说的:拙劣者是雷霆后的厌弃,平庸者是规劝后的叹息,无聊者是讥讽后的斜眼,高明者是善诱后的尊重。这对于职工问题行为的矫正和转化工作具有重要的借鉴意义。

思考题

1. 旅游企业职工有哪些方面的个体差异?如何进行管理?

2. 什么是激励?有哪些激励理论?如何理解这些理论?

3. 在旅游企业管理工作中,常采用哪些激励方式?怎样理解这些激励方式?

4. 情绪有哪些功能?如何理解这些功能?

5. 在旅游企业管理中如何控制职工的不良情绪?

6. 问题行为产生的最根本原因是什么?

7. 预防和矫正职工问题行为应遵循哪些原则?

第十四章　旅游企业活动中的群体行为与群体动力

学习目的

通过本章的学习，使学生了解在旅游企业活动中群体动力的特性、内在含义及群体行为的内在规律。

基本内容

- 旅游企业活动中的群体行为
  - 群体行为的含义
  - 群体行为的特征
  - 群体行为的意义
- 旅游企业活动中的群体动力
  - 群体规范与群体压力
  - 群体的内聚力与群体士气
  - 群体的竞争与群体冲突
  - 群体内的人际关系与意见沟通

第一节　旅游企业活动中的群体行为[①]

一、群体行为的含义

行为是指特定行为主体的活动。因其行为主体的特征不同，其行为的性质也不同。个体的行为主体是个体的人，群体的行为主体是群体。由于群体是由个体的人组成的，虽然其行为具有个体的人的行为的社会性、目的性和有意识性，但绝不是群体所有成员行为的简单相加。诚然，群体离不开个体，群体行为也离不开个体行为，但当群体把成员凝聚在一起的时候，就不再以个人而是以一个整体来进行活动，发挥作用。群体的活动怎样，效果如何，都反映了这个群体作为行为主体的状况。据此，我们可以说，介于组织和个体之间的群体，在组织内的一切活动，它发挥作用的性质、大小、方式，都属于群体行为。

二、群体行为的特征

基于群体行为主体是由人组成的，因此群体行为具有如下特征：

1. 群体行为是有意识有目的的活动

人的最重要之点是具有意识。作为群体成员的个人，在实现群体目标的过程中，要产生相互作用和相互影响，个人的意识和行为必然要折射到群体行为之中，形成群体的意识。如同个体意识支配个体行为一样，群体意识能够唤起群体广大成员投入某种活动，迫使人们的行为适应社会和集体的要求。事实上，群体的活动都是有意识有目的的活动。平时，我们对一个人“听其言、观其行”，能判断他是怎样一个人，能在他的无数偶然行为之中发现必然趋势。群体行为也不例外，“听其言，观其行”，可以知道它是怎样一个群体，同样能够在其纷纭的活动中，寻找到

---

① 参阅俞克纯、沈迎选编著《激励活力凝聚力》第130～137页。

群体行为的变化规律。

2. 群体行为可进行定性和定量的测量

通过群体对组织和社会作用的状况，可对其行为的积极或消极进行定性的测量。就群体行为的一些具体方面来看，比如说群体的经营方针、办事效率、服务态度、业务水平、组织纪律、团结协作精神等，通过访问或设计量表在公众中进行调查，依据其在公众心目中的形象程度测定出该群体的性质。当然也可以通过对群体完成其任务的指标情况、成本及消耗、质量水平、安全情况等进行测量，以确定这个群体的状况。

3. 群体行为可以划分为不同类型

群体行为是可以划分为不同类型的，划分的依据主要是群体行为的作用、任务、持续时间和行为目的。

根据群体行为的作用倾向，可以区分为积极行为和消极行为。凡是有利于完成组织目标的，包括有利于群体成员成长和进步的行为，是积极行为，反之，则是消极行为。

根据群体所承担的任务，可以区分为首要行为和次要行为。首要行为即关系到群体兴旺盛衰的决定群体命运的行为。次要行为是指那些对群体的生存和发展有一定影响，但没有决定性意义的行为。

根据行为持续时间、作用和目的，可以区分为长期行为和短期行为。群体行为与群体目标相联系，长远目标持续时间长且稳定，并有利于群体正常长远的发展，这种行为是长期行为。相反，短期目标，产生短期行为，持续时间比较短。短期行为有可能追求的是眼前的利益，但不能绝对地说短期行为就不好。因为短期行为很可能是由群体近期任务决定的。

4. 群体行为与个体行为的影响是相互的

群体行为对个体的影响，主要是群体规范对个体行为的约束和群体行为对个体行为的熏陶起作用。个体行为对群体行为的影响，主要是从个体行为与群体行为顺向的示范和推动作用中表现出来，以及从与群体行为逆向的干扰和阻滞作用中表现出来。

三、群体行为的意义

如前所述，群体介于组织与个人之间，在整个组织的形成和活动过程中发挥着其他形式不可替代的作用。联系旅游企业的实际活动情况，旅游企业内的群体的作用，主要表现在对企业和成员两个方面。

1. 群体对旅游企业的作用

群体对旅游企业的作用主要表现在以下三个方面：

(1)群体是旅游企业生长的细胞和企业任务的主要承担者

在旅游企业组织内，科室、班组是企业组织的细胞。它的主要功能是承担、执行、完成企业组织分配的任务，保证企业目标的实现。从另外一个角度看，一个企业形象的好坏，效率的高低，是与企业内部所属的各种群体的行为及绩效密切相关的。只有群体行为合理化并有高绩效，才可能保证企业目标和任务的圆满完成。

(2)群体的整体水平是提高旅游企业管理水平的基础

作为旅游企业只有有高水平和现代化的管理，才能出色地完成自己的目标和任务，充分发挥其职能作用。而在旅游企业提高管理水平的过程中，群体管理水平的高低，自然是企业管理水平的基础。

(3)群体的活力是增强旅游企业活力的关键因素

在旅游企业组织里，科室、班组与企业的关系，犹如生物细胞和生物肌体的关系。只有细胞是有生命的、活动的细胞，整个企业才能生机盎然、充满活力。只有从科室、班组开始入手调动和激发职工的积极性、智慧和创造性，企业才具有活力。因此，搞好群体是增强企业活力的关键因素。

2. 群体对其成员的作用

群体对其成员的作用主要表现在以下三个方面：

(1)群体能够满足其成员的心理需要

群体中的成员具有多方面的需要，有的可以通过工作来满足，有的则是通过群体中人际关系来满足。一般说来，个人只要隶属于某一个群体，个体就会对群体产生认同感，而群体也能够给他带来光荣或利益、自尊或尊严、信心或力量、地位或友谊、安全或荣誉等。在一个具有高效率的群体内，其成员会有强烈的工作动机、良好的沟通关系和自觉接受群体任务的积极性。以上都是成员生活或工作在群体内的心理需要，这方面的心理需要没有群体的存在是不可能得到的。

(2)群体能够协调成员与成员之间的关系

只有在群体里，人们才可以利用正式、非正式的渠道，互通信息，进行情感交流。这不仅有利于群体成员间的相互了解，关系融洽，而且在群体间出现隔阂和矛盾时，群体可以根据矛盾发生的不同原因，不同性质，利用群体的力量，做好促进转化工作，协调人际关系。

(3)群体能够促进成员的健康成长

群体是成员了解别人、了解自己的一个窗口。成员在群体中能够确定自己所处的地位，找出自己的不足，能够在与其他成员的互动作用中取长补短，相互促进；在相互奖励中，共同奋发向上，开拓进取；在良好的群体气氛中，优势互补，促进健康的成长。

第二节 旅游企业活动中的群体动力

一、群体规范与群体压力

1. 群体规范

群体规范是由群体成员建立起来的行为标准。这些标准规定着群体对其成员的行为可以接受和不能容忍的范围，提示其成员应该怎样做而不应该怎样做。任何一个群体都有规范，可能是成文的，也可能是不成文的。它是一个群体生存、巩固、发展的支柱，它是群体每一个成员的共同的心理参考原则，它能将成员的行为指向群体的目标，并具有推动符合群体要求的行为和阻止不符合群体要求的行为的力量。为此，建立适合某一群体的规范，对实现群体的目标和企业目标有极其重要的意义。那么，对旅游企业来说，建立适合于某一群体的规范时，就一定要注意以下因素：

(1)群体成员的个体特征。群体成员智力越高,他们就越不愿意建立和遵循规范。因为智力高者往往更倾向于把自己看为具有独特价值观、人格、动机的个体。

(2)群体构成。同质群体与异质群体有别,同质群体与异质群体相比,因有相同的利益、爱好和目标,易确认规范。

(3)群体的任务。如果任务明确、清楚,又是常规性的,规范容易形成。

(4)物理环境。工作条件相同,地点接近,易形成规范。

(5)组织规范。一般群体规范与组织规范是一致的,凡是群体认同的组织,则易建立规范。

(6)群体效绩。人们向往效绩高的群体,效绩高的群体内聚力高,易形成规范。

在服务行业中,旅游企业的标准化、规范化程度相对较高,因此,标准规范建设就显得更为重要。一般来说,旅游企业在标准规范建设过程中,应把下列正式规范作为基本内容:

(1)员工手册;

(2)各部门、各岗位、各项操作的服务程序与标准;

(3)企业管理制度、干部评核与任免制度、奖惩制度、培训制度、质量管理制度、成本管理制度、利益分配制度,等等。

在规范建立过程前后,应注意群众的参与性、规范的科学性、执行的严肃性等方面,以确保规范的有效性。当已有规范在执行过程中遇到与实际情况相悖时,应以下列几方面作为最高、最后的标准:

(1)是否有利于调动员工工作积极性;

(2)是否有利于提高顾客满意度;

(3)是否有利于企业效益、形象与长远发展。

2. 群体压力

群体压力是指群体规范对其成员所具有的无形的约束力。这种约束力会使个体成员在心理上很难违抗,从而产生一种不安、紧张、孤独、恐惧的心理状态。一般说来,在群体压力下,人们往往容易产生社会从众行为、社会顺从行为、社会助长作用和社会标准化倾向。

社会从众行为就是通常人们所说的“随大流”。实际上是个体在群体压力下，处于内心的自愿，在行为上与其他成员保持一致，在思想上放弃原有的意见。

社会顺从行为则是在思想上保留自己的观点，而又不在行动上违背群体的意志。

所谓社会助长作用是指个体在群体环境中易产生竞争心理，提高工作效率。

所谓社会标准化倾向是指个体在群体环境中，易趋向于统一标准。

任何群体都有自己的行为规范，因此，任何群体对自己所属的成员都有一定的压力。作为管理者，在企业管理中应重视这种现象。根据研究发现，一个群体对其成员的压力，一般有五种类型：

(1)理智压力。即摆事实，讲道理，以理服人，使成员从道理上明白是非，接受群体的意见或观点。

(2)感情压力。理智压力是采用“晓之以理”法，感情压力则是采用“动之以情”法，深厚的真挚的感情能打动人，促其顺从群体。

(3)舆论压力。常言说“群言难违”，群体的舆论对其成员易形成一种压力。正面的舆论能促其成员坚持正确行为，惩戒性的舆论使成员不敢再坚持错误的行为。

(4)心理隔离。即群体使用断绝其成员心理上的沟通和行为的接触，使之形影孤单，陷入完全被动的状态。

(5)“暴力”压力。即采用强制手段，如惩罚、解雇和开除等。

研究结果表明，压力与工作效绩呈明显的曲线关系。

图 14—1 中纵坐标表示从低到高变化的工作效绩水平，横坐标表示从低到高变化中群体成员所体验到的压力的大小。在压力小的情况下，职工可能不警惕，没有挑战性，激不起职工的干劲，工作效绩达不到最好水平。当压力太大时，群体成员产生焦虑，易窒息职工的独创性，限制人的思维，影响人的独创能力，使工作绩效水平下降。图中显示压力最合适时，工作绩效水平最高。

当然，同样的压力在不同成员身上也可能产生不同的结果。一般来说，对期望高的职工，在压力面前会持一种积极态度，有激励感。对期望低的职工，在压力面前会持消极态度，感到苦恼。因此，企业管理者应针对不同员工的情况，采取不同的管理策略：

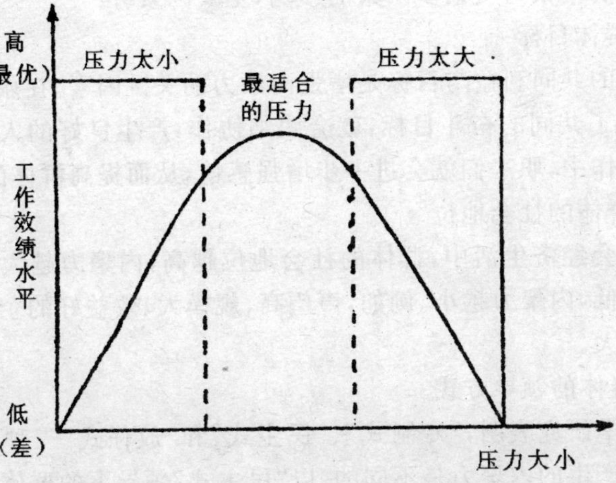

图 14—1 压力与工作绩效的关系

（1）对感到激励的员工，管理者应进一步鼓励，并为其提供支持和帮助。

（2）对持消极态度的员工，应区分情况，做针对性的工作。比如员工的能力较差，应调整工种或岗位，或者加强针对性培训；员工工作动力不足，应采用激励手段并配合工作理念教育；员工与管理者情绪对立，应首先由管理者检查自己的工作，并与此类员工充分地、自由地、诚挚地交换意见，理顺情绪。

二、群体的内聚力与群体士气

1. 群体的内聚力

群体的内聚力指群体对成员的吸引力及成员与成员之间的吸引力，它含有“向心力”和“内部团结”的双重意义。它具有增强群体的功能，是实现群体目标不可缺少的条件。内聚力高的群体，工作效率高；反之，效率低。心理学家多伊奇提出了一个计算内聚力的公式。该公式是：

$$群体内聚力=\frac{成员之间相互选择的数目}{群体中可能相互选择的总数目}$$

群体内聚力是一种复杂的复合性的心理现象，它既包括多种认识、情感、行为成分，又包括多种个性成分和人际关系成分。

群体的内聚力受诸多因素的影响，主要因素有：

(1)群体目标

群体的共同利益与目标是增强内聚力的关键因素。在旅游企业里，当职工有了共同的奋斗目标，就会团结协作，产生良好的人际关系，在共同的工作中，职工们就会进一步增强感情，从而提高群体的内聚力。

(2)群体的社会地位

在社会经济生活中，群体的社会地位越高，内聚力越大；群体的社会地位越低，内聚力越小。例如，声望高、规模大、效益好的企业的群体，内聚力就大。

(3)群体的领导方式

心理学研究表明，“专制式”、“民主式”和“放任式”三种领导方式，对群体所产生的内聚力是不同的。以“民主式”领导下的群体，内聚力最高。

(4)群体的沟通方式

在群体内部，全方位沟通，内聚力高；单向沟通，内聚力低。例如，只一味强调垂直等级管理的企业，员工怨气较大，人心不稳，内聚力小。而同时辅以全方位沟通的企业（如实行管理者与员工谈心制度、接待日制度、民主生活会制度、与员工共同参与游艺活动、共进餐制度等的群体），内聚力较大。

(5)群体内部的奖励方式

研究表明，以群体为单位的奖励方式有助于增强群体的内聚力。因为以群体为单位的奖励方式可以使成员们意识到个人的命运是与群体连在一起的，因此，增强合作精神。

(6)群体的外部影响

当群体受到外部压力时，内聚力增强。但是，这只表明了一种潜在的可能性，而不是自动形成对组织有用的那种力量。如企业经营出现重大危机时（如经营不善、社会经济形势突变或竞争加剧等因素引起的企业危机），懦弱的管理者会一筹莫展，从而使人心浮动，内聚力降低，而有胆有识的管理者却可以危机为契机，焕发人们的精神，使员工产生与企业共荣辱的情感，从而增强内聚力，促使企业走出困境。

许多研究表明，内聚力高的群体士气高，工作效率也高。但群体内聚力高也易产生小集团主义或本位主义等无组织倾向，从而与组织分庭抗礼，影响组织目标的达成。为此，从管理角度讲，不仅要从加强群体成员之间的感情来提高内聚力，而且要加强对群体成员的思想教育和积极指导，来克服群体中可能出现的消极因素，使群体向正确的方向发展。

2. 群体士气

士气原是军队的用语，表示团结一致、斗志昂扬的集体精神。现在它被用来表示企业组织中群体成员的工作精神状态与相互认同、协作的群体意识。一般来说，高昂的士气是增强企业活力和内部团结的一个重要心理因素。一个企业能否有效地实现自己的目标，在很大程度上取决于全体群体成员的士气。

管理心理学家克瑞奇等人认为，一个士气高昂的群体通常具备七种特征。

(1)群体的动力来自内聚力，而不是来自外部的压力。

(2)群体成员没有相互对立的倾向。

(3)群体能适应外部环境，并能处理内部的矛盾冲突。

(4)群体成员之间有强烈的认同感。

(5)群体成员都明确群体的奋斗目标。

(6)群体成员对群体目标肯定，对领导者支持。

(7)群体成员承认群体的存在价值，并具有维护该群体继续存在的意向。

在旅游企业管理中，管理者一定要意识到群体士气是提高生产效率的必要条件，但不是全部条件，只有同高度的生产性相结合，才能对提高生产效率、实现企业目标产生真正的价值和积极意义。因此，不要认为高士气必然有高效率。

三、群体的竞争与冲突

1. 群体的竞争

竞争是一种普遍存在的社会现象。它是指群体中个人与他人之间为达到有限的目标，力求超过别人取得优势地位的心理状态，是人的“争先意识”或“力求优越”的动机表现。在群体中，没有竞争，就没有比较，就没有发展和创造，它是企业发展的动力因素之一。

竞争是有条件的，不是在任何条件下都能发生的，它取决于以下因素。

(1)目标有限程度和资源稀缺程度。引起竞争的根本原因是目标有限、资源短缺。试想，在大家都想获得好的或更多的资源情况下，由于数量限制，那就意味着甲得到了，乙就减少了，因此，大家都想得到，就必须竞争。

(2)群体及成员的价值观。群体或个人，只要认为某种资源或某种事情对自己有重大作用，人们都会为之奋斗。彼此之间就可能进行竞争，除非一方在其心目中失去了他所追求的目标的重要意义，否则，竞争是不可避免的。

(3)群体成员的合作性。群体间的竞争成果取决于有关群体内的成员是否合作，是否一致。心理学研究认为，群体成员的合作是群体间竞争的重要条件。凡集体意识强、关系融洽、团结合作的群体易产生竞争性。

(4)目标与现实的差距。群体目标与现实的距离是指群体的现状与实现群体目标之间的距离。在通常情况下，目标与现实差距小，实现目标的可能性很大，很可能竞争不起来；如果该目标的实现是决定该企业或群体或个人前途命运的大事，竞争将是十分激烈的。相反，目标与现实差距大，即有相当的难度，实现目标要付出极大的努力，这能体现出对一个人意志和能力以及对企业或群体实力的考验，很可能会产生激烈的竞争。当然，如果差距大到高不可攀时，群体或个人很可能会放弃目标，竞争就难以发生。

在许多旅游企业内部，竞争常常被用作激发职工士气的“杠杆”，或推动工作、提高工作效率的重要管理手段。而群体间的竞争会对有关群体的内部关系产生积极的影响，归结起来有四点：

(1)内部冲突减少，团结加强。

(2)成员对群体目标和步调易趋于一致。

(3)成员对集体荣誉关心，工作主动。

(4)群体趋于高度组织化。

2. 群体冲突

处在某一企业中的人们，由于相互的交往，在人与人之间或群体与群体之间，常会因这样或那样一些原因，发生分歧、争论、冲突和对抗，对此，我们统称为冲突。冲突实质上是指两个或两个以上的人或群体，在目标上互不相容或互相排斥，从而产生心理上或行为上的矛盾。冲突的产生不仅会使个人体验到一种过分紧张的情绪，而且还会影响正常的群体活动，对管理工作带来重大的影响。

关于冲突，大多数人认为它是有害无益的。但近几年来，管理心理学家认为，冲突并非都是坏事。冲突也可能说明群体成员思想活跃，勇于探讨创新。事实上，在一个适宜的冲突水平上，还是保证高效绩所必需的，因为适宜的冲突可以促使人们寻求新的策略和方针，帮助克服停滞和自满情绪。

心理学研究认为，造成群体冲突的原因很多，主要是群体沟通、结构、个人行为等方面的因素。

(1)沟通因素。在群体内如果沟通不良，易使群体成员发生误解造成冲突。但这种冲突不同于本质上对立的冲突。

(2)结构因素。如果群体结构规模大、层次多、分工复杂，信息易被歪曲，容易造成冲突。

(3)个人行为因素。在群体内个体之间的差异也是冲突的来源。一般说来，独断专行的人爱扩大事态以攻击别人，自尊心强的人容易感到别人的威胁而先发制人，他们都为了“自我防卫”而主动与他人发生冲突。

企业管理心理学研究认为，冲突的存在，一方面会对企业的形象造成不良影响，另一方面会影响企业职工工作效绩的提高。为此必须减少冲突。减少冲突的策略一般有三种：

(1)设置超级目标。因为超级目标是高水平的目标，使冲突各方都能从中获益，消除敌意，从而使他们共同把精力集中到目标达成上。

(2)采取行政手段。把爱闹事的人调离或加大冲突双方的距离。调离较简单，但不是处处可用，因为有些人是骨干力量，调出会影响工作任务的完成。暂时加大冲突双方的距离，使彼此在情绪上冷静下来，有利于冲突的缓解。

(3)采用托马斯冲突处理的两维模式。托马斯提出的两维空间模式(如图14－2所示)中，横坐标表示合作程度，纵坐标表示武断程度。在这两维之间有五种解决冲突的策略：

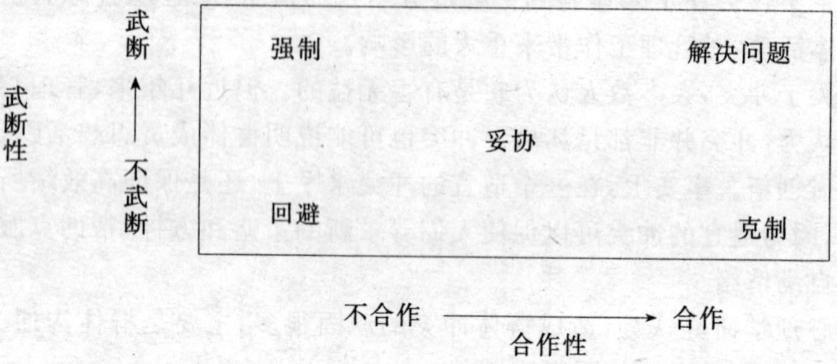

图14－2 处理冲突的两维模式

强制：既不合作而又非常武断。

回避：合作与武断程度都很低，对一切缺少兴趣。

妥协：两个维度都取中间状态，是一种权宜的解决办法。

克制：合作程度高而武断程度低，有牺牲自己利益去满足他人利益的精神。

解决问题(开诚合作)：双方通过坦率、真诚的交谈，决定共享资源。

上述处理冲突的方式比较有效，但托马斯通过调查研究还提出了在特定情况之下处理冲突的最佳方式选择(如表14－1所示)。

表 14－1　处理冲突的五种方式及应用

冲突的处理方式	适　合　的　情　况
强制(竞争)	1. 当情况紧急,要采取决定性行动时 2. 在与企业的利益关系重大的问题上 3. 在重要的纪律性问题上 4. 当对方可以从非强制手段中获益时
解决问题(开诚合作)	1. 当与双方利益都有重大关系时 2. 当你的目标是向他人学习时 3. 需要集思广益时 4. 需要依赖他人时 5. 出于感情关系的考虑时
妥　协	1. 目标很重要,但不值得和对方闹翻时 2. 当对方权力与自己相当时 3. 使复杂的问题得到暂时的平息时 4. 由于时间有限需取权宜之计时 5. 当合作或竞争都未能成功时
回　避	1. 在小事情上或面临更加重要的事情时 2. 当认识到自己无法获益时 3. 当付出的代价大于得到的报偿时 4. 当其他人可以更有效地解决冲突时 5. 当问题已经离题时
克　制	1. 当发现自己错了时 2. 当问题对于别人比自己更重要时,去满足他人,维持合作 3. 为了树立好的声誉时 4. 当友好相处更重要时

心理学研究还认为,当企业人员流动少,缺乏新思想,缺乏竞争意识,对改革有阻挠情况时,适时地引起适当的冲突对企业的发展有重要作用。

如何引起冲突,管理学家罗宾斯提出了以下几种具体办法:

第一,委托开明的管理者。在群体中管理者如高度专制,职工的反对意见就会受到压制，为此，选派开明的管理者，在一定程度上能克服这种现象。

第二，鼓励竞争。通过增加工资、奖金，对个人或群体进行激励，这样可以增进竞争，而适当的竞争可以导致积极意义的冲突。

第三，重新编组。交换群体成员、调动人事及改变沟通路线都可以引起冲突。而且，重新组编后，新成员的价值观和思维方式也可能对原群体的陈规陋习提出挑战。

四、群体内的人际关系与意见沟通[①]

1. 群体活动中的人际关系

群体动力来自群体的一致，这种一致，突出地表现在群体的人际关系方面。群体中的人际关系对于工作、生产效率有极大的影响，是决定企业成败的重要因素之一。因此，旅游企业管理者应重视和加强对群体成员关系的研究。

(1)人际关系的重要性

在群体生活中，每一个人都要和他人发生各种各样的关系，这种关系就是人际关系。

群体中人际关系的疏密，取决于人们的需要满足程度。如果交往双方的心理需要都得到满足，那么人们之间就会产生并保持一种亲近的关系。如果一方对另一方不尊重，另一方则产生不安，双方就会形成疏远的关系。

在旅游企业里，一个单位的人际关系的好坏，对职工的积极性和生产、工作效率有重要的影响。如果单位人际关系良好，职工之间感情关系融洽，职工的士气就会提高，内聚力就会增强，职工就能激发出生产、工作积极性和热情，生产和工作效益就会提高。反之，如果一个单位人际关系较差，职工关系紧张，则会削弱单位的内聚力，降低生产和工作效益。

(2)人际关系的构成要素

① 参阅孙彤主编《组织行为学教程》第八章。

人际关系由哪些要素构成呢？一般说来，有三种要素：

①方对关系。人际关系的发生，至少需要由两个方面的人联结成对，才能发生关系，此称方对关系。

②联系媒介。方对之间的彼此联系，必须要通过一定的桥梁，即通过中间媒介，这就是联系媒介。

③交往方式。人们在相互交往中，要采取一定的形式，这就是交往方式。

方对关系、联系媒介、交往方式是构成人际关系的三要素。在人际关系形成的三要素中，方对关系是人际关系的基础，联系媒介是人际关系的桥梁，交往方式是人际关系的形式，三者互相结合，彼此才能形成关系。

(3)良好人际关系的形成过程

良好的人际关系是在人际交往过程中建立和发展起来的。良好的人际关系形成过程一般要经历四个阶段：

①定向阶段

这是良好人际关系形成的最初阶段。人们总是依据自己的意愿、审美观、价值观选择对自己最有意义和“魅力”的交往对象，并在自己心理定势的前提下搜集对方的信息，以求深入地了解对方。同时，人们还可能从正面展示自己，以求给对方创造一个良好的最初印象。

②探索情感交换阶段

在搜寻对方信息和创造最初印象的基础上，人们会进一步向对方表露自己较浅层次的思想情感倾向，或扩展新的领域、增加新的内容，以探寻对方的情感倾向，此时，交往双方若都有继续交往的倾向，则会进入第三个阶段，情感交换过程。如果对方毫无情感表示，二者将不可能建立什么关系。

③情感交换阶段

情感交换是人际关系建立的关键阶段。人际关系能否建立，关键取决于情感这个联系纽带。在这个阶段里，双方若能很少保留地表现自己的个性，或相当自由且中肯地相互赞扬或批评，就能为人际关系的确定打下坚实的基础。

④稳定情感交换阶段

经过前三个阶段交往接触，彼此已形成良好的稳定情感，心理距离已达到相当接近和十分密切的程度，在外在的相互行为上会表现出相亲相爱的表现，至此，良好的人际关系便告形成。

总之，在人际关系的形成过程中，情感程度是逐阶段上升的，前一阶段是后一阶段的基础，后一阶段是前一阶段发展的结果。在人际关系形成过程中，无论哪一个阶段出现障碍，都将意味着交往的中断或破裂，关系便不能建立和形成。

(4)良好的人际关系形成的条件

良好的人际关系的建立，除思想政治倾向外，还必须具备个人吸引力和心理相容度两个方面的因素。

个人吸引力是影响人际关系状况的重要因素。决定个人吸引力大小的因素主要有以下三种：

①人品

人品是个人吸引力大小的根本因素。在人际关系的形成中具有巨大的感召力。心理学家安德逊于1968年经过研究指出，在人际关系中最受欢迎的十项人品是：诚恳、诚实、理解、忠诚、可信、可靠、聪明、关怀、体谅、热情。

②仪表

仪表是重要的吸引因素。人们都喜欢漂亮的人。仪表在人际交往初期能够给人以良好的初步印象。

③能力与专长

能力与专长是实践性和科学性因素，具有很强的影响力。一个能力较强，且有专长的人，容易使人对他产生一种敬佩感和信赖感，愿意与他接近，成为好朋友。

心理相容度是影响人际关系状况的重要因素。决定心理相容度的因素主要有三种：

①相熟程度

越是相互熟悉，越可能建立较接近的人际关系。由于工作或生活场所等地理位置上的接近，人们彼此之间交往频率增多，越是交往越熟悉，越容易拥有共同的话题、共同的情感，越容易建立密切的关系。

②相似程度

人与人之间相似的因素（如年龄、经历、长相、性格、态度、家庭社会背景、经济条件、职业、文化素质、宗教信仰、价值观念等等）越多，越容易形成良好的人际关系。

③需要的互补度

当双方的需要正好与对方的期望成互补关系时，彼此容易产生吸引力，形成友好的关系。

(5)群体中成员之间的关系

在群体中成员之间的关系是错综复杂的，但这种错综复杂的关系有一定的规律性。在一个群体中，成员都同时参与“双重关系”——公务关系（正式关系）和私人关系（非正式关系）。群体中成员之间的这种关系构成了群体成员之间的关系系统。在此关系系统中，私人关系受公务关系决定和支配，公务关系以私人关系为基础，两者相互联系、相互制约。私人关系不融洽、私人感情很紧张时，难以有好的公务关系；而公务关系十分紧张的人，则相互之间的感情也不会和谐。因此，作为一个管理者要想在群体中建立正常的、和谐的人际关系，一定要协调和处理好公务与私人之间的关系。

(6)改善人际关系的途径

良好的人际关系具有积极的意义。在群体中建立良好人际关系的途径，主要有四个方面：

①建立坚强的领导班子

领导班子的良好思想作风，对群体士气和人际关系具有重要的影响。坚强的领导班子具有良好的思想作风、工作作风和生活作风，在工作中就能表现出高度的事业心、正确的权力观、实事求是的态度、讲究领导方式、关心职工疾苦、广泛联系群众等优良作风。这些作风能够使集体心理气氛融洽、和谐，形成良好的人际关系。

②创立有利的群体环境和良好的交往气氛

情境因素是建立良好人际关系的必备条件。从管理角度讲，管理者要有意识地利用组织的力量，创造适宜的群体气氛（如优美的工作环境，优越的工作条件，团结的集体，有竞争性的工作任务，和谐的上下级关系，有发表意见的自由和有情趣的集体活动等），就能促进成员间的相互交往，建立良好的人际关系。

③建立合理的组织结构和采取必要的组织措施

组织机构是组织完成其特定目标与任务的基础，只有建立科学的组织机构，组织内部分工才能得以实现，组织的整体目标与任务才能分解落实到岗位与个人。凡是与组织目标无关的机构均属多余机构。依据组织完成目标需要设置机构，划分部门与岗位，明确各自职责和协作关系，辅之以“责——权——利”机制，则人们任务清、职责明，有利于建立良好的人际关系。反之，必然出现互相扯皮、推诿责任、甚至互相拆台等现象。可见，组织机构设置的合理与否，对组织内人际关系的状况影响是巨大的。

④提高群体成员的自我修养

在群体中，良好人际关系的建立与群体成员的自我修养是密不可分的。为了建立良好的人际关系，群体成员必须树立正确的世界观。树立正确的世界观，就能正确地对待集体，正确地对待人和人之间的关系；就能科学地分析人与人之间的矛盾，客观、冷静地处理人与人之间的关系。另外，良好的性格能改善与增进人际关系。心胸开阔、性情开朗、严于律己、宽以待人是良好性格的表现，加强这方面的修养，就能为搞好人际关系提供有利的心理条件。人贵有自知之明，自我意识成熟的人，对自己了解深刻，能正确对待自己，自觉调节自己的意识和行为，控制自己的动机与情绪。这样的人容易搞好人际关系，为此，加强自我意识修养，是搞好人际关系的一个很重要的方面。人不是天生就会与人搞好关系的，需要从诸多方面学习才能获得。学习与人相处的技巧，也是提高人际交往水平的一个重要途径。

2．群体活动中的意见沟通

在旅游企业活动中，群体内部意见沟通良好，能够减少群体内部人与人之间不必要的误解和冲突，有利于建立融洽的人际关系和形成团结互助的集体，有利于提高职工的满意感和群体的内聚力，从而形成强大的群体动力，使群体或企业众多目标能够得以顺利实现。

(1)意见沟通的过程和目的

所谓意见沟通是指人与人之间或群体与群体之间传达思想和交流情报、信息的过程。该过程由三个基本要素构成:其一是信源,即意见或消息的发送者;其二是意见或消息,即传递的内容;其三是意见或消息的接受者。图14—3表明了意见沟通的过程。

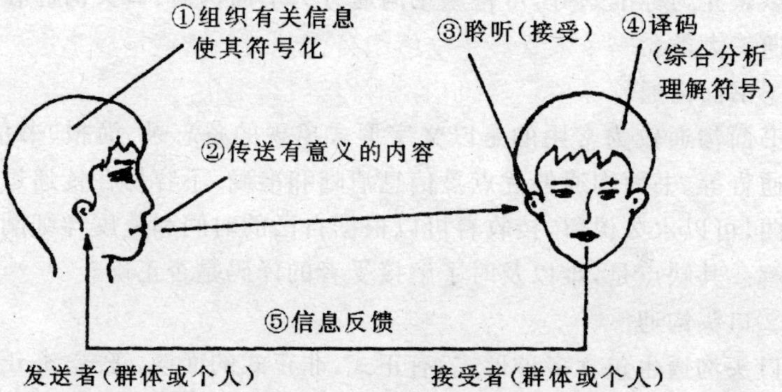

图14—3 意见沟通过程

意见沟通过程是一个复杂的过程。首先根据工作需要或交往需要发送者形成发送意念的动机,其后形成发送意念的内容,然后根据接受者的特点选择易使接受者接受的传递媒介和发送的时间和路线。其实,发送过程还应包括接受信息者把传来信息的看法、态度反馈给发送者,以及发送者再把有关信息传给接受者多次反复的过程。

在一个群体或某一个旅游企业组织中,意见沟通的主要目的有:控制、指导、激励、决策、反馈和评价信息交流及社会需求等方面。

控制,指沟通的目的在于协调和统一职工的活动。这主要通过正式的沟通渠道进行。

指导,指沟通的目的在于让职工知道他们必须做什么和如何做。也指在出现问题或职工调到新的工作岗位时,需要进行的指导。

激励,是指管理者运用沟通来影响职工的思想、情感、态度和行为,鼓励并激发职工为实现组织的目标积极地、创造性地工作。

决策,是指遇到不易解决的问题时,管理者和下属共同讨论解决问题的对策。

反馈和评价，指沟通的目的在于让职工知道他们的工作结果，从而使其对自己的工作行为进行自我调节。

(2)意见沟通的种类

由于人们依据的标准不同，对意见沟通种类的划分也不同。

以媒介为标准划分，可将意见沟通分为书面沟通、口头沟通和非语言沟通三大类。

①书面沟通

书面沟通较为常用的是以文字形式出现的备忘录、简报、书信、便条和通告等。书面沟通的优点是信息清晰和准确，不容易在传递过程中被歪曲，可以永久保留，接收者可以根据自己的时间和速度详细阅读以求理解。其缺点是，难以及时了解接受者的译码是否正确。

②口头沟通

口头沟通也包含多种形式，有正式、非正式的面谈，正式、非正式的会议，以及电话等。这种沟通形式最大的优点是能够充分、迅速地交换意见，增加亲切感，提高沟通效果。而最大的缺点是没有书面沟通准备得充分，也没有信息交流的记录，如果是面对面的沟通，还易造成双方的心理压力，影响沟通效果。

③非语言沟通

非语言沟通除书面形式外是指体态、表情和实物、符号为载体的沟通。运用体态和表情沟通虽不能传达“真意”，但有微妙入神之处，可增加信息的传递效果。实物和符号媒介具有真实感和象征意义，对信息的传递具有导向作用。

以方向为标准划分，意见沟通可分为垂直的、平行的和斜向的三大类。

①垂直沟通

垂直沟通可分为向下和向上两个方向。向下沟通指管理人员向下级人员的沟通，向下沟通通常用于控制、指导、激励和评价等目的。向上沟通是指下级的意见向上级反映，向上沟通对促进职工的积极性能够起到更大的作用。

②平行沟通

平行沟通也可以分为二类。一类是与群体内的同事进行的沟通；另一类是与其他群体（或部门）同等职位的人进行的沟通（又称部际沟通）。平行沟通主要用于信息交流、协商小问题的解决和社会需求等目的。

③斜向沟通

斜向沟通类似部际沟通，不同之处是这类沟通指的是与其他部门不同职位的人们进行的沟通。

以意见沟通的渠道划分，意见沟通可分为正式沟通与非正式沟通。

①正式沟通

正式沟通是通过组织明文规定的渠道进行信息的传递和交流的沟通。通过实验，心理学家发现在正式的沟通渠道中存在五种典型的沟通网络，即链式、圈式、轮式、"Y"式和全通道式。这些沟通网络对群体活动效率有不同的影响，如图 14－4 所示。

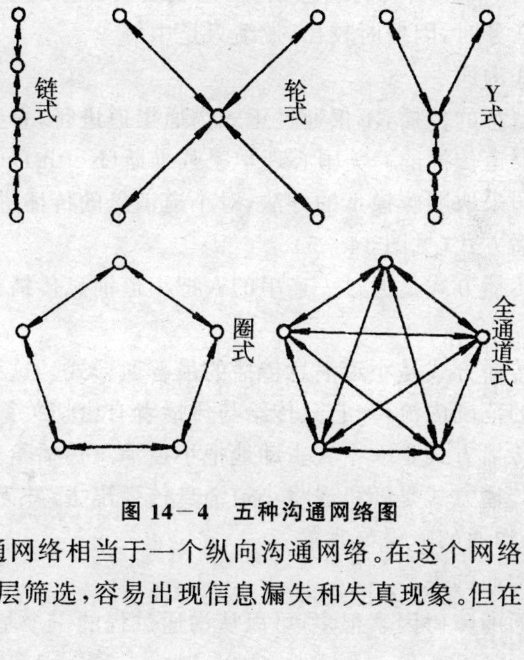

图 14－4　五种沟通网络图

链式沟通网络相当于一个纵向沟通网络。在这个网络中，信息经过层层传递，层层筛选，容易出现信息漏失和失真现象。但在管理中，如果群体内部结构过于庞大需要实行分层授权管理，利用链式沟通网仍较为有效。

圈式沟通网络可以看成是链式沟通网络的一个封闭式控制结构。在该网络中，群体成员满意度较为一致，因此，如果在群体中要创造出一种高昂的士气来实现群体目标，那么采用圈式沟通网络则是一种行之有效的措施。

轮式沟通网络又称为星式沟通网络。在企业组织中，类似于一个主管直接管理几个部门，它集中化程度高，解决问题速度快。在企业管理工作中，如果需要对群体加强控制、争时间、抢速度的话，那么轮式沟通网络则是一个有效的办法。

"Y"式与轮式很相似，兼有轮式和链式的优缺点，即沟通速度快，但不利于提高士气。

最后一种网络是全通道式。在这一网络中，任何人都与其他人直接沟通。其结果是领导者地位不明确，似乎每一成员都有决策权。在全通道网络中，虽然群体成员满意感很高，完成复杂任务的效绩也很高，但在处理简单任务时，因费时较长，效绩只是中等。

②非正式沟通

群体中信息的传播，不仅通过正式沟通渠道进行，有些消息往往是通过非正式渠道传播的。美国心理学家戴维斯(Keith Davis)曾在一家皮革制品公司采取顺藤摸瓜的方法，对小道消息的传播进行了研究，发现有四种传播方式(见图 14—5)。

单线式传播方式是通过一连串的人把小道消息传播给最终的接受者。

集束式传播方式是小道消息传播的最普通形式。这种传播方式一般只在特定的范围内流传，它只传给与传播者有密切关系的人。

流言式传播方式是一个人主动地把小道消息传播给其他人。

偶然式传播方式是随机遇将小道消息传播出去，并无一定的路线。

(3)意见沟通的障碍与改善

①意见沟通的障碍

造成沟通的障碍因素很多，可以从沟通过程的三个基本方面考虑，即发送者的问题、接受者的问题及意见传播通道的问题。

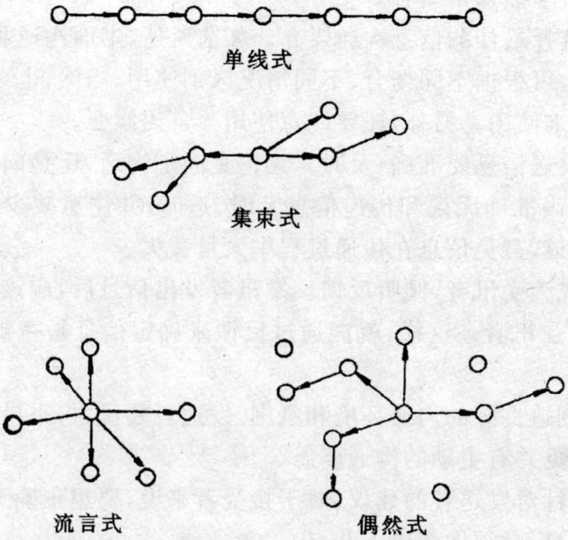

图 14—5　四种小道消息传播网络

第一，发送者的问题。作为沟通过程的起始，发送者对接受者接收和了解信息的情况负有责任。在发送者方面，造成意见沟通障碍的原因主要有：信息编码不准确，信息传送不全（发送者有缩简信息现象或信息冗余量过大），信息传递不及时或不适时等。

第二，接受者的问题。对于接受者来说，造成沟通障碍的原因主要表现在：对信息不感兴趣；对发送者缺乏信任，拒绝接收信息；对发送者的编码不熟悉，译码不准确，误解了信息等。

第三，沟通通道及沟通方式的问题。沟通过程中所存在的问题也是非常复杂的，主要表现在：发送者选择的沟通媒介不合适或几种媒介互相冲突；沟通渠道长，中间环节多，传播环境复杂；沟通渠道单一，造成信息量不足等。

②意见沟通的改善

要想克服和消除意见沟通中的障碍，对于发送者来说，可以按以下步骤改善沟通的效果。

第一,把自己置于接受者的位置。作为发送者,要想使沟通达到良好效果,就必须熟知接受者。

第二,选择最佳的信息沟通媒介。如前所述,书面沟通和口头沟通各有优缺点,可根据不同场合、不同情况区别使用。当然,也可以把各种媒介综合起来使用。另外,还要注意使用非言语媒介。

第三,发送信息要准确、及时。无论是向下沟通,还是向上沟通,都要注意使编码准确无误和传递信息及时、适时;并注意减少传递环节,缩短传递渠道,避免信息在传递过程中大量丢失。

第四,成为受讯者,倾听反馈。发讯者发出信息后,应该改变角色,成为反馈的受讯者。这样,就能通过反馈来确定信息是否被接收和理解。

第五,创造良好的沟通环境和氛围。发送者要民主,平易近人,善于听取不同意见并有主动的沟通姿态。

以上是针对发送者的建议。对于接受者来说,要想正确无误地理解发送者的信息,必须做到以下几点。

第一,养成良好的沟通习惯。端正接受态度,对发送者传来的信息要有足够的注意,并积极倾听,尽量听懂全部意义。

第二,对不熟悉的言词要力求甚解,不可自作主张地臆断。

第三,摆脱心理障碍。心理障碍很多,诸如,因为封闭观念排斥沟通,极端观念破坏沟通,情感失控阻碍沟通,迷信权威容易接受虚假信息,逆反心理会对沟通产生不满和抵触,传统的心理定势会使人们对沟通产生消极行为等。

思考题

1. 怎样理解群体和群体行为?研究群体行为对旅游企业活动有什么意义?

2. 群体规范和群体压力的动力意义主要表现在哪些地方?研究群体规范和群体压力对旅游企业活动有什么意义?

3. 群体内聚力和群体士气的动力意义主要表现在哪些地方?研究群体内聚力和群体士气对旅游企业活动有什么意义?

4. 群体竞争和群体冲突的动力意义主要表现在哪些地方？研究群体竞争和群体冲突对旅游企业活动有什么意义？

5. 人际关系和意见沟通的动力意义主要表现在哪些地方？研究人际关系和意见沟通对旅游企业活动有什么意义？

第十五章　旅游企业活动中领导者的心理风貌与风范

学习目的

通过本章的学习，使学生了解旅游企业家的品质素养，了解旅游企业家的领导风格与艺术。

基本内容

- 旅游企业家的素质
  - 旅游企业领导者
  - 旅游企业家的素质
  - 旅游企业家的影响力
- 旅游企业家的领导风格与领导艺术
  - 旅游企业家的领导风格
  - 旅游企业家的领导艺术

第一节　旅游企业家的素质

一、旅游企业领导者

旅游企业领导者或称企业家是指担任旅游企业某项职务、扮演某种领导角色，并实现领导过程的个人或集团。领导者是旅游企业组织的灵魂，团结的核心，经营管理的内部动力。旅游心理学研究旅游企业领导者的心理，是因为领导者是保证旅游企业能够为旅游消费者提供优质服务的关键因素。

1. 旅游企业组织的灵魂

旅游企业家作为旅游企业的指挥者、指导者、组织者、主将、导演、舵手和领袖，必须成为组织的灵魂，并发挥以下作用：①为企业的生存发展提供指导思想、理论、情报和技术；②决定企业的发展目标、战略、任务和规划；③预测企业的发展趋势，制定企业的正确发展方针、政策、策略和计划等；④在思想和行为上成为企业的象征、全体员工学习的榜样和众望所归者；⑤在关键时刻能稳驾局势，适时作出新决断。由此作用可以看出，领导者是企业的中枢神经，如果他向企业发出了错误的指令，就会导致整个企业的瘫痪。

2. 旅游企业团结的核心

任何企业要建立自身的良好形象和获得好的声誉，并求得发展，企业内部的团结是关键。然而企业都是由各种各样的成员组成的，每一个成员都有自身的性格、志向、情趣和爱好，他们在不同的岗位上充当着不同的角色，因此，作为企业领导者有责任通过内部的公关活动，使广大员工获得方向感、信任感、成就感、温暖感、实惠感，进而改进人群关系，达到内部团结共同实现企业既定目标和任务之目的。从这一意义上说，企业的领导人应是全体企业成员的团结核心。

3. 推动企业内部运转的动力

在现代复杂、多变、激烈竞争的国内外旅游市场上，旅游企业的董事长们、总经理们都面临着一个奋力保卫和发展自己的企业的大问题。因此，他们在自己所领导的企业组织中，都必须正确处理好人、财、物、信息、时间、士气和方法七大要素方面的问题，以此来推动企业的正常运转。如果企业家们面临企业七大要素的问题束手无策，或处理不好这七大要素之间的关系，这个企业就有可能覆灭、被社会所淘汰。从这一角度来看，企业内部运转的动力主要来自企业组织的领导者，而且企业内部运转的动力还与领导者的品德素养有密切的关系。

二、旅游企业家的素质

旅游企业家的素质是指企业领导者必备的基本品质和心理特征的综合。它是直接影响旅游企业、影响决策的重要因素。有学者研究认为，旅游企业领导者的素质除具有效益头脑外，还应具有：哲学家的理性思维，政治家的调动才能，科学家的超前意识，外交家的机智风度，战略家的高瞻远瞩，军事家的当机立断。依据我国实际情况，我们认为旅游企业家应具备以下素质：

1．坚定的方向

坚持社会主义方向是我国旅游企业领导者必须具备的首要品质，它是旅游业领导者做好领导工作的基础。

2．时代意识

旅游业是一个国家或地区经济发达、文明富裕程度的重要标志，具有明显的时代印记。当今我国社会已进入一个前所未有的伟大时代，建立社会主义市场经济，一切以经济建设为中心，已成为一切政治家、企业家和所有的有识之士所关心的头等大事。对此，旅游企业领导者必须赶上和认识这个时代。

3．长于合作

合作是领导成功的保证。领导者要善于合作，知人善任，吸引人才，为群众所爱戴。

4．智于决策

决策是领导行为成功的关键。智于决策就要求领导者能依据实际情况，不仅能作出正确而且有效的眼前决策，而且还能高瞻远瞩，作出有远见的长期决策。

5．巧于组织

组织能力是领导行为成功的决定性因素。领导者要巧于组织，发挥职工的聪明才智，善于使用各类人才。

6．神于授权

能把握要点，将琐碎事交给下级处理，调动下级的积极性。

7．善于应变

懂得通权达变，机动进取，不抱残守缺，不墨守成规，善于促进事态的顺利发展。

8．勇于负责

对上级、下级、旅游消费者和本企业抱有高度的责任心和负责精神。

9．敢于求新

对新事物、新环境、新技术、新设备、新观念、新方法有敏锐的感受能力，并勇于求新。

10．敢担风险

对旅游企业的发展开拓，有适度的承受风险、开创新局面的雄心和胆略，关键时刻不争功诿过。

11．尊重他人

重视和采纳他人的意见，不武断狂妄。

12．品德高尚

知法、守法、公正廉洁。

三、旅游企业家的影响力

旅游企业家的影响力，是指旅游企业的领导者有效地影响和改变被领导者的心理和行为的能力。领导者必须具有影响力，否则领导只不过徒具虚名。因此，在一定意义上说，领导者的影响力是领导者实现有效领导的必要条件。领导者的影响力分为两大类：

1．权力性影响力

权力性影响力是一种具有强制性的影响力。这种影响力都不是领导者的现实行为造成的，是外界赋予的。它对下级的影响带有强迫性和不可抗拒性。权力性影响力主要由三种因素构成：

(1)传统因素。这是一种观念性因素。这种传统观念常以某种形式的社会规范而存在，比如一个人服从上级，就是因为对方是上级。正是因为对方是上级，所以才使人们产生对领导者的服从感。这种影响力存在于领导行为之前，可以说是传统观念附加给领导者的一种力量。因此，只要你当上领导，就自然获得了这种力量。

(2)资历因素。这是一种历史性因素。资历即指一个人的资格和经历。它是由于领导者的社会阅历、经验及年龄等因素所产生的影响力。这种影响力与人们的传统观念有关，在现实生活中，人们常常对于资历深、见识广、久经磨练的人总是怀有某种敬重感。资历因素所造成的影响力也是一种强制性影响力，它也存在于领导行为之前，只要是有较深资历的领导者，就有相当的影响力。

(3)职位因素。这是一种社会因素。职位是一种社会分工，是个人在企业组织中的职务、地位。居于领导职务的人，社会赋予他一定的权力，他掌握了权力，就可以左右被领导者的行为、处境，甚至前途、命运等，从而使被领导者产生一种敬畏感。一般来说，职务越高，权力越大，人们对他的敬畏感也越强，他的影响力也越大。事实上，职务因素的影响力是以法定形式为基础的，它是企业组织赋予领导者的力量。它的存在，是不以领导者本人的素质为转移的，它也是存在于领导者实施领导行为之前。

2. 非权力性影响力

非权力性影响力是一种内在的、动力性的影响力。它是由领导者个人的素质和行为造成的，与领导者的权力没有必然的联系。这种影响力对被领导者来说，不存在任何压力，在行为上表现为自愿、主动。它产生于领导者的领导活动之中。其影响效果容易使被领导者产生敬爱感、敬佩感、信赖感和亲切感。它的基本要素有四种：

(1)品格因素。这是本质性因素。领导者的品格指道德品质、性格和作风。它是决定领导者影响力的根本因素。具备优秀品格的领导者具有巨大号召力、动员力和说服力，容易使被领导者产生敬爱感，并诱使人们去模仿和认同。对于一个领导者来说，无论他资历多深，职务多高，如果品格不好，也将威信扫地，失去影响力。

(2)才能因素。这是一种实践性因素。一个领导者的聪明才智和工作能力，是其影响力的重要因素。领导者的才能是他成功地完成领导工作所必需的内部条件。一个有才干的领导者，会给企业带来成功，会使后进企业变为先进，会使职工积极性高涨，"不用扬鞭自奋蹄"，因而使职工对他产生敬佩感。

(3)知识因素。这是科学性因素。知识是人类实践经验的概括和总结。其本身就是一种力量，是科学赋予的一种力量。它是影响力的源泉。作为一个领导者精通业务知识，通晓其他相关理论，就容易取得他人的信任，使人们产生信赖感。

(4)感情因素。这是精神性因素。领导者与被领导者之间的关系，实际上是一种人与人之间的感情关系。如果领导者与被领导者之间的感情深，关系密切，领导者对被领导者关心体贴，领导者的影响力就大，被领导者就会对领导者产生一种亲切感。事实上感情因素在提高领导者的影响力上起着催化剂的作用。

综上所述，可知领导者的影响力是由权力性影响力和非权力性影响力构成的(见表 15－1)。权力性影响力是当权则有，不当权则无。非权力性影响力是当权与不当权都可能具有，它在影响力结构中占主导地位，起主导作用。而权力性影响力则受非权力性影响力所制约。因此，要提高领导者的影响力，关键在于提高非权力性影响力。在实际的旅游企业管理工作中，领导者的影响力主要受以下五种影响力的影响：

第一，行威：领导者精通本行业有关业务，则能获得行业威信。

第二，法威：领导者能够科学督导、公正处事、奖惩分明，则可取得法威。

第三，德威：领导者为政廉洁、克己奉公、不诿过不争功，则能获得德威。

第四，理威：领导者知人善任，作风民主，以理理事，助人发展，则可获得理威。

第五，情威：领导者对下级“相敬如宾、相待如友、关怀如亲子”，则可取得情威。

具有了这“五威”，领导者的影响力必然会大幅度提高，为其事业的成功奠定基础。

表15—1　领导者影响力构成表

因素		性质	心理影响
权力性	传统因素	观念性	服从感
	资历因素	历史性	敬重感
	职位因素	社会性	敬畏感
非权力性	品格因素	本质性	敬爱感
	才能因素	实践性	敬佩感
	知识因素	科学性	信赖感
	感情因素	精神性	亲切感

第二节　旅游企业家的领导风格与领导艺术

一、旅游企业家的领导风格

领导风格是领导作风和领导方式的总称。领导作风是指领导者在思想上和工作上所表现出来的态度和行为。领导方式是指领导者在统御人事过程中所采取的方法和形式。前者是后者的基础和行为根源，后者是前者的结果和表现形式。在领导工作中，领导者的领导风格能够表现出领导者的个性。因此，不同的领导者有不同的个性，不同个性的领导者表现出不同的领导风格。在旅游企业管理活动中，领导者的领导风格对旅游服务人员工作积极性的调动具有极其重要的意义。

1．领导风格类型及被领导者的反映

(1)专断型领导风格。领导者个人决断一切，然后布置下属执行。他要求下属对他绝对服从，并认为决策是一人之事，此人就是他自己。面对专断型领导风格的领导者，下属有不同的反映。一般来说，能力强、有主见、有水平或生性刚强的下属感到有压力，而不愿屈从；水平低、缺少主见、缺乏独立活动能力或生性懦弱的下属会采取自愿服从的态度。那些因循守旧的下属，会认为这是一种能贯彻既定方针、值得赞赏的领导风格。

(2)民主型领导风格。领导者在领导工作中，总是想方设法发挥下属的主动性和团结互助精神，不论是在何时、何地，因何故，都不表现出自己的优越感，而是以群体成员自居的领导风格。这种领导风格在企业组织中受大多数人的拥护，下属常把这种领导风格视为最理想的风格。

(3)放任型领导风格。领导者撒手不管，下属爱干什么、想干什么都可以，完全自由。他既不激励下属，也不惩罚下属，他信守"不得罪人"这样的信条。一般来说，具有孤僻心理特征的下属，往往把放任型领导风格看作是最受欢迎的领导风格，而那些依靠集体力量的下属对这种风格则深感不安。

(4)事务型领导风格。领导者事无巨细，事必躬亲，忙碌不停，工作十分谨慎、负责，并习惯于按一定程式办事，方法过于死板而效率不高。由于事务型领导风格比较务实，对人对事比较负责，下属中一些受过传统教育的人和求实保守的人，对他比较欢迎。在改革开放的今天，这种领导风格难以承担重任，并不受大家欢迎。

(5)超脱型领导风格。领导者不纠缠于具体事务与人际关系之中，而着眼于本企业的未来发展与战略问题。他眼光远大，接受新信息多，富于想象，善于开拓。此类领导风格深受有志于建功立业、开拓进取下属的欢迎。此类领导较忽视对下属的感情投资，一般说来，人际关系比较淡薄。

(6)刚型领导风格。领导者非常刚正甚至过于固执的风格。此类领导风格的人，一般都光明磊落，心胸坦荡，他们心里有什么就说什么，不搞什么曲曲弯弯。但固执己见，比较任性，不大讲策略，心中容纳不下一丝邪念。对上则往往容易犯颜相争，对下也不留任何情面。此类领导风格深受正直的下属的欢迎。但太"刚"时，对下会委屈部下，对上容易被视为一种阻力。

(7)柔型领导风格。柔型领导风格也称绵羊型领导风格。此种领导风格指领导者正邪不明,是非不明,虽有工作踏实、细致之表现,但缺乏领导者应有的威力与尊严,在企业职工眼里只不过是傀儡而已。

(8)柔中有刚型领导风格。领导者在工作中或同上下级相处时,既有刚正骨气,又有灵活的工作方式;既有嫉恶如仇的精神,又有团结各种人物的度量,亦即刚柔相济。在实际的领导工作中,领导者的"刚"表现为事业心和责任感强,为人正派、公道,对工作认真负责,工作中以身作则,对自己和他人严格要求,对工作一丝不苟;"柔"表现为通情达理,关心下属,讲究工作方法和艺术。此类领导风格深受广大下属的欢迎。

2. 确立领导风格的理论依据

领导者的领导风格与他怎样看待职工关系甚为密切。把职工看成什么样的人的问题,是领导者确立自己领导风格的最为重要的出发点。

(1)连续统理论

1985年美国两位著名的企业管理学家罗伯特·坦南鲍姆和沃伦·斯密特提出了领导风格的连续统理论。该理论指出有效的领导风格与特定的时间、地点、领导者的权限和下级享有的参与决策的自由范围有关。

如图15－1所示,这种领导风格的连续统模式的最左边,是以领导为中心的领导者个人决策,并向下属宣布所作的决策。随着连续统向右边移动,授予下属的权力相应增加,最右边的领导者的风格则是放任型的风格。

坦南鲍姆认为,一个领导者在确立自己的领导风格之前,应从实际出发,考虑自己的"能力"和下属的"能力"。领导者的能力主要指其经历、知识、价值观等有多大影响。下属能力主要指他对承担任务的愿望,能有效地处理问题,对目标的认识等行为。如果领导者认为他的下属有才干,能独立完成任务和处理好问题,就可以采用以下属为中心的领导风格。反之,如果领导者认为下属无能,就可以采用以领导者为中心的领导风格,即专断型的领导风格。很显然,按连续统模式,要求领导者在确立自己的领导风格时,要有较强的适应性和相当的灵活性。

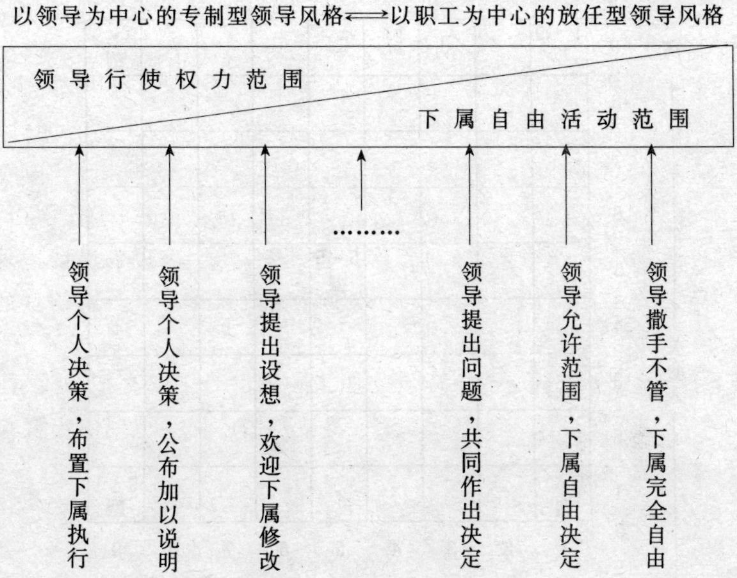

图 15—1 领导风格连续统

(2)管理方格理论

1964 年美国的布莱克博士和莫顿博士提出了管理方格理论。该理论认为，领导风格表现为相互联系、相互影响的“关心人”和“关心生产”两方面。所谓“关心人”是指领导者在建立他所领导的员工之间的相互尊重，互相信任的关系，倾听下级意见和关心下级所表现出来的行为。所谓“关心生产”是指领导者在明确职责和关系，沟通途径，确定工作目标方面所进行的工作。“关心人”和“关心生产”这两个方面在每个领导者身上表现的程度是因人而异的。由此设立坐标，表示二者关系。横坐标表示领导者对生产的关心程度，纵坐标表示领导者对人的关心程度。纵横坐标均分九个格，作为标尺，整个方格共有 81 个小方格，每个小方格表示“关心生产”和“关心人”这两个含有管理作风和方式因素相结合的领导风格(如图 15—2 所示)。

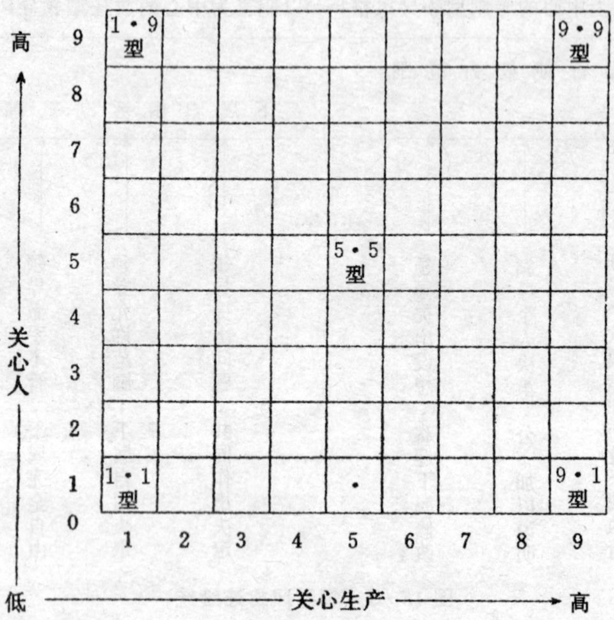

图 15—2 管理方格

在图中，1·1 型是贫乏型的领导风格，这种类型的领导者对人对工作都不关心，这种领导风格只能导致失败。9·1 型是专制型领导风格，这种领导者非常关心生产，而不关心人，只准下属服从而不让其发挥才智和进取精神。1·9 型是俱乐部型领导风格或逍遥型领导风格，此种领导几乎只关心人而不关心生产，对下属一味迁就，是“老好人”的领导作风。9·9 型是协调型领导风格，这种领导者既关心生产和工作又关心人，这是理想的领导作风和领导方式相结合的领导风格。5·5 型是甘居中游的领导作风和领导方式相结合的领导风格，这种领导者常运用各种作风和方式去适应不同的人和不同的情况，安于现状，不能促使下属发扬创造改革的精神。对企业领导者实施管理方格理论的目的，在于确立领导者的科学领导风格，使其朝着 9·9 型去努力，最终达到最佳的企业经管效果。

(3)领导生命周期理论

领导生命周期理论是由美国俄亥俄州立大学心理学家卡曼首创的。他认为有效的领导行为要把工作行为、关系行为和被领导者的成熟度结合起来考虑，高工作高关系的领导并不经常有效，低工作低关系的领导也不一定完全无效，这要视下级的成熟度而定。

所谓工作行为是指领导者用单项沟通方式向下属人员说明应该干什么，在何时、何地用何种方法去完成任务。

所谓关系行为是指领导者用双项沟通方式，用心理的、培养社会感情的措施指导下属，并照顾职工的福利。

所谓成熟度是指被领导者完成工作任务时所掌握的知识和经验的多少，独立工作能力的高低，承担责任的愿望和对成就感的向往程度等等。

生命周期理论认为，随着下级由不成熟走向成熟，领导行为应按照下列程序逐步推移：高工作低关系→高工作高关系→低工作高关系→低工作低关系(如图 15－3 所示)。

该理论认为，有效的领导应根据下属不同的成熟度采用不同的领导风格：

当下属的平均成熟度处于不成熟阶段时，领导者应采取高工作低关系的领导类型，第一象限的命令型领导风格最有效。

当下属成熟度进入初步成熟阶段时，应采用高工作高关系的领导类型，第二象限的说服型领导风格最有效。

当下属成熟度进入比较成熟阶段时，领导者采用低工作高关系的领导类型，第三象限的参与型领导风格最有效。

当下属发展到成熟阶段时，领导者采取低工作低关系的领导类型，第四象限的授权型领导风格最有效。

二、旅游企业家的领导艺术

对于旅游企业家来说，领导艺术是其处理千变万化的旅游市场和复杂的人事关系的一种技能。它是领导者水平和能力的一种综合的、特有的表现形式。在现代旅游企业组织中，作为企业家的领导者经常性的工作是与人与事与时间打交道的工作。因此,处理人、事和时间的艺术是极为重要的。

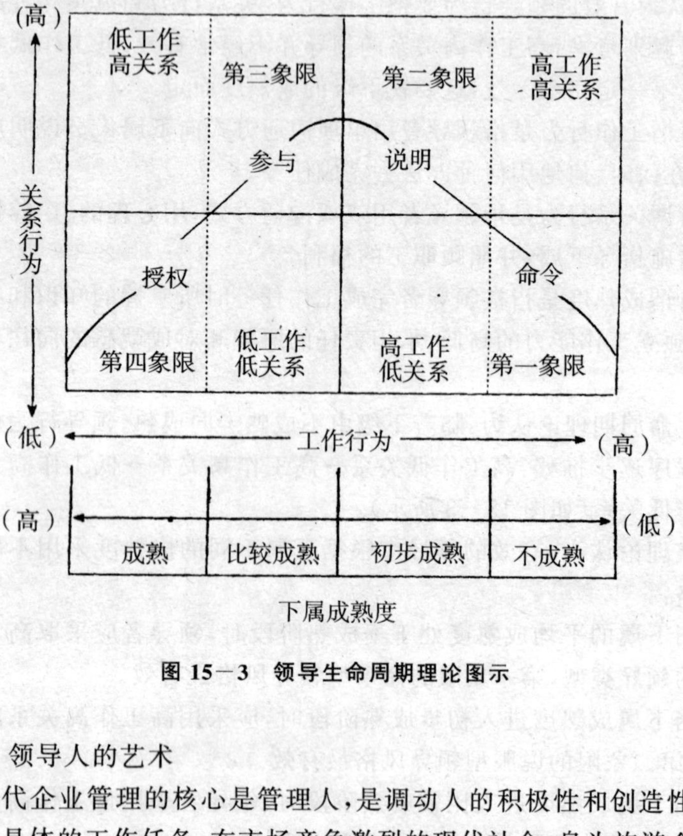

图 15—3 领导生命周期理论图示

1. 领导人的艺术

现代企业管理的核心是管理人,是调动人的积极性和创造性去实现各项具体的工作任务。在市场竞争激烈的现代社会,身为旅游企业核心的董事长和总经理们就必须牢牢树立"人才为本"的观念。纵观古今、横观现代世界各国成功的管理者和企业家无不具备"治众"的本领和善于利用"人"这个特殊资源的本领。

(1)知人之术

"兵之胜负在于选卒",这对旅游企业家来说已是"共识"。作为旅游企业家谁都希望能选到有"才"有"能"之人。事实上,能否及时发现有"才"和有"能"之人,是衡量一个企业家是否有现代化领导能力和领导艺术的首要因素。但怎样才能选到有"才"有"能"之人，这就要求企业家全面了解各种不同的人，以及人的各个不同的方面。

①内导人与他导人。内导人注重自身内在价值体系，坚持个人的主见，对自己能够成为企业中的重要角色充满信心。他导人工作中缺乏主见，常表现为顺势行为，对他人所指派的任务基本上是尽心尽力。在旅游企业里，内导人在行为上如果不过分，凭他个人的内在动机和创造精神是能够成为企业的有生力量的，但如果其行为走向极端，他会不顾全大局，对抗领导，甚至会发生分裂行为，给企业带来极坏的影响。他导人在行为上如果不过分，还是能够尽心尽力于领导者。但如果行为走向极端，容易成为吹牛拍马、阿谀奉承之徒，使企业毫无创见，毫无生气。为此，旅游企业的领导者如何认识和使用这两种人，做到不偏不倚，运用自如，使企业能够有效地运转，这是企业家用人艺术之所在。

②人的理性面与情绪面。理性人是指那些用逻辑推理，重视事实，推演出纯粹客观结论的人。情绪人是指缺乏理智，经常感情用事，具有很大偏见的人。在现实社会中，不存在纯粹的理性或情绪型的人。临床心理学的研究表明，任何人差不多都具有理性型和情绪型的双重心理，任何人都无法排除他在思考、分析、推理，或在人与人之间的交往中受情绪因素的影响。因此，在旅游企业管理工作中，若忽视人的理性面而把人与动物等同起来，或忽视人的情绪面而把人与机器等同起来，都是对人的严重歪曲。旅游业是服务性行为，人的感情是重要的因素，需要有一定的情绪色彩。但情绪过于激动易使人注意范围缩小，忽视和忘却那些在平时不至于忽视和忘却的事实和道理，或说出一些错话，干出一些蠢事。因此，领导者在选拔人才时，要识大局，顾大体，从本企业的长远利益出发，不要受到自己情绪的影响和支配，不要陷入理性与情绪的旋涡之中，力求使自己和下属缩小情绪面，扩大理性面。

③人的个体性与群体性。旅游企业组织是由若干个体职工组成的。因此，在管理工作中，一方面应强调人的个体性，发挥个体的作用，使每个职工为企业贡献力量；另一方面还应强调人的群体性，依靠集体力量发展企业。因此，作为旅游企业的领导者，在选拔职工时一定要注意对方个体性和群体性两种心理素质的比例，考察他能否与同事和睦相处，

是否能团结大多数人一道工作、共同完成任务，能否摆正和处理好个体与群体、个人能力与群体能力的关系。

在选择有“才”有“能”之人时，要做到客观、公正又符合实际需要，企业领导者还应注意以下几点：第一，克服偏见；第二，不要被表面现象所迷惑；第三，选拔勇于改革和事业上追求进取的人；第四，选拔精通技术和业务的人；第五，选拔有主见的人；第六，选拔忠于旅游企业、热爱旅游企业工作的人。总之，在选人的标准上，要注意被选者的品德、素质、学问、智能、见识、专业、体质、年龄等各方面。在全面衡量的基础上，“宁用有瑕玉，不要无瑕石”，要“德看主流，才重一技”。

(2)用人之术

谁都知道“人尽其才，地尽其利，物尽其用，货畅其流”是企业管理的四条原则。在这四条原则中，人是最主要的。那么，怎样才能调动起人的积极性和创造性呢？作为旅游企业的领导必须遵循以下三原则：

①用人之长，容人之短。人人都有长处和短处，十全十美的人并不存在。作为旅游企业的领导者在用人时，只要注意用人所长，职工的工作积极性就能充分发挥。但在用人所长时，必须要注意容人之所短。如果领导者把注意力像医生对人看病一样放在专找“毛病”上，必致英雄无用武之地。总之，作为领导者只要确认某人具有一技之长，就要大胆不疑地用他的长处，不要过多地介意他的缺点，但对于一个没有突出成绩的人，则应不留情面地调离他的职位。

②责权分明，用人不疑。领导工作最重要的一点就是责清权明，对人要尊重。当下级请示工作时，领导应及时、明确给予答复，切忌拖泥带水，含糊不清，使下属不知所措。凡属下级要做的事，决不能干预、插手或代行其事。只要是用他，就放手让他去干，如果捆其手脚，其积极性则很难发挥。

③严于律己，宽以待人。领导者严于律己，不做损人利己之事，并以身作则，身先士卒，必然能赢得下级的尊重和爱戴。宽以待人，令人亲近也是高尚之美德，可以说它是领导艺术的基石。

2. 处理事的艺术

作为旅游企业的领导者所面临的事极其复杂多变，企业内部的事与外部社会关系的处理都将集中在领导者身上，领导者如若没有高超的领导艺术，就很难得当体、体面地、有效地处理好复杂微妙的“相互依存”关系问题。因此，作为领导者在处理事的方面必须注意以下几点：

①专一不二。领导者做事专心是其成功的主要秘诀之一。专心就要求领导者在同一时间内，毕其力去做一件有成就的事。心理学研究证明，人的精力和所能支配的时间总是有限的。作为领导者要做出一番事业来，必须要有“大块”的时间，必须集中精力。

②摆脱“昨天”。随着社会的发展，科学技术的进步，“昨天”的（指过去的）工作重心和方案在今天有可能不适应了，及时摆脱“昨天”，转到“明天”，这是领导者确保事业成功的又一秘诀。如果在旅游企业里，一个用大量的人力和资金奋力保卫“昨天”的经理，无疑是个傻瓜经理或犯罪经理。

③专心于正业，即领导要干领导的工作。一个企业有大量的“急事”和“必办的大事”要办，在这种情况下，领导者必须集中全力去干那些带有根本性的事情（正业）。如果不分巨细，事必躬亲，必然精力分散，到头来竹篮打水一场空。

④灵活而有序。旅游企业工作千变万化，领导者能否依变化了的情况而适时改变工作方针及处事策略，这是事业成功的关键。然而，发展变化中的企业有很多事情要办，一个成功的领导者在处理企业内外部事务时，总是处变不乱，忙中有序，每天的事情总是明确地划定先后顺序，按正业——必办，急事——马上办，普通事——按正常顺序办的原则有条不紊地进行。

3. 掌握时间的艺术

在一切资源中，惟有时间显得最为稀少，最易消逝。领导者善于支配时间和分配时间是提高工作效率的关键。在赢得时间问题上，郑秉文、胡士泰编著的《企业家领导艺术》一书中归纳了以下十条秘诀[①]：

(1)拟好安排工作的时间表，在办公地点应尽可能多地备有必需的工作手册、书籍、参考材料和工具书等，以便在处理工作有所需要时随

① 见《企业家领导艺术》，中国经济出版社 1986 年 10 月版，第 233～234 页。

手可得。

(2)应勤奋记录,训练速读的能力。有了好的创见、构想、观点等火花,应立即记录下来,以便需要时随时可以利用。这样也可训练速读和速记的能力。如果速读和速记的能力提高二至三倍,那么,处事效率就会提高数倍,时间也就节省了。

(3)合理地处理电话的干扰。现代社会里,电话是获得重要的信息和进行交流的工具,一个经理或厂长,如果没有电话,就简直像个聋子。可同时电话也是对现代企业家冲击最大的因素。据心理学家研究,当一个人专心思考一个问题时,最好能让他一气呵成,不要中途打断,一旦被烦恼的电话打断,则需很长的时间才能使思路重新集中。为了解决这一矛盾,领导者通常叫秘书或办公室人员“过滤”。所以,领导者应选择精明能干的秘书,使他们较多地了解自己的工作意图,授予他们更大的权力,使他们能够直接代表领导者把事情处理掉,事后集中汇报一次处理结果即可。

(4)合理地处理信件和电报。草拟信件和电报常比说话更费时间,这些与对方不见面的事,可口授给秘书去处理,自己只需过目、签名即可。要培养下属工作人员言简意明的习惯。

(5)随时不忘工作。要随时利用“边角余料”的空隙时间来工作,不能让闲聊浪费时间和占用工作时间。常常分析自己利用时间的情况,看有多少时间被浪费掉了。

(6)减少会议。必须召开的会议,其时间最好安排在午餐时或下班前,这种会议往往能很快地作出决定。

(7)减少报告文件和谈话时间。当遇到一位健谈的来访者来商量工作时,最好双方都站着,这样可以有效地防止来访者转弯抹角,促使他谈话直截了当,言简意明。

(8)每天上班应提前15~20分钟,在全天工作开始之前,运筹好自己时间的安排。

(9)每个人一天中均有最佳工作时间,应把最困难最重要的事摆在这段时间中去做。切忌先办小的后办大的。

(10)晚上沉思。每晚花费片刻回忆一下一天的工作,总结一下成功与失败的经验教训。

杰出的企业家怎样忙也不说忙，因为他把一天 8 小时当做 15 个小时或 16 个小时来使用，他创造了时间。

总之，领导艺术的形成和发展，是由许多复杂因素构成的，它既包括领导者的智力水平、创造经验、对待事业的态度，还包括组织环境所存在的变数的影响。当我们在研究领导者的领导艺术时，应将诸多因素考虑在内。

思考题

1. 怎样理解旅游企业领导者这一角色？

2. 旅游企业家应具备什么样的素质和影响力？

3. 旅游企业家应具有什么样的领导风格？如何确立自己的领导风格？

4. 旅游企业家应具备哪些领导艺术？怎样提高领导艺术？

第十六章　组织心理与行为

学习目的

通过本章的学习,使学生了解在旅游组织中的心理和行为规律,以及组织变革与发展过程中的改革心理。

基本内容

- 组织的概述
  - 组织的概念
  - 组织的结构
  - 组织的功能
- 组织的变革
  - 组织变革的动力
  - 组织变革的导向
  - 组织变革的进程
- 组织改革心理
  - 人是改革的重要动因
  - 改革者的心理趋向
  - 改革中的心理障碍
  - 优化改革的社会心理

第一节　组织的概述

一、组织的概念

组织心理与行为的研究，是在个体、群体和领导心理与行为基础上的高层次的研究。研究的目的在于揭示一定组织中的心理和行为的规律性。本章主要探讨组织、组织的变革与发展以及改革心理等。

关于组织，目前国内外有许多专家做了各种各样的表述，但众说不一。综观各种见解，分析现实情况，我们认为，组织是个有共同目标和一定边界的社会实体和活动过程。

第一，组织必须有一个共同的目标。人们为了实现组织目标而协同活动，换言之，只有在共同的目标指导下该组织才可能存在。否则，就不算一个组织。

第二，组织必须有一定边界。保持一个明确的边界，是一个组织的明显特征。一个组织在从外部环境取得资源和经过加工转化为向外部环境提供产出的过程中，必须保持自己成为一个有别于环境的实体，指明哪些要素是在组织内部，哪些要素是在组织外部。

第三，组织是一个社会实体。从静态观点看，任何一个组织都是由若干个人或群体组成的社会实体单位。人是社会的基础要素，组织就是把以人为中心的人、财、物和信息等要素合理配合为一体，并把这种合理配合关系固定下来，形成一种模式，或形成一种能够自觉协调行动的系统。

第四，组织是一个活动过程。从动态观点看，组织是根据组织的目标，运用组织要素，即把以人为中心的人、财、物和信息，在一定时间和空间上有序地、富有成效地、有机地组合在一起的活动过程。这个活动过程是有生命周期的，像万物生灵一样，有它的发生、发展、兴旺、衰退之必然循环。在发展变化中，它会随着时代及环境的改变不断地作出适应性的调整，重建成员之间的人际关系网络，形成新的团体意识和规范等。

二、组织的结构

组织结构是在组织理论指导下，经过组织设计而形成的相对稳定的结构模式。该模式能够表明组织各要素的排列组合方式，组织各部门及各层次之间、人与事或人与人的相互关系。它决定着组织中的指挥和意见沟通系统，影响着组织的工作效率，对有效地实现组织目标至关重要。

1. 组织结构的主要内容

组织结构的主要内容包括纵向层次结构、横向部门结构和组织体制三部分。

(1)纵向层次结构。组织的纵向层次结构是由组织内管理层次决定的。管理层次是指组织内指挥系统划分为多少个等级。一般来说，组织结构中的纵向层次有高、中、低、基层之分，如饭店组织中的管委会、总经理、部门经理、班组长。高层负责制定总目标和方针政策；中层负责制定具体目标，执行上级政策，协调下级活动计划；低层负责落实上级决定和政策，因地制宜开展各种活动。

(2)横向部门结构。组织的横向部门结构是由组织内管理幅度决定的。管理幅度是指某个管理层次上的领导者或管理员直接领导和管理下级单位数或人数。如饭店总经理直接领导和管理副总经理、总会计师、总工程师、财务部、人事部……再如客房部经理直接领导和管理副经理、客房区主管、公共卫生主管、工服房主管……随着组织的发展、工作的复杂化，为保证组织的正常运转和目标的实现，一般会依工作的性质或功能来分设部门。

(3)组织体制。组织体制是围绕组织发展战略对组织活动进行总体设计和安排，从而形成具有特色的有效的管理方式。它是组织结构中各层次、各部门之间组织管理关系制度化的表现形式，其核心是纵向与横向各级之间职责和权力的划分。如委员会制、等级制、职能制、集权制和分权制等形式。

2. 组织结构的基本形式

在旅游企业里常见到的组织结构形式有两种。直接式组织结构和直线职能式组织结构。

(1)直线式组织结构,其基本模式如图 16－1 所示。

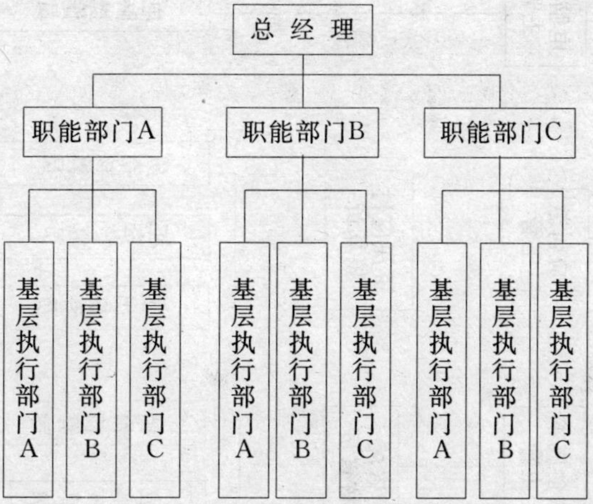

图 16－1　直线式组织结构

这种组织结构实行的是统一指挥、垂直领导、层层负责的原则,领导人直接领导分管各部门,每一个部门也是垂直领导。如建国饭店财务部(如图 16－2 所示)、前厅部(如图 16－3 所示)、客房部(如图 16－4 所示)的组织结构形式。这种结构的最大特点是机构简单、职权明确,但对领导者的专业知识和技能要求较高。这种组织结构一般只适用于规模小、任务简单的企业或部门。如果企业规模较大,管理任务繁重复杂,就不适宜了。

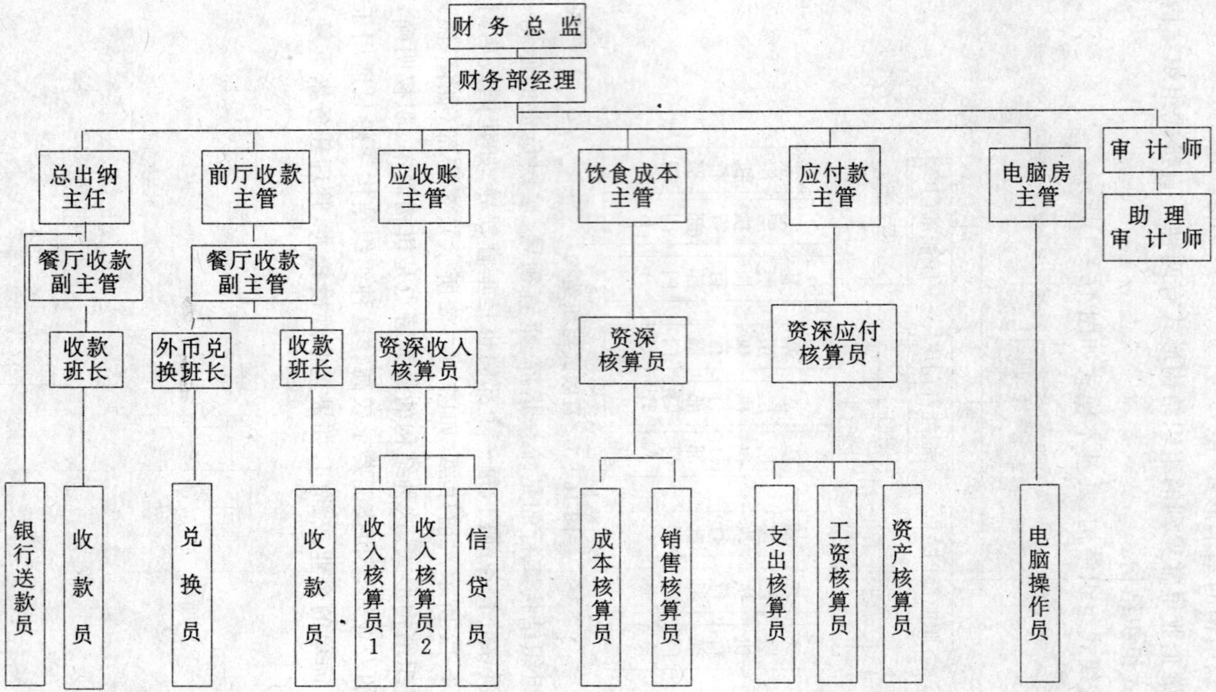

图 16—2　建国饭店财务部构成图

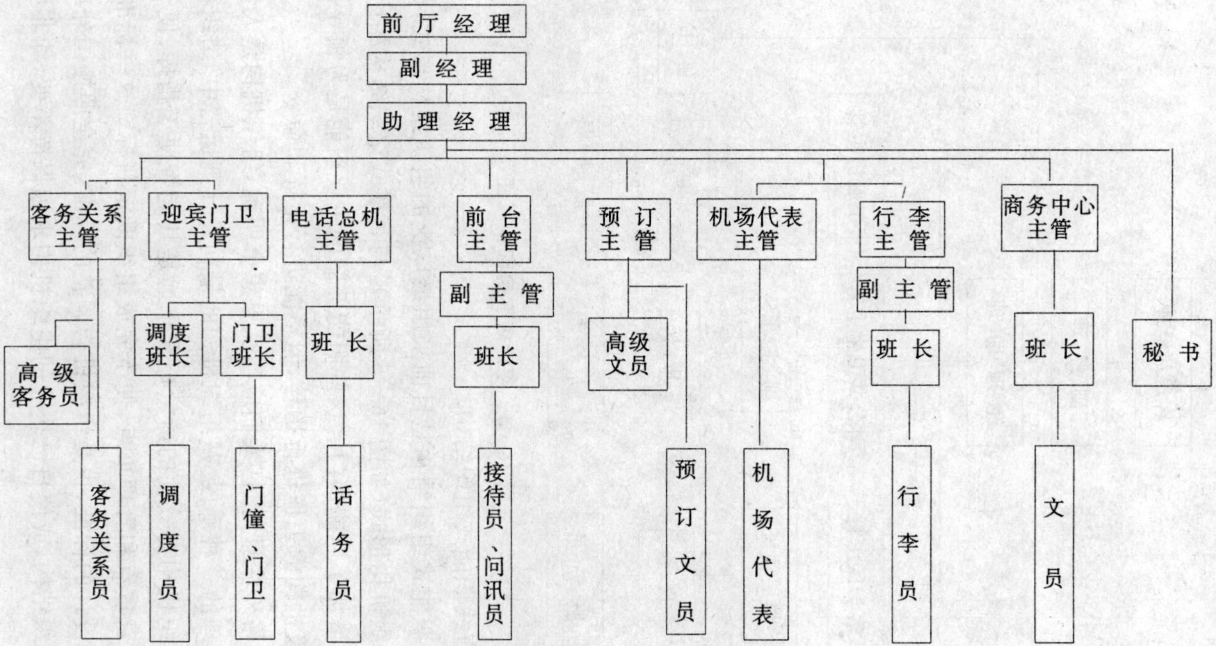

图 16—3　建国饭店前厅部构成图

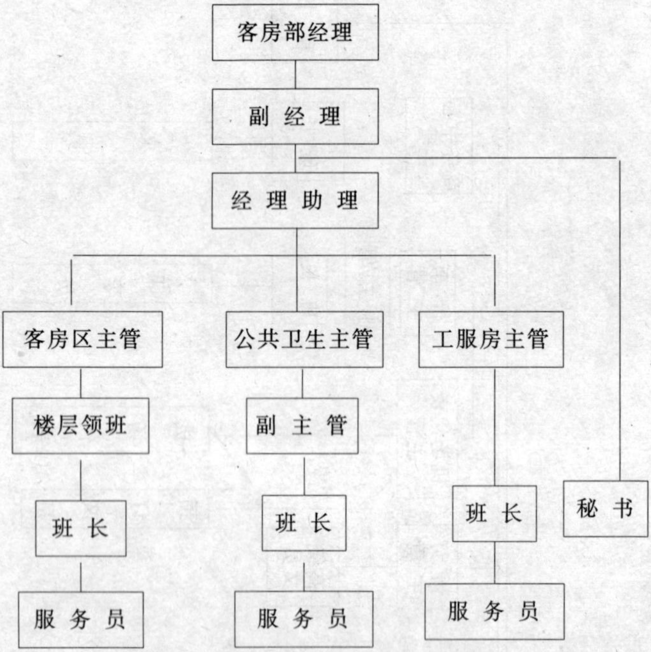

图 16—4 建饭店客房部构成图

(2)直线职能式组织结构。

直线职能式组织结构是目前采用最广泛的组织结构形式,如建国饭店的组织机构形式(如图 16—5 所示)。与直线式组织结构相比,这种组织结构增加了职能部门。这些职能部门的主要职能是为领导人当参谋,对下级机构的工作进行指导,但不能进行指挥和命令。

需要格外注意的是,人们应当从思想上明确,组织机构是人们进行生产与管理的一种手段。从组织机构的最初设计到运营中,组织机构的调整与组织机构有效性的衡量标准永远是其能否便于指挥、便于体现阶段性经营重点和管理重点、便于完成组织既定目标。这一标准,既是组织机构设计的标准,也是组织机构调整的标准,完全照搬国外或其他企业的组织结构,或使自己企业的组织机构永远保持不变,均非明智之举。

三、组织的功能

合理有效的组织对于搞好企业管理，实现企业的目标，满足职工的需要，都有极其重要的作用。主要表现在以下四个方面：

第一，组织所具有的文化、意识、信念以及目标、任务、规范等是企业取得成功的基础和金科玉律。它能使每一个成员都充分认识到自己担负的任务、所做的工作、遵循的行为准则，以及对实现目标的重要作用，从而使每一个成员都能按时、保质、保量地完成任务。

第二，组织能使每一个成员了解自己在组织中的地位、工作关系、隶属关系以及应有的权力、职责和义务。

第三，组织能及时调整与改善本身的结构，使各部门及所有工作人员的职责范围更加明确合理，以适应企业的发展和变化，适应客观环境的发展与变化。

第四，组织在实现组织目标的同时，不仅能够满足职工的物质需要，而且也能够满足职工的精神需要，使职工获得物质生活保障以及归属感、安全感、荣誉感、自信、力量和信息等。

任何组织都是为了实现一定的目标而建立起来的。为此，它必须具有达到该目标的功能。这些功能主要表现在以下三个方面：

第一，正确认定组织目标的能力。即组织目标能否适应社会发展的需要，具有适应性和可行性，并为组织成员所理解和认可。

第二，有效地达成组织目标的能力。即组织能否按时、按质地达到组织所确定的目标。

第三，组织的社会责任能力。任何组织都是整个社会系统的一个细胞，其行为规范在整体上应与社会发展的总体原则相一致。

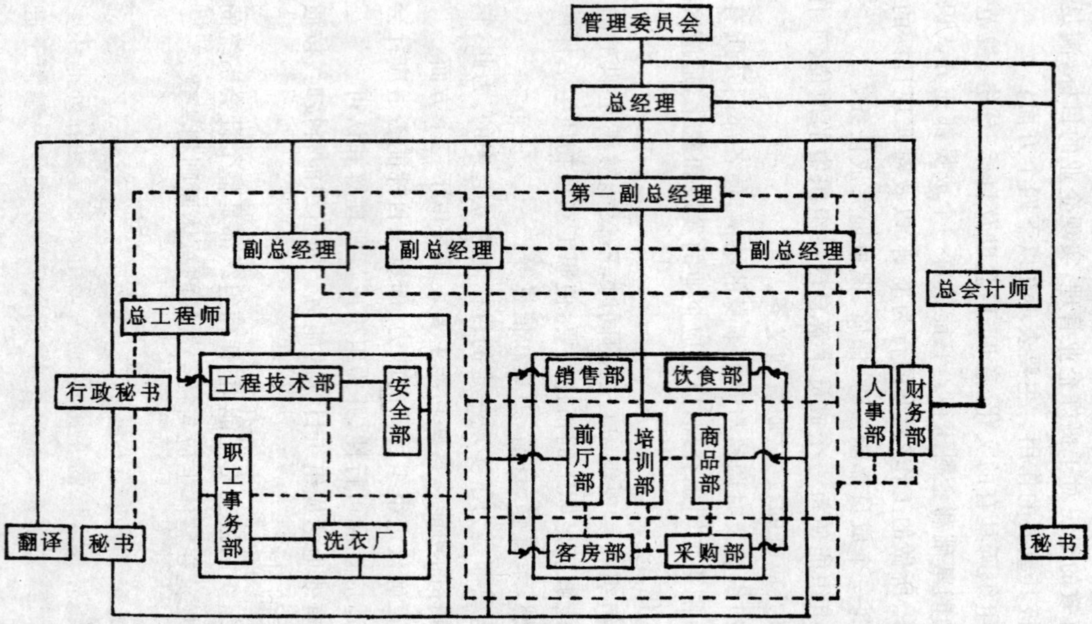

注：①——表示报告线　②……表示协调线　③报告线中的部门排列是平行的

图 16—5　建国饭店组织机构图

第二节　组织的变革

一、组织变革的动力

组织变革的动力主要来自组织内部环境和组织外部环境两个方面。

1. 组织变革的内在基本动力

(1)组织目标的选择与修正。组织目标的选择与修正必然涉及组织的发展方向和组织活动范围的重新调整和设计。一般情况下，当组织既定目标已经实现或即将实现，或组织既定目标无法实现，或组织目标在实施过程中与组织环境不相适应时，组织就要寻求新的发展、新的目标，或要求对原有目标进行修正。一旦组织目标重新选择与修正，必然要求组织重新调整和变革。

(2)组织结构的改变。组织结构的改变是指组织结构中的责权体系、部门体系等的调整。组织结构的调整必然涉及调整管理幅度和层次、部门的重新划分、各部门工作的重新协调等。组织结构设计的不合理，或原有结构设计不适应新的发展变化，也需要进行结构变革。因此，组织结构的调整与完善也是现代组织变革的内在动力之一。

(3)组织成员内在动机与需求的变化。人的心理活动都是在需要与动机的推动下进行的。在组织中，由个人的需要和动机而产生的个体行为是组织运行的有效的基础。因此，当组织中个人的需要与动机普遍发生变化时，组织结构也应发生变化。

2. 组织变革的外部力量

(1)组织外部环境的变化。任何一个组织都是处在外部环境之中并受其制约和影响。组织外部环境的变化，就要求组织从结构上进行改变来适应组织的外部环境。在当今社会，环境复杂多变，如经济的发展、技术的进步、市场的扩大、竞争对手的增加等等，如不及时改变组织结构及管理策略，增强组织对外部环境的适应性，组织则是难以生存的。

(2)科学技术的发展。新技术的发展，必然会对组织改变提出要求，要求组织结构进行改变或调整。如计算机的发明和使用，会给组织中的信息处理、决策等一系列管理过程与管理方式带来巨大的变化。无疑，这些变化会推动组织不断地进行变革。

(3)管理现代化的要求。管理的现代化必然要求组织对其行为作出有效的预测和决策，对组织要素和组织运行过程中的各个环节进行合理地协调和组织，强化协调、改善沟通、增强权力运行的顺畅等，所有这一切都将对组织提出变革的要求。

那么，一个组织在什么条件下要实行改革呢？常见到的情况是：

第一，决策效率低或经常出现错误决策。

第二，组织沟通渠道不通，信息失灵，人际关系混乱，部门之间矛盾冲突不能协调。

第三，组织职能不能正常发挥，工作效率低下，人员素质差，职工情绪低落，产品的质量下降。

第四，组织活力差，缺少创新精神。

第五，权力运行不畅，中间环节"梗阻"严重。

第六，市场竞争形势加剧，需要强化销售和协调服务。

第七，服务质量下滑严重，需要强化服务质量管理。

第八，浪费现象严重，成本增加，需要强化成本管理系统。

第九，组织机构日趋增多，人浮于事现象严重，指挥管理不灵。

第十，管理人员老化，经营管理缺乏创见，官僚主义严重。

二、组织变革的导向

组织变革的导向就是指引导组织变革的方向。在组织变革中，组织导向关系到变革的大局和未来的基本发展方向、性质和规模，它是组织变革中极其重要的一个环节。

组织变革的导向主要包括四个方面的内容：组织的人员导向，组织的任务、技术导向，组织的结构导向和组织的环境导向。

1. 以人员为中心的变革的组织导向

人是组织的主体，是组织中最积极最活跃的因素，人的素质如何，同组织的存亡、兴衰密切相关。为此，组织的变革首先要指向人。要达到组织变革的目的，首先就应当对组织成员的知识、技能、行为规范、态度、动机和行为进行变革。

2. 以任务、技术为中心的变革的组织导向

任务与技术是组织发展的重要内容。组织的任务、技术导向则是组织变革中极其重要的内容。以任务、技术为中心的变革的组织导向，就是要通过对组织工作与流程的再设计，完成组织目标所采用的方法和设备的改变以及组织目标体系的建立，达到组织变革的目的。

3. 以组织结构为中心的变革的组织导向

组织结构能表明领导人物的管理思想和信念，它决定指导系统和沟通网络的效率，有效影响组织目标的实现。要想达到组织变革的目的，以组织结构为中心的变革的组织导向，就应当通过对组织的目标体系、权责体系的改变，角色关系的调整、沟通、协调，体系的有效建立来实现组织变革的目的。

4. 以调节和控制外部环境为中心的组织变革导向

管理心理学研究认为，组织的发展和变革，不仅要适应外部迅速变化的环境，而且要主动地调节和控制外部的环境，使之有利于组织的变革和发展。所以，组织环境导向是使组织变革和组织有效运转的重要内容之一。

三、组织变革的进程

组织变革的进程，就是组织变革的行为步骤。有关这方面的研究较多，现择其两个比较有名的、具有代表性的程序简要介绍如下：

1. 心理学家勒温、卡斯特等人的变革进程

(1)分析研究组织内外环境，找出需要改革的问题。

(2)组织企业人员认识改革的必要性和可能性。

(3)通过企业诊断，确定企业目前状况能否应付外界环境变化，并进一步明确企业中的问题所在。

(4)提出解决问题的方案，经过讨论，从许多方案中作出选择。

(5)根据选定的方案实行改革。

(6)评定改革后的组织效果。通过反馈，了解改革实行的情况。如果得正反馈，说明改革成功；如果得负反馈，证明有问题，则需根据上述步骤再循环。

2. 美国学者E. 葛雷纳的五阶段论

E. 葛雷纳在《组织成长的进化与革命》一书中，把组织变革程序分为五步，在每步都遇到了危险以后，又向更高的层次发展，每一步都形成自身独特的管理风格(如图16－6所示)。

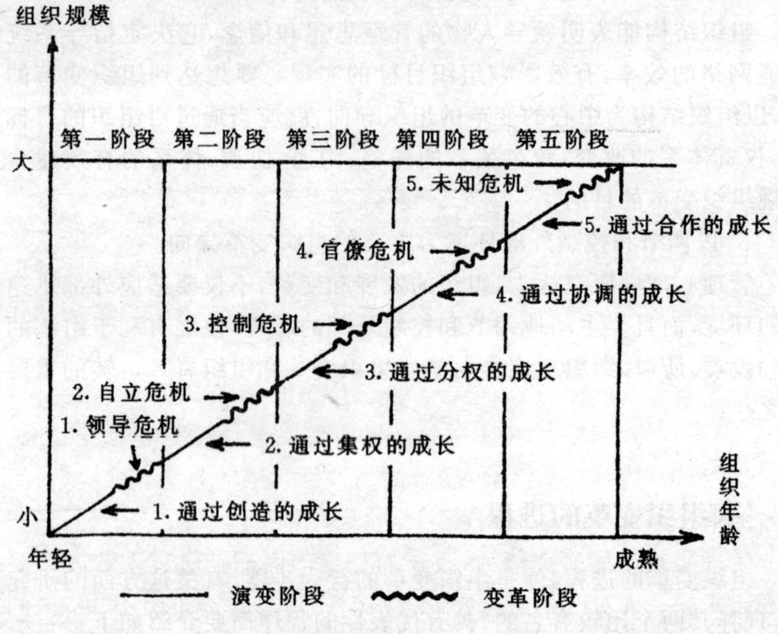

图16－6 葛雷纳组织变革五阶段演进图

第三节　组织改革心理

一、人是改革的重要动因

在组织和组织发展的诸因素中，最核心的因素就是人。而人的问题，最最重要的是人的意识问题。人的意识的革命，是实现组织变革最强大的动力因素。

人的意识革命，就是人的心理态度、行为模式、价值观念，按照客观要求朝着现代化改变。人的心理的这种变革，必然会伴随着行为的改变，而人的行为的改变，又能导致组织结构、组织目标、组织功能等的变化。总结我国十多年来的改革经验和教训，使我们认识到一个国家、一个地区、一个组织完全可以从外国引进最先进的科学技术，移植全套最有成效的管理方法，甚至可以把外国完整的现代化的宾馆、饭店以及种种现代化的设备移植过来，但如果缺乏赋予这种制度、方法、设备机构以真实生命力的广泛的社会心理为基础，同时执行和运用这些现代方法、科学技术、设备的人，自身还没有在心理、思想、态度和行为模式上摆脱传统意识的羁绊，仍然还带着传统意识的"木枷"，那么，再完善、先进的科技、制度、方法等只不过是废纸废铁一堆，或虚有摆设而已。因此，人的意识革命是现代组织变革的一种巨大推动力量，也是现代组织有效变革必不可少的基本因素。

管理心理学的研究认为，改革的社会动因都是通过人的改革要求表现出来的。人对改革的需要，本身就意味着对现实的不满足，人们对现实的不满足，就会产生一种对现实存在的超越动机，这种超越动机，必然导致改革的行为。

二、改革者的心理趋向

1. 社会需要

人的社会需要是社会发展的根本动力，它具有永恒的动力性质。在一般情况下，人们都是在需要的驱使下，按照一定的需求动机去寻求自己的需要。就个人和组织而言，如果需要得不到满足，或满足需要的努力遭遇阻碍，人们或组织就会以更大的努力来消除这种阻碍。人们在组织中要求组织变革，实质上就是消除这些阻碍，进一步满足需要的行动过程。

2. 忧患意识

忧患意识就是对国家、民族、组织的前途和命运所产生的一种危机感和责任感。它是人们对社会现实和组织现状表示不满而产生变革的一种愿望。回顾历史和面对现实，在社会发展的历史长河中，在组织面临困境的情况下，任何一种有意义的改革，无不是忧国忧民、为组织前途和命运担忧的有识之士所为。忧患意识与不满情绪不同，不满会导致简单的否定，导致单纯的激愤和破坏。为此，优秀的企业领导者，当组织中职工出现不满情绪时，就应因势利导，将职工个人的不满情绪升华为关心企业前途和命运的危机感和责任感，把职工从感情上的批判上升为理性的批判，诱导为创新意识和行动。

3. 竞争意识

竞争意识就是竞争的双方或多方具有同一的目标，但不需要发生势不两立的争夺，即一方所采取的行动不会影响另一方目标的实现，双方都能从竞争结果中获益的思想。竞争表现在社会的各个领域，不仅表现为个人竞争，而且表现为各单位之间的竞争。随着改革开放的深入发展，人们的视野越来越广阔，人们的头脑越来越清醒，对自身和组织的不足和潜在危机看得越来越清楚，因此，打破传统的观念，冲击一切束缚，迎接各方面的挑战等竞争心理也就会越来越强烈。竞争和冲突不同。冲突是指两个或两个以上的社会单元在目标上互不相容或互相排斥。冲突的结果会使人或组织产生矛盾，影响组织的正常运转。一般说来，竞争和冲突是不一样的，但激烈的变革可能会导致冲突，只有最佳水平的竞争才能促使组织的变革，因此，健康的竞争意识才是改革的意识。

4. 创新观念

创新观念是一种不断进取、求新求美的心理。创新观念使人们敢于质疑，敢于探索，敢于走前人未走过的路，敢于解决前人未解决的问题。创造新观念又能提高人们的胆识和自信，不迷信权威，不迷信他人，有独立的见解，有勇敢冒险精神，有恒心，有幽默感。它是改革成功的重要心理基础。没有创新观念，就不可能进行改革。

三、改革中的心理障碍

1. 心理惰性

传统的心理定势和文化的滞后作用，使人们的心理存有消极和落后的成分，它是阻碍改革的心理障碍。我们常见到的“安于现状”的守旧心理，以“中庸之道”为核心的折衷、调和的社会心理，怀疑方向、担心将来的忧虑心理，小富即安的满足心理等等，都是惰性心理的具体表现。一般来说，具有惰性心理的人惧怕困难，不愿动脑筋，不想出力气，很难表现出改革热情。显然，惰性心理是影响改革的重要心理障碍之一。

2. 心理承受力

心理承受力是指人们对某些改革措施的认识能力和接受能力。心理承受力有一定极限，在改革条件下，如果人们承受能力大小，会引起人们心理上的巨大震动、倾斜与惶惑，这会影响调动人们的积极性。如果人们的心理承受能力越过弹性极限，又往往会产生逆反心理，会对改革产生不满的抵触。

3. 心理适应性

适应性是个体与环境变化保持适当关系以满足自己需要的过程。这里主要是指个体与社会环境的变化相适应。个人对环境的适应能力有强有弱。适应性强者，在改革方面具有主动性，能够克服改革途中的许多障碍，使改革成功。那些适应能力弱者，其心理承受力很弱，在改革中遭受挫折后往往不能自拔，心理失衡，把自己的挫折归结为环境，归结为他人，归结为改革，故易对改革产生消极的态度和行为。

4. 观念崇拜

观念崇拜是一种把观念当作信念的对象和生活准则的心理现象和思维方式，它是信仰需要和心理平衡在一定条件下的产物。观念崇拜具有僵死的教条性、保守性。它把已有的观念当作千古不变的宗教教义看待，不容稍有怀疑，不容稍有更改。即使有大量的事实与某些观念相冲突，也宁可曲解事实而不愿校正旧观念，接受新观念。因此，观念崇拜是改革的主要心理障碍之一。

四、优化改革的社会心理

改革引起了社会心理的强烈震动，在强烈的震动中，积极的社会心理对改革的顺利进行起着重要的保证作用。但反映人们对社会弊端不满的社会现象，对改革中的某些失调心理以及对改革不适应的社会心理却影响着一些人对改革的正确评价和理解，成了改革中的社会心理障碍，它极大地影响着改革的进程。因此，采取有效措施，从宏观和微观的结合上疏导员工情绪，克服心理障碍，从而优化社会心理，是改革深入进行不可缺少的工作。

1. 克服心理惰性

心理惰性是在封闭的环境中形成的，环境不变，惰性难除。因此，实行开放，扩大社会交流，广泛接受各种信息，是破除心理惰性的首要方法。心理惰性又是一种自以为是，自以为美，自以为乐的自满心理。因此，要克服心理惰性，就要充分揭露现存体制的各种弊端，以发人深省。心理惰性又是知识贫乏的表现，因此，重新学习，系统地学习新科学，接受大量的新观点，是破除心理惰性最基本的途径。

2. 提高心理承受力

一定的心理承受力是一定社会历史条件下的产物。在自然经济的慢节奏和全面的社会保障条件下，人们的心理承受力普遍比较脆弱，不可能在改革时发生根本性的变化。如果改革步子大，可能出现对峙局面，结果欲速则不达。如果改革步子小，人们的心理承受能力又不能受到冲击和锻炼，因此，改革步子循序渐进，人们的心理承受力才能逐步提高。

人人都有进取上进的心理，上进，尤如水往低处流一样，这是“势”。心理承受能力低的人，一般素质较差，但都有进取心，如果组织能够为他们提供表现自己、获得成功的机会，就会增强他们的自信，从而强化他们的心理承受能力。

3. 提高心理适应性

改革需要积极的适应。从个人角度来说，改造自己以适应改革发展的需要。从改革角度来说，改造环境以适应人的发展的需要。这两个方面是提高心理适应性的根本途径。积极适应突出表现在组织中的成员主动、及时调整自己与环境的关系，以顺应环境变化的必然趋势。适应性只有在不断深化的改革过程中才能得到提高。任何一项改革，总会遇到消极的传统观念和落后的行为模式的抵制和阻挡，人们只有破除了这些障碍，才能适应改革的新形势。

4. 观念更新

观念的更新就是要破除旧的思维方式、更新知识，即破除观念崇拜。旧的思维方式只能生产陈旧的精神产品。因此，不破除旧的思维方式，就不能建立新的思维方式，就不能完成观念的变革。知识贫乏会使人无知而盲目信仰，陈旧会使人落后而故步自封，结构不合理会使人因偏见而产生曲解事实，这是造成观念崇拜的重要原因。所以，要实行观念变革，就要增加新知识，扬弃旧知识，重建知识结构，使人们树立新的思维方式和新的观念，积极投入改革。

思考题

1. 试结合旅游企业的实际，谈谈组织机构合理设置的作用？当组织发生某些变革时（如经营方向的调整），组织机构应作出什么样的调整？

2. 试就导致企业组织变革的几种因素谈谈你对旅游企业（选定一种企业）变革的设想？

3. 假设在市场竞争形势加剧的情况下，你领命设计组织变革实施方案，请写出你的设计思路。

4. 试分析葛雷纳组织变革五阶段理论中每一阶段的管理风格的理论与实践依据，并指出其不足之处。

附　录

部分心理测验量表

一、多样性需要问卷

指导语：

问卷中有31组表示各种看法的陈述，要求被调查人在每组陈述中注明A或B是自己最同意的看法。选择“A”越多的人，对多样性的需要越强烈。有些组陈述只适用于男性，用字母“M”表示。另一些组陈述只适用于女性，用字母“F”表示。对男女都适用的陈述用“MF”表示。

多样性需要问卷

1.(MF)A：我喜欢需要经常出差的工作。

B：我希望找一个有固定地点的工作。

2.(MF)A：清新、寒冷的天气使我精神百倍。

B：天一冷我恨不得马上躲进屋里。

3.(M) A：我一般不喜欢例行公事式的工作，尽管有时这是必要的。

B：我在例行公事式的工作中得到某种快乐。

4.(MF)A：我常常希望自己能成为一个登山运动员。

B：我不明白人们为什么要冒着生命危险去登山。

5.(MF)A：我喜欢闻有些泥土气息的汗味。

B：所有人体发出的汗味都使我感到厌烦。

6.(MF)A：总是见到那些熟悉的面孔使我感到厌倦。

B：我喜欢日常相处的朋友中间那种令人感到舒适的亲切来往。

7.(MF)A:我喜欢独自一人在一个陌生的城市或城镇到处走走，即使这样做有迷路的危险。

B:在一个不太熟悉的地方,我希望有人给我做向导。

8.(F)　A:我有时走不同的路线到我常去的地方去,这只是为了换换花样。

B:我设法找到去一个地方最快、最顺利的路线,以后总是走这条路线。

9.(MF)A:要是可能的话,我希望生活在我国历史上那种什么东西都还没有一定之规的时代。

B:我希望生活在一个人人都很安全、有保障和幸福的理想社会。

10.(MF)A:我有时喜欢干些有点吓人的事情。

B:明智的人应该避免危险的活动。

11.(F)　A:我喜欢品尝从未吃过的食品。

B:我总是吃我所熟悉的菜,以免遇到失望和不快。

12.(F)　A:我有时将车开得很快,因为我觉得这很有意思。

B:搭乘一个喜欢开快车的人的车我简直感到受不了。

13.(M)　A:假如我是一个售货员,我愿意搞承包,抽取佣金,如果这样做收入能超过我的工资的话。

B:假如我是一个售货员,我希望挣固定的工资,而不想为挣佣金而去冒收入甚微或者毫无收入的风险。

14.(MF)A:我觉得与不同意我的信念的人打交道比与同意我的信念的人打交道更有意思。

B:我不喜欢与自己信念截然相反的人争辩,因为这种争辩决不会有任何结果。

15.(MF)A:我喜欢进行事先没有计划、没有规定的路线或时间表的旅行。

B:我旅行时,喜欢仔细制定好路线和时间表。

16.(F)　A:大多数人在人寿保险上花钱实在太多了。

B:人寿保险是很重要的事,任何人都少不了它。

17.(MF)A:我很想学习驾驶飞机。
B:我不想学习驾驶飞机。
18.(MF)A:我很想体验一下被人催眠的滋味。
B:我不愿意被人催眠。
19.(MF) A:生活的最重要的目标是过得尽可能充实和尽可能多地体验人生。
B:生活的最重要的目标是寻求安宁和幸福。
20.(MF)A:我很想去试试跳伞。
B:我可决不想去尝尝从飞机里跳下来的滋味。
21.(MF)A:我喜欢一下子扎进或跳进冰冷的游泳地。
B:我慢慢地走进冷水中,使自己能有时间适应水温。
22.(F) A:我喜欢听新奇的不寻常的音乐。
B:我不喜欢大多数现代音乐的那种新花样和不和谐。
23.(MF)A:我喜欢结交一些因捉摸不定而令人兴奋的朋友。
B:我喜欢结交一些靠得住、摸得准的朋友。
24.(MF)A:度假时,我喜欢在野外住帐篷来换换口味。
B:度假时,我宁愿住在舒适的房间里,睡在床上。
25.(MF)A:我常常从现代绘画不协调的颜色和不规则的图形中发现美感。
B:优秀艺术品的本质在于寓意清晰、图形对称和颜色协调。
26.(F) A:社交场合最大的罪过是令人感到厌烦。
B:社交场合最大的罪过是粗鲁唐突。
27.(F) A:我真希望一天中不要把那么多时间浪费在睡眠上。
B:漫长的一天劳累之后,我期待着晚上能好好休息。
28.(MF)A:我喜欢感情丰富的人,即使他们有些反复无常。
B:我喜欢性格沉着、稳重的人。
29.(MF)A:一幅好的绘画应从感官上给人以震惊和触动。
B:一幅好的绘画应给人以宁静和安全感。
30.(M) A:当我感到心情沮丧时,便通过出去干些新奇的令人兴奋的事情来恢复精神。

B:当我感到心情沮丧时,便通过放松一下和进行一些能给人安慰的娱乐活动来恢复精神。

31.(MF)A:我希望拥有并驾驶摩托车。

B:驾驶摩托车的人必定有某种下意识地伤害自己的需要。

资料来源:根据E. A. 柯林、L. 普赖斯和I. 祖勃所著《感觉量表的设计》制表,引自《顾问心理学杂志》第28卷(1964年),第477~482页。

二、怎样测定自己的个性

现代对个性评定的主要方法有投射技术和问卷法两种。

这里运用统计学方法,从艾森克个性问卷中筛选出20题,用以自我评定个性,这样便可对自己的个性有一粗略的了解。

问卷

1. 你是否比较活跃? …………………………………………… 是否
2. 你是否健谈? ………………………………………………… 是否
3. 你有许多朋友吗? …………………………………………… 是否
4. 你是否喜欢对朋友讲笑话或有趣的故事? ……………… 是否
5. 新交朋友时一般是你采取主动吗? ……………………… 是否
6. 你是否常常参加许多活动,超过你的时间所允许? …… 是否
7. 你认为你是个乐天派吗? ………………………………… 是否
8. 你喜欢忙忙碌碌和热热闹闹地过日子吗? ……………… 是否
9. 你有许多不同的业余爱好吗? …………………………… 是否
10. 别人认为你是生气勃勃的吗? ………………………… 是否
11. 你常常无缘无故感到无精打采和倦怠吗? …………… 是否
12. 你是一个多忧多虑的人吗? …………………………… 是否
13. 你觉得自己是一个神经过敏的人吗? ………………… 是否
14. 你是否常常觉得人生非常无味? ……………………… 是否
15. 你是否总在担心会发生可怕的事情? ………………… 是否
16. 你的心境是否常有起伏? ……………………………… 是否

17. 你曾经无缘无故觉得“真是难受”吗？ …………………… 是否
18. 你常感到孤单吗？ ………………………………………… 是否
19. 你认为自己很紧张，如同拉紧的弦一样吗？ …………… 是否
20. 当人家寻你的差错，找你工作中的缺点时，你是否容易在精神上受挫伤？ ………………………………………………… 是否

个性倾向：内向、中间、外向，稳定、中间、不稳。

记分

每题回答“是”即记一分，答“否”不记分。

前10题的总分反映你个性的倾向：1～3分为内向，4～7分为中间，8～10分为外向。

后10题的总分反映你情绪的稳定性，即神经质水平：1～3分为稳定，4～7分为中间，8～10分为不稳定。然后在附录图1中作两条直线，相交处便是你的个性类型。如某人前10题为8分、后10题为3分，即表示此人个性外向、稳定，属多血质型。

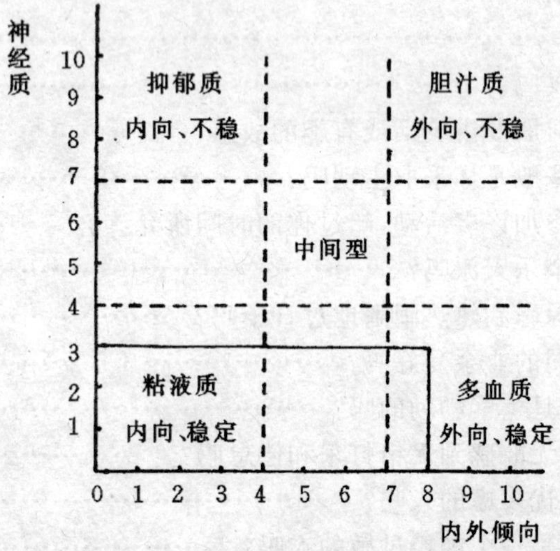

附录图1

资料来源：林秉贤著：《管理心理学》，群众出版社1990年版，第327～329页。

三、向外向人格调查表

1. 能独断独行 是(否)
2. 快乐主义人生观 (是)否
3. 喜静安闲 是(否)
4. 对人十分信任 (是)否
5. 筹思5年以后的事 是(否)
6. 愿在家,不参加集体活动 是(否)
7. 能在大庭广众中工作 (是)否
8. 常做同样的工作 是(否)
9. 觉得集会乐趣与个别交际无异 (是)否
10. 三思后决定 是(否)
11. 不愿别人提示,愿独出心裁 (是)否
12. 喜安静而非热闹的活动 是(否)
13. 工作时不愿人在旁观看 是(否)
14. 讨厌呆板的职业 (是)否
15. 宁愿节省而不耗费 是(否)
16. 不常分析自己的思想与动机 (是)否
17. 好作冥思幻想 是(否)
18. 愿意人在旁观看自己擅长的工作 (是)否
19. 怒时不加抑制 是(否)
20. 工作因人赞赏而改善 (是)否
21. 喜欢兴奋紧张的工作 (是)否
22. 常回想自己 是(否)
23. 愿做群众运动的领袖 (是)否
24. 善公开演说 (是)否
25. 使梦想成为事实 是(否)
26. 很讲究写应酬信 是(否)
27. 做事粗糙 (是)否
28. 深思熟虑 是(否)
29. 能将强烈情绪表现出来 (是)否
30. 不拘小节 (是)否
31. 对人十分小心 是(否)
32. 喜猜疑 是(否)
33. 轻听人言不加思索 (是)否
34. 与观点不同的人自由联络 (是)否
35. 愿读书不愿做实际工作 是(否)
36. 好读书不求甚解 (是)否
37. 常写日记 是(否)
38. 在群众中肃静无哗 是(否)

39. 不得已而动作 (是)否
40. 不愿回想自己 (是)否
41. 工作有计划 是(否)
42. 常变换工作 (是)否
43. 对麻烦事愿避免,不愿承担 是(否)
44. 重视谣言 是(否)
45. 信任别人 (是)否
46. 非极熟悉的人不轻易信任 是(否)
47. 愿研究别人而不研究自己 (是)否
48. 放假愿找静地而不喜欢热闹场所 是(否)
49. 意见常变化而不固定 (是)否
50. 任何说话场所均愿参加 (是)否

说明:1. 凡带括号的代表外向,无括号的代表内向。

2. 如果被试者不能确定"是"和"否",可以不回答。

3. 上面 50 个题目中,25 个属外向,25 个属内向。如果被试者认为自己的情况符合提问内容,就在"是"上划○;如果不符合,就在"否"上划○。

评分公式:

$$\text{向性指数}=\frac{\text{外向性反应总数}+\frac{1}{2}\text{没有回答的总数}}{25}\times 100$$

资料来源:选自叶奕乾等著:《图解心理学》,江西人民教育出版社 1982 年版,第 380~382 页。

四、交往水平的自我测试

1. 你善于交往吗?

指导语:

在下面的 20 个问题中,你能迅速地判定你的反应吗?我们把反应的情况分为 5 个等级,请按照你的实际情况,在 5 种情况的一种下面打"✓"。

	总是	经常	不确定	偶尔	从不
(1)我能自如地用口语表达我的情感。	1	2	3	4	5

(2)我能自如地用非口语(眼神、手势、面部表情等)表达我的情感。 1 2 3 4 5

(3)我在表达自己的情感时,能选择准确恰当的词汇。 1 2 3 4 5

(4)别人能准确地理解我口语和非口语所要表达的意思。 1 2 3 4 5

(5)我能很好地识别别人的情感。 1 2 3 4 5

(6)我能在一位封闭的朋友面前轻松自如地谈论自己的情况。 1 2 3 4 5

(7)我对他人寄于深厚的情感。 1 2 3 4 5

(8)别人对我寄于深厚的情感。 1 2 3 4 5

(9)我不会盲目地暴露自己的秘密。 1 2 3 4 5

(10)我能与和我观念不同的人交流感情。 1 2 3 4 5

(11)不同观念的人愿与我交流感情。 1 2 3 4 5

(12)别人乐于向我诉说不幸。 1 2 3 4 5

(13)我不轻易对别人作出评价。 1 2 3 4 5

(14)我明白自己在交往中的一些不好的习惯。 1 2 3 4 5

(15)当和别人讨论时,我善于倾听别人的意见而不强加于人。 1 2 3 4 5

(16)在和别人要发生争执时,我能克制自己。 1 2 3 4 5

(17)当我心烦意乱时,我通过工作来排遣自己的心情。 1 2 3 4 5

(18)当别人带着问题找我时,我一般会告诉他该做什么。 1 2 3 4 5

(19)当我不同意一件事时,我会说出这件事的后果。 1 2 3 4 5

(20)我乐于公开自己的新观念、新技术。 1 2 3 4 5

这个表的最大特点是能帮助你发现自己交往能力的优点和需要改进的方面。在这个表中,得分越低,说明你的交往能力越强;得分越高,能力越弱。如果你的总得分在25分以下,说明你的交往能力在众人之上。这些能力是相互影响的,但不一定都是一致的。一个人可能某些能力较强,某些能力较弱。通过自我测试之后,你就可以有针对性地发挥自己的优点,克服自己的弱点。

2. 你善于交往吗?

指导语:

下面有 7 个问题,每个问题都有 4 个可供选择的答案。请根据你的可能情况,选择一个。

(1)当你正在埋头赶一件急事时,有一位朋友来找你倾诉苦闷,你怎么办?

①放下手中工作耐心倾听;

②显得很不耐烦;

③似听非听,心里还在想自己的事;

④向他解释,和他另约时间交谈。

(2)你的朋友想借你新买的录音机,你尚未好好听过,你怎么办?

①借给他,但满腹牢骚;

②脸色很难看,使你的朋友不得不改口;

③假称说已经借给别人了;

④告诉他你想先听一听,以后再借给他。

(3)在车船上,你无意踩了别人的脚,对方对你骂个不停,你怎么办?

①充耳不闻,任其去骂;

②同他对骂,甚至不惜大吵;

③推说因别人挤了你才踩了他的脚;

④请你原谅,同时提醒他骂人是不对的。

(4)在影剧院里,你的邻座旁若无人地讲话,你很讨厌,你怎么办?

①很反感,但自己不吱声,希望别人提意见;

②大声指责他们“没修养”;

③叫服务员来干涉他们,或者自言自语地指责;

④很有礼貌地请对方别讲话。

(5)星期天你忙了一整天家务,你的爱人回家后却指责你没有及时烧好晚饭,你怎么办?

①心里有很气,但仍勉强地去烧饭;

②大发雷霆，骂爱人一顿，要爱人自己去烧；

③气得当晚不吃饭；

④向爱人解释，然后和爱人一起做饭。

(6)一天，你家里有急事，领导不了解情况，要你加班，你怎么办？

①人去加班了，心里却在埋怨领导；

②拒绝加班，言语十分生硬；

③推说自己身体有病，不能加班；

④和领导商量，说明自己有急事，如不行的话就请朋友代班。

(7)你辛苦了好几天，满以为工作得不错，不料领导很不满意，你怎么办？

①不耐烦听领导的意见，满怀委屈却不作声；

②拂袖而去；

③把责任归于客观原因；

④注意自己不够的地方，以便今后有数。

在上述 7 个问题的 4 个回答中，如果你多选择①，说明你的交往过于消极，凡事不做争论，但心中并不服气；如果多数选择②，说明你的自制力较差，还很不善于待人接物；如果多数选择③，说明你虽有一定的处世能力，但为人不够真诚、坦率；如果多数选择④，说明你比较善于交往，既为人诚实，又讲求艺术。

3. 你的交往属于哪一种类型？

指导语：

以下是 4 对 8 种交往类型，请你在"是"、"否"或"不确定"的 3 种回答中，根据你的实际情况确定一种。

主动型—被动型	是	否	不确定
(1)在路上碰到熟人你主动打招呼吗？	3	1	2
(2)你常主动写信和外地亲友联系吗？	3	1	2
(3)在课堂、会议上你主动发言吗？	3	1	2
(4)当你有困难时，你会不犹豫地请求别人帮助吗？	3	1	2

(5)在车船上你会主动和别人交谈吗？	3	1	2
(6)在人们各行其事的环境中生活，你感到不自在吗？	3	1	2
(7)你喜欢串门吗？	3	1	2
(8)有朋友拜访你，你非常热情和高兴吗？	3	1	2

领袖型—随从型	是	否	不确定
(1)你喜欢在大庭广众之下侃侃而谈吗？	3	1	2
(2)在集体中你常坚持己见吗？	3	1	2
(3)别人批评你时，你很难接受吗？	3	1	2
(4)你喜欢考虑影响全局的宏观问题胜于喜欢考虑具体的微观问题吗？	3	1	2
(5)在别人意见分歧时，你愿意当仲裁吗？	3	1	2
(6)你很同情弱者吗？	3	1	2
(7)当与你有关的人做错事时，你是否感到自己也有责任？	3	1	2
(8)在有几个人的情况下，有人提出问题你会率先回答吗？	3	1	2

严谨型—随便型	是	否	不确定
(1)和老朋友渐渐疏远了，你感到心里不安吗？	3	1	2
(2)在旅途中你会结交一些朋友吗？	3	1	2
(3)集体旅行，有人替你垫了公共汽车票、门票钱，事后你一定如数归还吗？	3	1	2
(4)与人约会，因意外情况迟到了，你会解释再三吗？	3	1	2
(5)你很少与异性交往吗？	3	1	2
(6)在集体活动中，你不会爽声大笑吗？	3	1	2
(7)你从无忘记自己诺言的情况吗？	3	1	2
(8)根据情况取消既定计划，你很不自在吗？	3	1	2

开放型—锁闭型	是	否	不确定
(1)在信中你经常谈论自己吗?	3	1	2
(2)心中有事,你总是憋不住要找人倾吐吗?	3	1	2
(3)与志趣不同、性格相异的人交往,感觉愉快吗?	3	1	2
(4)别人愿意找你交流不同的见解吗?	3	1	2
(5)在集体中你会发表没有完全成熟的意见吗?	3	1	2
(6)你喜欢不断结交新朋友吗?	3	1	2
(7)你喜欢不断接受新思想、新观念、新信息吗?	3	1	2
(8)经常有亲友拜访你吗?	3	1	2

如果你的得分在16分以上,那么说明你属于每一对的前一种交往类型,如果在12分以下,说明你属于每一对的后一种交往类型,如果在12～16分之间,说明你属于中间类型。

需要说明的是,难以断定哪一种交往类型好,哪一种交往类型不好。在社会交往活动中,不同的类型各有所长,各具所短。比如情况紧急需要当机立断时,在大家都缺少经验出现慌乱情况时,领导型就显示出它的可贵之处;又比如在处理日常琐事不存在原则之争时,在平时朋友交往偶有龃龉时,随从型就显示出它的可爱之处。同样,一个开放过度、非常随便的人,会使人感到不稳重、傻乎乎或太缺乏自尊,一个锁闭过度、严谨异常的人,则会使人感到不友善、阴冷或太精明,等等。因此,当我们确认了自己的交往类型后,不妨注意多吸取与自己相反类型的长处,慢慢克服自己这种交往类型的短处。

资料来源:林秉贤著:《管理心理学》,群众出版社1990年版,第321～326页。

五、领导作风评价

目的:根据领导人定向,面向工作(T)和面向人员(P)评价你自己的领导作风。

测试:以下各项目说明领导行为的各个方面。如果你是某一工作群体的领导人,按你很可能采取的行动方式,对下列每一项作出反应,你的行为和每项中所描述的方式，你认为“总是这样”，就把左边的A圈一下；“经常这样”，圈F；“有时这样”，圈O；“很少这样”，圈S；“从不这样”，圈N。

AFOSN 1. 我很可能作为本单位的代言人来做工作。
AFOSN 2. 我鼓励人们加班加点。
AFOSN 3. 我鼓励人们使用统一的程序。
AFOSN 4. 我允许人员完全自主地工作。
AFOSN 5. 我允许人员根据他们自己的判断来解决问题。
AFOSN 6. 我强调要抢在竞争者的前头。
AFOSN 7. 我要作为本单位的代表来说话。
AFOSN 8. 我要单位成员加倍努力。
AFOSN 9. 我要把我的意见在本单位中执行。
AFOSN 10. 我让人们按照他们认为最好的方法去做工作。
AFOSN 11. 我为了提升而努力工作。
AFOSN 12. 我容忍时间延长和情况的不确定。
AFOSN 13. 我在来访者面前为本单位说话。
AFOSN 14. 我要使工作经常快速地运转。
AFOSN 15. 我要让人们在工作上不受拘束，放手去干。
AFOSN 16. 我要把在本单位内发生的冲突解决好。
AFOSN 17. 我要处理一大堆琐碎事情。
AFOSN 18. 我要代表本单位到外面参加会议。
AFOSN 19. 我不愿让属员自己采取行动。
AFOSN 20. 我决定该做什么和怎样去做。
AFOSN 21. 我力求增加产量。
AFOSN 22. 我要让某些人拥有我所能保持的职权。
AFOSN 23. 事情往往是像我所预见的那样发生。
AFOSN 24. 我要使本单位有高度的主动权。
AFOSN 25. 我要给成员指定具体工作。
AFOSN 26. 我愿意进行变革。
AFOSN 27. 我要属员更加勤奋地工作。

AFOSN 28. 我允许属员作出正确的判断。

AFOSN 29. 我要安排该做的工作。

AFOSN 30. 我对我的行动不做解释。

AFOSN 31. 我要说服别人我的想法对他们有好处。

AFOSN 32. 我让本单位自己规定进度。

AFOSN 33. 我要求本单位超出前期的记录。

AFOSN 34. 我不必和本单位商量就采取行动。

AFOSN 35. 我要求本单位成员遵循已定的规章。

T____ P____

记分：

1. 把 8、12、17、18、19、30、34、35 各项打个圈。

2. 如果你对一项的反应是 S(很少这样)或 N(从不这样)，你就在打圈的那一项前面写个 1。

3. 如果你的反应是 A(总是这样)或 F(经常这样)，你就在没有打圈的项目序号前面也写 1。

4. 把 3、5、8、10、15、18、19、22、24、26、28、30、32、34、35 各项前面写上 1 的，都打个圈。

5. 数一数你所圈的 1 有多少。这是你关心人的记分。把这个分数写在调查表末 P 的空格内。

6. 数一数那些没有圈上 1 的有多少。这是你关心工作的记分。把这个分数写在调查表示 T 的空格内。

7. 就领导作风看，大致有高生产率、高生产率和高士气、高士气 3 种结果。在附录图 2 的左边“关心工作”方面记下你的分数(接箭头所指的在 5～20 之间记分)，在右边“关心人”的方面记下你的分数(按箭头所指的在 5～15 之间记分)，画一条线横穿 P 和 T 的分数，这条线和纵轴的交点就是你的领导作风的分数。

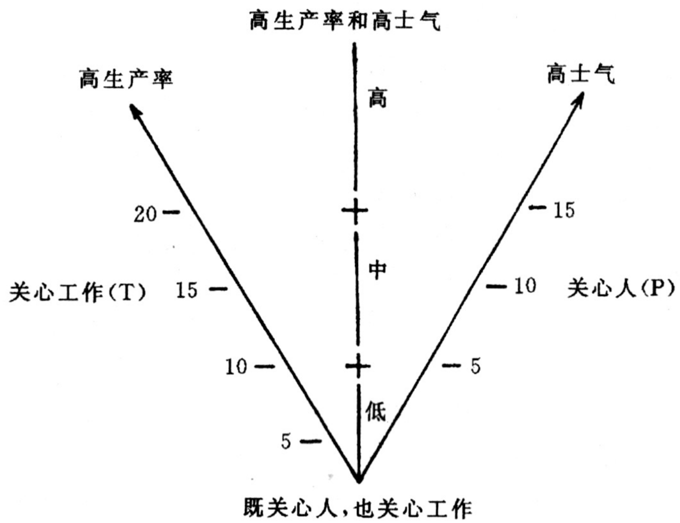

附录图 2

资料来源：鲁军主编：《领导者的测试与评价》，生活·读书·新知三联书店 1990 年版，第 210～213 页。

六、领导风格的诊断

用“是”(＋)或“否”(－)来回答下列问题：

____ 1. 你是否对自己领导的单位规定工作目标？

____ 2. 你对下级是否表示个人的兴趣？

____ 3. 你允许下级设置他们的任务指标么？

____ 4. 你是否告诉下级他们该干些什么和该怎样干？

____ 5. 你是否态度友善、平易近人？

____ 6. 你是否允许下级去安排他们自己的工作？

____ 7. 你是否设置等级森严、职责分明的指挥链？

____ 8. 你是否鼓励下级把他们的感情和关切的事说出来？

____ 9. 你是否利用职工参与作为一种沟通方法？

____ 10. 你向下级提供必要的情况和指标么？

____11. 你是否阻止下级之间矛盾与冲突的发生?

____12. 你是鼓励集体精神而不是竞争的么?

____13. 你是否告诉部下你将怎样给他们奖酬?

____14. 你是否用给部下奖酬来使他们高兴?

____15. 你是否鼓励部下讨论他们和自己主管人之间的冲突或问题?

____16. 你是否以奖惩手段来驾驭部下?

____17. 你重视和强调忠诚及人与人之间的关系吗?

____18. 你跟下级共同分担本单位的成败么?

若把领导风格分为指导型、支持型和参与型三类的话,则上列问题能分别代表这三类风格;对第 1、4、7、10、13、16 诸问答"是"的,为指导型;对第 2、5、8、11、14、17 诸问答"是"的,为支持型;对第 3、6、9、12、15、18 诸回答"是"的,为参与型。

现在,请将你的各项小计分记录如下:

A. LPC 分____________

B. 领导情景

1. 上下关系方面

2. 任务方面

3. 职权方面

C. 领导风格

1. 领导型行为

2. 支持型行为

3. 参与型行为

资料来源:鲁军主编:《领导者的测试与评价》,生活·读书·新知三联书店 1990 年版,第 149～150 页。

主要参考书目

1. [美]小爱德华·J. 梅奥等著:《旅游心理学》,南开大学出版社 1987 年版。
2. 屠如骥主编:《旅游心理学》,南开大学出版社 1986 年版。
3. 薛本基等编著:《饭店服务心理学》,科学普及出版社 1988 年版。
4. 吴正平著:《旅游业心理学》,山东友谊书社 1987 年版。
5. 赵中天著:《企业管理心理学》,科学技术文献出版社 1990 年版。
6. [前苏] Э. Э. 林切夫斯基著:《商业社会心理学》,中国商业出版社 1984 年版。
7. 林秉贤著:《管理心理学》,群众出版社 1990 年版。
8. 孙彤主编:《组织行为学教程》,高等教育出版社 1990 年版。
9. [日]前田勇著:《服务学》,工人出版社 1986 年版。
10. [法]菲利普·布洛克等著:《西方企业服务革命》,旅游教育出版社 1989 年版。
11. 甘朝有编著:《旅游心理学》,南开大学出版社,2000 年 3 月版。